INHALT

Vorwort   13

Einleitung

Der Ausbruch 17
Wie die Coronakrise die Weltwirtschaft überrollt 20
Ökonomische Folgen von Pandemien 24
Was sind die Folgen der Corona-Pandemie? 29

Kapitel 1
Die Coronakrise stellt die globale Finanzkrise in den Schatten   34

Warum die Coronakrise dramatischer ist als die
Finanzkrise 2008/2009 35
Von optimistischen und Worst-Case-Szenarien 37
Welche Wachstumseffekte werden prognostiziert? 38
Welche Branchen sind von der Krise am stärksten
betroffen? 45

Kapitel 2
Die Wirtschaft stabilisieren: Konjunkturpakete — 47

Die erste Phase: Den Schock auffangen 49
Die zweite Phase: Überbrückungshilfen. 53
Die dritte Phase: Erholung der Wirtschaft fördern . . . 58
    Gezielte öffentliche Investitionen 58
    Einkommensteuersenkungen steigern kurzfristig
    die Nachfrage kaum 59
    Umsatzsteuersenkung: kein Königsweg. 60
    Autokaufprämien sind kritisch zu sehen 63
    Die deutsche Konjunkturpolitik in der Coronakrise 64
Überfordern die Konjunkturstützen die Staats-
finanzen? 69

Kapitel 3
Wie wir lernen, mit dem Virus zu leben und zu arbeiten — 72

Die Politik der Herdenimmunität scheitert – vorerst . . 73
Die Exit-Debatte. 76
    Wirtschaft gegen Gesundheit? 76
    Ein Plan für die Öffnung nach dem Shutdown. . . . 78
    Unter hohem Druck und Unsicherheit entscheiden:
    Die Öffnung von Schulen und Kitas 81
    Die Bevölkerung für die Öffnung gewinnen. 83
    Schneller oder langsamer öffnen? 86
    Angemessen kommunizieren 90
    Mit dem Virus leben und arbeiten 92

Clemens Fuest

WIE WIR UNSERE WIRTSCHAFT RETTEN

DER WEG AUS DER CORONAKRISE

 aufbau

ISBN 978-3-351-03866-3

Aufbau ist eine Marke der Aufbau Verlag GmbH & Co. KG

1. Auflage 2020
© Aufbau Verlag GmbH & Co. KG, Berlin 2020
Copyright © 2020 Clemens Fuest
Satz LVD GmbH, Berlin
Druck und Binden CPI books GmbH, Leck, Germany
Printed in Germany

www.aufbau-verlag.de

Kitas, Schulen und Universitäten umstellen 94
Die 90-Prozent-Ökonomie 95

Kapitel 4
Die Gefahr von Schulden und Inflation — 98

Hohe Staatsverschuldung: der Preis für die Stabilisierung der Wirtschaft........................... 99
Hohe Staatsschulden kann man abbauen........... 100
Mitglieder von Währungsunionen sollten niedrigere Staatsschulden haben......................... 105
Die Schlüsselgrößen für nachhaltige Finanzpolitik ... 108
Nachhaltige Finanzpolitik im Euroraum 109
Die Hypothek hoher privater Schulden............ 113
Kommt am Ende doch die große Inflation?......... 117
Folgt nach der Krise die Zinswende? 123
    Die Zinsen sind nicht nur wegen der Geldpolitik gefallen................................. 123
    Der Abwärtstrend endet, aber für steigende Zinsen spricht wenig 126

Kapitel 5
Die Digitalisierung beschleunigt sich — 128

Das Homeoffice wird zum Hauptarbeitsplatz 130
Onlinehandel expandiert...................... 133
Längst überfällige Digitalisierungsschritte kommen... 135

Die neue Dominanz der Internetwirtschaft 136
Auf den Digitalisierungsschub reagieren 138

Kapitel 6
Wie es nach der Krise mit der Klimapolitik weitergeht 143

Der Shutdown senkt die CO_2-Emissionen nur vorübergehend 145
Die künftige Klimapolitik kann die Coronakrise nicht ignorieren 147
Konjunkturpakete, das Klimaproblem und die Tinbergen-Regel 151
Für mehr internationale Kooperation in der Klimapolitik 153

Kapitel 7
Die neue Ungleichheit und die Zukunft des Sozialstaats 158

Die Coronakrise und wirtschaftliche Ungleichheit . . . 159
Welche Gruppen wie stark von der Krise betroffen sind 164
Die Bildungsungleichheit wird wachsen 170
Die Bedeutung des Sozialstaats in der Krise. 172
Wie wir die Überforderung des Sozialstaats verhindern 174

Kapitel 8
Die EU und der Euro: Spannungen wachsen — 181

Die Gespenster der Eurokrise 182
Coronabonds und die populistische Erpressung 184
Erschöpfte Geldpolitik und beschränkte finanzpolitische Spielräume. 188
Liquiditätsprobleme und die Fragilität des Investorenvertrauens 191
Maßnahmen der Eurozone zur Eindämmung der Krise 194
Der italienische Patient 197
Wie bringt man hohe Staatsschulden unter Kontrolle?
Ein Vergleich zwischen Belgien und Italien 199
   1. Stabilisierung der Staatsschulden auf hohem Niveau und langsame Senkung der Staatsschuldenquote 204
   2. Schuldenschnitt 204
   3. Eine einmalige Vermögensteuer in Italien 207
   4. Abwälzung der Verschuldung auf andere Mitgliedstaaten 208
   5. Entschuldung durch die EZB 209
   6. Austritt aus dem Euro und Wiedereinführung einer nationalen Währung 210
Der Europäische Fonds für wirtschaftliche Erholung.. 211
Wird die EU zu einer dauerhaften Transferunion? 221
Die zwei Seiten der Solidarität. 224

Kapitel 9
Die Globalisierung wird nicht abgeschafft, sondern verbessert 225

Die Globalisierung geriet schon vor der Coronakrise
ins Stocken 227
Das Virus unterbricht den internationalen Austausch . 230
Wird der internationale Handel dauerhaft zurückgehen? 232
Störanfälligkeit zu verringern erfordert mehr Globalisierung 234
Protektionismus, Populismus und seriöse Globalisie-
rungskritik 237
Wie kann die Globalisierung nach der Coronakrise
weitergehen? 239

Kapitel 10
Der Weg aus der Coronakrise 242

1. Zuständigkeiten von Staat und Privatsektor klar ab-
   grenzen 245
2. Mit dem Coronavirus leben und arbeiten lernen .. 247
3. Steuer- und Ausgabenpolitik auf Wachstum, Beschäftigung und Wettbewerbsfähigkeit ausrichten . 248
4. Solidität der Staatsfinanzen nicht aufs Spiel setzen 251
5. Digitalisierung: Die Beschäftigten in den Mittelpunkt stellen 252
6. Bildung ist der Schlüssel zu Wohlstand und
   Chancengerechtigkeit 253

7. Mit smarter Umwelt- und Klimapolitik Wirtschaftswachstum und den Schutz der natürlichen Lebensgrundlagen vereinbaren. 255
8. Den Sozialstaat vor Überforderung schützen 256
9. Globalisierung nicht aufgeben, sondern weiterentwickeln 258
10. Europa: Öffentliche Güter bereitstellen und die Eurozone reformieren 259

Literatur 263
Anmerkungen 271

VORWORT

Die Corona-Pandemie ist ein tiefer Einschnitt. Sie ist in erster Linie eine Bedrohung der Gesundheit. Aber ihre wirtschaftlichen Auswirkungen sind ebenfalls gravierend. Sie sind das Thema dieses Buches. Die Coronakrise ist noch lange nicht vorbei. Entsprechend spekulativ ist vieles, was zu ihren Folgen und zu ihrer Überwindung in diesem Buch steht. Dass ich es trotzdem geschrieben habe, hat zwei Gründe. Erstens besteht in dieser Wirtschaftskrise, weil sie so gravierend ist und so viel Neues bringt, großer Diskussionsbedarf. Dieses Buch ist eine Einladung zur Debatte. Zweitens habe ich in den vergangenen Monaten gemeinsam mit Wissenschaftlern vieler Disziplinen zu sehr verschiedenen Aspekten der Coronakrise gearbeitet. Die Themen reichen von Szenarien über die Tiefe des wirtschaftlichen Einbruchs und die angemessenen Maßnahmen zur Stabilisierung der Wirtschaft über die richtige Strategie für den Exit aus dem Shutdown und das Krisenmanagement in der Eurozone bis hin zu der Frage, wie gesundheits- und wirtschaftspolitische Anliegen vereinbart werden können. Dabei habe ich viel gelernt, aber gleichzeitig bleiben viele Themen unverbunden und wichtige Fragen offen.

Dieses Buch ist ein Versuch, einige dieser Fragen zu beantworten. Vor allem beschäftigt mich wie viele andere Menschen, ob die Coronakrise dauerhafte Veränderungen mit sich bringt und falls ja, welche das sein werden und wie wir uns darauf einstellen sollten. Unter welchen Umständen sollte man erwarten, dass Verhaltensweisen oder Institutionen nach Krisen verschwinden oder sich ändern? Beispielsweise dann, wenn sie die Krise verursacht oder verschärft haben und es sinnvolle Alternativen gibt. Oder wenn Anpassungen in der Krise zu Veränderungen führen, die auch danach nützlich sind. Langfristige Veränderungen können sich auch daraus ergeben, dass die Krise Fakten schafft, die nicht einfach aus der Welt zu schaffen sind, beispielsweise Bildungsrückstand durch Unterrichtsausfall oder hohe Schulden. Damit verbunden ist die wichtige Frage, was zu tun ist, damit Stabilität und wirtschaftlicher Wohlstand zurückkehren. Es ist das Ziel dieses Buches, zur Beantwortung dieser Fragen beizutragen und zu Diskussionen anzuregen. Über Rückmeldungen und Kritik von Lesern würde ich mich freuen.

Inspiriert ist dieses Buch durch gemeinsame Projekte und vielfältige Gespräche mit Kolleginnen und Kollegen aus dem Bereich der Wissenschaft, mit Menschen aus Politik, Ministerien, öffentlicher Verwaltung, aus Unternehmen und den Medien.

Für fruchtbare Diskussionen in den letzten Monaten danken möchte ich insbesondere Stephanie Dittmer, Florian Dorn, Oliver Falck, Lars Feld, Veronika Grimm, Justus Haucap, Florian Neumeier, Andreas Peichl, Martin Lohse, Jean Pisani-Ferry, Christoph Schmidt, Wolfgang Schmidt, Heike Schweitzer,

Hans-Werner Sinn, Jakob von Weizsäcker, Volker Wieland und Berthold Wigger.

Christiane Nowack hat mich bei der Erstellung der Grafiken unterstützt und beraten. Besonders dankbar bin ich Cornelia Geißler für inhaltliche Anregungen und die sorgfältige und kritische Lektüre des Manuskripts. Sehr zu Dank verpflichtet bin ich außerdem Christian Koth vom Aufbau-Verlag für seine Kompetenz und Geduld bei der Entwicklung des Buches.

Dieses Buch hätte ich nicht schreiben können ohne die Unterstützung meiner Familie. Von Herzen danken möchte ich vor allem meiner lieben Frau Ana Maria, die seit langer Zeit immer wieder mit großer Geduld liest und kommentiert, was ich schreibe, so auch das Manuskript zu diesem Buch. Ihr ist es gewidmet.

EINLEITUNG

Der Ausbruch

Die Coronakrise nimmt ihren Anfang im November des Jahres 2019, in Wuhan, der Hauptstadt der zentralchinesischen Provinz Hubei. Ein Virus, zunächst als 2019nCoV und seit Februar 2020 als SARS-CoV-2 bezeichnet, ist offenbar von Fledermäusen auf Menschen übertragen worden, vermutlich über den Umweg anderer Tiere. SARS steht für »Schweres Akutes Atemwegssyndrom« (Severe Acute Respiratory Syndrome). Bei Menschen löst das Virus die Krankheit COVID-19 (Corona Virus Disease 2019) aus. Bei vielen Infizierten führt die Infektion zu kaum wahrnehmbaren oder grippeähnlichen Symptomen wie Fieber, Husten und Kopfschmerzen. Bei anderen kommt es jedoch zu schweren, teils tödlichen Verläufen. Davon sind vor allem ältere Menschen oder Infizierte mit Vorerkrankungen wie Bluthochdruck oder Diabetes betroffen. Vor allem die Lunge wird angegriffen, aber auch andere Organe wie etwa das Herz und das Nervensystem.

Als Quelle der Übertragung des Coronavirus auf den Menschen wird immer wieder der Fischmarkt von Wuhan genannt. Auf diesem Markt werden vielfältige exotische Tiere zum Verzehr angeboten. Mensch und Tier kommen dort auf engem

Raum zusammen.* Der erste bestätigte COVID-19-Patient in Wuhan ist ein 55-jähriger Mann, der seit dem 1. Dezember 2019 Symptome zeigt. Anders als spätere Infizierte hat er allerdings keine Verbindung zum Fischmarkt.

Ab dem 20. Dezember 2019 berichten Virologen und Ärzte aus Wuhan über immer mehr Patienten, die mit schweren Lungenentzündungen auf Intensivstationen behandelt werden müssen. Diese Patienten standen mit dem Fischmarkt von Wuhan in Verbindung. Ergebnisse von Laboruntersuchungen zeigen am 27. Dezember 2019, dass die Krankheit durch ein Virus aus der Gruppe der Coronaviren verursacht wird. Es hat auffällige Ähnlichkeit mit dem gefährlichen SARS-Virus, das im Jahr 2003 in China ausgebrochen war. Das SARS-Virus führte bei rund 10 Prozent der Infizierten zum Tod. Es war aber nicht sehr ansteckend, so dass seine Verbreitung letztlich auf Ostasien und dort auf rund 8000 nachgewiesene Fälle begrenzt blieb. Das SARS-CoV-2-Virus ist anders. Die Anzahl derer unter den Infizierten, die sterben, ist geringer, aber die Krankheit ist hochansteckend.

Am 31. Dezember 2019 informiert die Gesundheitsbehörde der Stadt Wuhan die Weltgesundheitsorganisation WHO über den Ausbruch einer bislang unbekannten Lungenkrankheit.

Das Coronavirus verbreitet sich jetzt schnell. Im Laufe des Januar 2020 steigt die Zahl der Infizierten sprunghaft an. Am 23. Januar verhängt die chinesische Regierung eine Quarantäne über Wuhan – die Stadt wird abgeschottet. Fünf Tage

---

* Später werden Spekulationen darüber laut, ob das Virus durch einen Unfall in einem Forschungslabor in Wuhan verbreitet worden ist. Woher das Virus tatsächlich kommt, ist bis heute ungeklärt.

später wird die Quarantäne auf einen Großteil der Provinz Hubei ausgeweitet. Immer mehr Staaten verhängen Reisebeschränkungen gegenüber China. Trotzdem greifen die Infektionen schnell auf andere Länder über. Südkorea, Japan, Thailand und andere Länder in Ostasien melden steigende Fallzahlen.

In Europa trifft es zuerst Italien. Zwischen Norditalien und China gibt es engen wirtschaftlichen Austausch. Gegenseitige Besuche von Wirtschaftsdelegationen und Geschäftspartnern sind an der Tagesordnung. Deshalb ist es nicht überraschend, dass das Virus in Italien zuerst Verbreitung findet – auch wenn bis heute unklar ist, ob es wirklich die wirtschaftlichen Verbindungen sind, die das Virus in die Lombardei gebracht haben.[1] Am 30. Januar setzt Italien alle Flüge von und nach China aus. Gleichzeitig bricht die Krankheit auf einem italienischen Kreuzfahrtschiff mit 6000 Passagieren aus. Am 31. Januar verhängt Italien den Notstand. Wie sich später herausstellen wird, hat das Virus sich zu diesem Zeitpunkt im Land schon stark verbreitet.

Auch Deutschland ist früh betroffen. Im Kreis Starnberg bei München wird am 27. Januar 2020 die erste Ansteckung bestätigt, verursacht durch Besucher aus China bei einem örtlichen Unternehmen aus der Automobilzuliefer-Industrie. Die Infizierten werden isoliert, und sie haben Glück: Bei ihnen verläuft die Krankheit milde.

Im Laufe des Februars 2020 nähert sich die Epidemie in China ihrem Höhepunkt. Am 1. März 2020 meldet China fast 80.000 Infizierte. 2870 Menschen sind an der Krankheit gestorben. Die Regierung setzt darauf, dass die drastischen Reisebeschränkungen und Ausgangssperren es erlauben, die Ausbreitung des Virus einzudämmen.

In Europa verbreitet die Krankheit sich indessen weiter. Vor allem Italien ist betroffen, aber bald melden auch Frankreich, Spanien und Deutschland steigende Infektionszahlen.

Wie die Coronakrise die Weltwirtschaft überrollt

Unternehmen und Finanzmärkte reagieren erstaunlich langsam. Dort wird die Ausbreitung des Coronavirus im Januar 2020 und selbst im Februar noch als ein Risikofaktor unter mehreren gesehen. Viele Marktakteure gehen davon aus, dass dieses Virus sich ähnlich verhalten wird wie das SARS-Virus aus dem Jahr 2003 und seine Ausbreitung auf China beschränkt bleibt. Noch am 12. Februar 2020 erreicht der amerikanische Aktienindex Dow Jones mit 29 551 Punkten einen historischen Rekordstand. An diesem Tag sind in den Vereinigten Staaten 14 Coronafälle bestätigt. Eine Woche später, am 19. Februar 2020, einem Mittwoch, klettert der europäische Aktienindex Euro Stoxx mit 3866 Punkten auf den höchsten Wert seit der Finanzkrise des Jahres 2008. In Deutschland steigt der Dax auf das Allzeithoch von 13 789 Punkten. Bis zum Ende der Woche bröckeln die Kurse, und die Nervosität steigt. In China zeichnet sich ab, dass die Wirtschaft im ersten Quartal 2020 einbrechen wird.

Immer mehr Länder berichten von Infektionsfällen. Die Zahlen sind außerhalb Chinas noch gering, aber die Sorgen über die Ausbreitung des Virus wachsen. Am 22. Februar verweist OECD-Generalsekretär Ángel Gurría beim G20-Gipfel in Riad in Saudi-Arabien auf die wirtschaftlichen Folgen des Corona-Ausbruchs in China, setzt aber noch darauf, dass eine Ausbreitung auf andere Länder verhindert werden kann:

»Unser Hauptszenario ist das einer V-förmigen Erholung: ein kurzfristiger Einbruch im ersten Quartal, gefolgt von einem starken Aufschwung in China und der Weltwirtschaft im zweiten und dritten Quartal 2020. Sollte das Virus jedoch beginnen, sich auf andere Länder auszubreiten, würde sich die Wirtschaftstätigkeit ausgehend von einem bereits sehr bescheidenen Ausgangswert vor dem Virus von etwa 3 Prozent erheblich abschwächen. Hier kann die G20 durch die Vereinbarung geeigneter Eindämmungs- und Politikmaßnahmen dazu beitragen, die Ausbreitung des Virus einzudämmen, das Vertrauen zu stärken und die Wirtschaftstätigkeit zu unterstützen.«[2]

Doch es ist bereits zu spät. In vielen Ländern der Welt ist das Virus schon angekommen. Eine globale Pandemie ist nicht mehr zu verhindern. Diese Einsicht erreicht am darauffolgenden Montag, dem 24. Februar 2020, die globalen Finanzmärkte. Der japanische Nikkei-Index fällt um 3,3 Prozent, die europäischen Aktien um vier Prozent und der amerikanische Dow Jones ebenfalls um 3,3 Prozent. In den folgenden Tagen beschleunigt sich der Abwärtstrend und mündet in einen Absturz der Börsen. Bis zum Ende der Woche fällt der Dow Jones auf 25 409 Punkte, zwei Wochen später, am 12. März, erreicht er 21 200 Punkte. Bis zum 23. März sinkt der Index auf einen vorläufigen Tiefpunkt von 18 592 Punkten. Innerhalb von vier

Wochen hat der wichtigste Aktienmarkt der Welt 36 Prozent seines Wertes verloren. Der Euro Stoxx erreicht bereits am 18. März seinen Tiefststand und erleidet damit einen Verlust von 37 Prozent, der Dax sogar von 38 Prozent. In den Wochen nach dem Einbruch öffnen die Zentralbanken ihre Geldschleusen und kaufen in großem Umfang Staats- und Unternehmensanleihen. Diese Liquidität stabilisiert vorerst auch die Aktienkurse. Abbildung 0.1 illustriert die Entwicklung an den Börsen.

Der dramatische Verfall an den Finanzmärkten geht einher mit der verstärkten Ausbreitung des Virus in Europa. Im Laufe des März ergreifen immer mehr europäische Staaten Maßnahmen, um die Verbreitung des Virus zu verlangsamen. Es wird deutlich, dass Teile der Wirtschaft stillgelegt werden müssen. Die Welt steht nicht nur vor einer bedrohlichen Pandemie, sondern auch vor einer tiefen Wirtschaftskrise.

Während des Monats März hat die Krise sich in den verfügbaren Zahlen zur Entwicklung von Wachstum und Beschäftigung in Europa noch nicht niedergeschlagen. Die Informationen über die Wirtschaftsleistung stehen in der Regel mit einigen Wochen Verzögerung zur Verfügung. Dennoch ist klar, über den europäischen Volkswirtschaften braut sich ein Sturm zusammen.

Sichtbar ist die Krise im März bereits in den Konjunkturfrühindikatoren, die auf Umfragen bei Unternehmen beruhen. Aus aktuellem Anlass veröffentlicht das ifo Institut am 19. März 2020 erstmals in seiner Geschichte einen Zwischenstand des ifo Geschäftsklimaindexes für den Monat März.[3] Obwohl nur Antworten der Unternehmen bis zum 18. März vorliegen, fällt der Index von 96 auf 87,7 Punkte. Das ifo Institut fragt die Unternehmen nach dem Lauf der aktuellen Geschäfte und nach

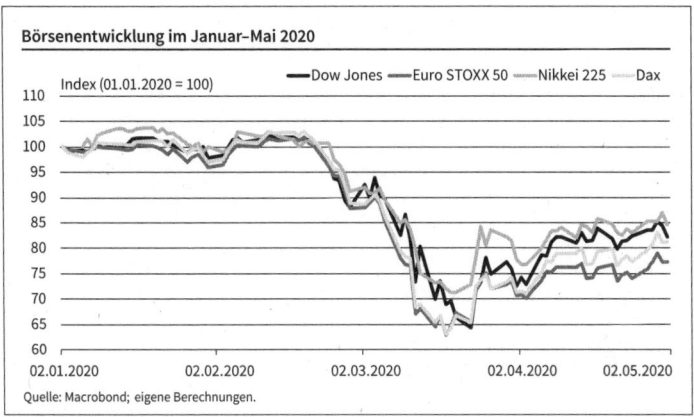

Abb. 0.1

den Erwartungen für die kommenden sechs Monate. Die Unternehmen berichten, dass ihre aktuelle Lage sich bereits erheblich verschlechtert hat. Es sind aber die Antworten zu den Erwartungen, die zeigen, dass die deutsche Wirtschaft mit einem schweren Einbruch rechnet. Der Index der Erwartungen sinkt von 93,2 auf 82 Punkte. Das ist der stärkste beobachtete Rückgang der Geschäftserwartungen in 70 Jahren Unternehmensbefragungen am ifo Institut. Im April folgt der nächste Rückgang des Indexes, erst im Mai kommt es zu einer Stabilisierung, allerdings auf sehr niedrigem Niveau.

Ein anderer viel beachteter internationaler Konjunkturindikator ist der Einkaufsmanagerindex von IHS Markit, der ebenfalls auf Unternehmensbefragungen basiert. Üblicherweise schwankt dieser Index um den Wert von 50. Ein Wert über 50 signalisiert eine expandierende Wirtschaft, ein Wert darunter einen Abschwung. Abbildung 0.2 zeigt den Verlauf der Einkaufmanagerindizes für China, die Eurozone und die USA seit Juni 2017. In den Jahren 2017 bis 2019 zeigen sich nur sehr

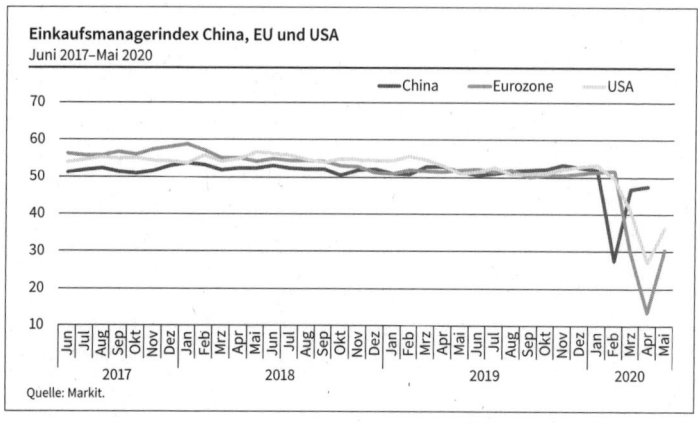

Abb. 0.2

begrenzte Schwankungen, wie sie bei normaler Konjunkturlage auftreten.

Im Jahr 2020 folgt dann ein massiver Einbruch, zuerst in China, dann in der Eurozone und in den USA. In allen drei Fällen zeigt der Index nach den Tiefpunkten im Februar in China und im April in der Eurozone und den USA eine gewisse Erholung. Diese Erholung führt aber vorerst nicht auf das Niveau vor der Krise zurück. Es ist absehbar, dass es länger dauern wird, bis die Wirtschaft sich vom Schock der Coronakrise erholt.

Ökonomische Folgen von Pandemien

In den wirtschaftspolitischen Debatten dieser Tage steht die Frage im Mittelpunkt, welche Auswirkungen Pandemien haben und auf welche Erfahrungswerte man zurückgreifen kann, um die Folgen der Coronakrise einzuschätzen.

Pandemien haben massive wirtschaftliche Auswirkungen, die sehr langfristig sein können. Erstens entsteht während der Pandemie ein erheblicher Aufwand für das Gesundheitswesen. Krankenhauskapazitäten müssen erweitert werden, Medikamente, Tests und medizinische Ausrüstungen wie etwa Schutzkleidung sind knapp und teuer. Zweitens wird die Wirtschaftstätigkeit unterbrochen. Unternehmen produzieren weniger oder schließen ganz, weil Arbeitskräfte erkrankt sind oder weil sie zu Hause bleiben, um sich vor Ansteckung zu schützen. Schließungen einzelner Unternehmen haben weitreichende Folgen für andere. Ihre Zulieferer und Kunden sind direkt betroffen. Wenn zum Beispiel die Autoindustrie die Produktion einstellt, müssen auch die vielen Zulieferer schließen. Wenn Lieferungen unter diesen Unternehmen entfallen, werden die Produkte auch nicht mehr transportiert, so dass Speditionen ihre Aufträge verlieren. Letztere werden ihrerseits weniger Aufträge vergeben, Bestellungen von neuen Fahrzeugen stornieren und Arbeitszeiten der Mitarbeiter reduzieren. Die Krise greift schnell um sich.

Drittens müssen Aktivitäten eingeschränkt werden, bei denen Menschen zusammenkommen, um zu verhindern, dass das Coronavirus sich verbreitet. Veranstaltungen in Kultur und Sport fallen aus, Messen und Kongresse ebenfalls. Hotels und Restaurants stehen leer oder müssen wegen der Ansteckungsgefahr schließen. Das gilt auch für Einkaufszentren und viele Geschäfte. Reisen werden eingeschränkt, damit die Krankheit nicht von einer Region in eine andere getragen wird. Reisebüros, Busunternehmen, die Bahn und Fluggesellschaften verlieren ihre Kunden. Innenstädte und Einkaufszentren, Flughäfen und Bahnhöfe stehen leer.

Wirtschaft und Wertschöpfung zu unterbrechen, kann dramatische Folgen haben. Das zeigt ein einfaches Rechenbeispiel. In normalen Konjunkturzyklen schwankt das Wirtschaftswachstum, aber es bleibt meistens positiv. Im Boom steigt es in einem typischen Industrieland auf zwei oder drei Prozent, in der Krise sinkt es auf ein halbes Prozent. Wenn es in einem Jahr einmal auf Null sinkt, spricht man schon von einem deutlichen Abschwung. Zu Unterbrechungen der Produktion ganzer Sektoren der Volkswirtschaft kommt es normalerweise nicht. Wenn nun wie im Rahmen der Corona-Pandemie ganze Sektoren der Volkswirtschaft schließen, sind die Folgen für das Wirtschaftswachstum dramatisch. Nehmen wir an, die Hälfte der Wertschöpfung wird für einen Monat stillgelegt und erholt sich im nächsten Monat sofort wieder auf Normalniveau – ein unrealistisch positives Szenario. Das bedeutet auf das Gesamtjahr gerechnet bereits einen Einbruch der Wirtschaftsleistung um gut vier Prozent. Ein Land, dessen Wirtschaftswachstum ohne Krise ein Prozent betragen hätte, erlebt dann eine Schrumpfung um drei Prozent. Dieses einfache und harmlos wirkende Beispiel verdeutlicht, dass Produktionsunterbrechungen, die durch Pandemien entstehen, weitaus gravierender sind als normale Schwankungen der Konjunktur.

Aber das ist nicht alles. Abhängig davon, wie lange der Stillstand dauert, kann es dazu kommen, dass Beschäftigte ihren Arbeitsplatz verlieren und Unternehmen ihre Kredite nicht mehr bedienen können und in die Insolvenz geraten. Kreditausfälle können dazu führen, dass Banken Verluste erleiden und die Kreditvergabe auch an andere Unternehmen und private Haushalte einschränken. All dies vertieft die Krise und erschwert die anschließende wirtschaftliche Erholung.

Neben den Einschränkungen während der Zeit der Pandemie gibt es langfristige Wirkungen, die noch Jahrzehnte später spürbar sein können. In der Vergangenheit haben Pandemien wie etwa die Pestepidemien in Europa im 14. Jahrhundert viele Menschen das Leben gekostet. Arbeitskräfte wurden knapp und die Wirtschaftsaktivität ging dauerhaft zurück.

Die weltweite Grippe-Pandemie des Jahres 1918, die sogenannte Spanische Grippe*, tötete laut Schätzungen zwischen 1918 und 1920 rund 40 Millionen Menschen[4] und hatte gravierende wirtschaftliche Auswirkungen. Sie verlief in drei Wellen. Die Krankheit brach im Frühjahr 1918 aus, vermutlich in Haskell County, Kansas, einer abgelegenen Region der USA. Ausgehend von einem dort befindlichen großen Ausbildungslager für Soldaten, die auf den Einsatz im Ersten Weltkrieg vorbereitet wurden, wurde das Grippevirus erst in den USA verbreitet und dann nach Europa getragen.[5] Die erste Grippewelle verlief eher harmlos. Die zweite und besonders tödliche Infektionswelle kam zwischen September 1918 und Februar 1919. Eine dritte Welle folgte im weiteren Verlauf des Jahres 1919.

Die Folgen für die vom Krieg ohnehin gebeutelte Wirtschaft waren verheerend. Barro et al. (2020) schätzen, dass die Grippe-Pandemie die Wirtschaftsleistung und den Konsum

---

* Die Pandemie wurde durch Soldaten aus den USA nach Frankreich gebracht und griff von dort aus auf Spanien über. Die irreführende und unfaire Bezeichnung ›Spanische Grippe‹ wird darauf zurückgeführt, dass Spanien nicht am Krieg beteiligt war und deshalb die Presse nicht zensiert war und folglich dort zuerst frei über die Krankheit berichtet werden konnte.

in den betroffenen Ländern um sechs bis acht Prozent reduziert hat. Die zeitliche Nähe der Pandemie zum Ende des Ersten Weltkriegs erschwert die Messung der Auswirkungen auf die Wirtschaft. Aber es wird deutlich, dass die Verluste erheblich sind. Aktuelle Schätzungen zu Folgen der Corona-Pandemie bewegen sich interessanterweise in ähnlichen Größenordnungen, obwohl die ökonomischen und politischen Bedingungen und die Krankheit selbst ganz anders sind.

Pandemien haben außerdem Auswirkungen auf Kapitalmärkte, Staatsfinanzen und die Geldwertstabilität. Wirtschaftshistorische Untersuchungen zeigen, dass Erträge von Investitionen nach Pandemien für viele Jahre außergewöhnlich niedrig waren. Das ist vor allem dann zu erwarten, wenn durch eine Pandemie die Erwerbsbevölkerung dezimiert wird.

Gravierend sind die Folgen für die Staatsfinanzen. Durch den Rückgang der wirtschaftlichen Aktivität fehlen dem Staat Einnahmen. Gleichzeitig steigt der Bedarf an öffentlichen Ausgaben. Das Gesundheitssystem muss finanziert werden, in vielen Ländern geschieht das mit öffentlichen Geldern. Darüber hinaus werden Mittel benötigt, um die Wirtschaft zu stützen. Ausgaben zum Auffangen von Arbeitslosen und Hilfen für Unternehmen steigen.

Wirtschaftskrisen haben außerdem Folgen für die Geldwertstabilität. Diese können in zwei Richtungen gehen. Zum einen senken Arbeitslosigkeit und Investitionszurückhaltung die Güternachfrage von Haushalten und Unternehmen. Das führt tendenziell zu Deflation, also einem fallenden Preisniveau. Im Verlauf der Krise und in den Jahren danach kann es allerdings dazu kommen, dass die massive Belastung der Staatsfinanzen die Politik dazu bringt, die Druckerpresse anzuwerfen und öffentliche Ausgaben zunehmend monetär zu finanzieren. Das birgt Inflationsrisiken.

In Deutschland kam es in den Jahren nach der Grippe-Pandemie sogar zu einer Hyperinflation, die 1923 ihren Höhepunkt erreichte. Die Ursache dafür lag sicherlich in erster Linie im Ersten Weltkrieg und den dadurch zerrütteten Staatsfinanzen. Die Belastung durch die sogenannte Spanische Grippe hat zur Zerstörung der deutschen Währung aber zweifellos beigetragen.

Was sind die Folgen der Corona-Pandemie?

Sorgen über den Einbruch des Wirtschaftswachstums, wachsende Staatsschulden und Folgen für den Geldwert bewegen auch in der Corona-Pandemie viele Menschen. Gerade in Europa leiden viele Volkswirtschaften schon seit längerer Zeit unter schwachem Wirtschaftswachstum und wachsenden Staatsschulden. Milliardenschwere Rettungsprogramme in dieser Krise treiben die Staatsverschuldung weiter in die Höhe. Neue Verschuldungstöpfe sollen auf europäischer Ebene eingerichtet werden. Gleichzeitig kündigt die Europäische Zentralbank an, in großem Umfang Staatsanleihen, aber auch Unternehmensanleihen aufzukaufen. Die Anforderungen an die Bonität der Schuldner werden reduziert. Das erscheint einerseits sinnvoll, denn es gilt zu verhindern, dass die von der Krise am stärksten betroffenen Länder und Unternehmen von der Liquiditätsversorgung abgeschnitten werden. Andererseits fragen sich viele, ob diese Politik auf eine monetäre Finanzierung von Staatsausgaben hinausläuft, die auf Dauer die Geldwertstabilität bedroht.

Bei alldem ist zu bedenken, dass die wirtschaftlichen Folgen von Pandemien stark von gesundheitspolitischen Maßnahmen beeinflusst werden, mit denen die Ausbreitung der Krankheitserreger bekämpft wird. Unterbrechungen von Produktion und Wertschöpfung sind zumindest teilweise auf staatliche Anordnungen zurückzuführen. Das wirft die Frage auf, ob die politischen Entscheidungsträger vor einem schlichten Abwägungsproblem zwischen Gesundheit und wirtschaftlichem Wohlstand stehen. Wie sich im Verlauf dieses Buches zeigen wird, ist es nicht so simpel. Die Vorstellung, das forsche Öffnen von Wirtschaftssektoren ohne Rücksicht auf die Gesundheit würde eine wirtschaftliche Erholung ermöglichen, ist ebenso irreführend wie die Idee, eine möglichst lange Stilllegung des wirtschaftlichen, gesellschaftlichen und kulturellen Lebens sei der Gesundheit der Bevölkerung am zuträglichsten. Diese Fragen werden im dritten Kapitel ausführlich diskutiert.

Die Coronakrise wird irgendwann überwunden sein, aber sie wird vieles verändern. Sie wird einen Berg an öffentlichen und privaten Schulden hinterlassen und viel Vermögen zerstören. Das wird die wirtschaftliche Entwicklung belasten. Die Beschränkungen für soziale Kontakte während der Krise führen dazu, dass digitale Techniken wie Videokonferenzen verstärkt eingesetzt werden, viele Menschen von zu Hause aus arbeiten – ebenfalls unter Einsatz digitaler Techniken – und Transaktionen in die Digitalwirtschaft verlagert werden – Online-Shopping nimmt zu, auf Kosten des traditionellen Einzelhandels. So beschleunigt die Coronakrise die Digitalisierung und den Strukturwandel. Das wird den schon vor der Krise vorhandenen Trend zu wachsenden Einkommensunterschieden zwischen hoch und weniger hoch qualifizierter Arbeit verschärfen. Angesichts dieser Divergenzen, aber auch der umfangreichen staatlichen Hilfen während der Krise werden Rufe nach mehr staatlicher Umverteilung und Absicherung lauter werden. Dem Sozialstaat, der durch die Krise, aber auch den demographischen Wandel zunehmend beansprucht wird, droht dadurch die Überforderung.

Folgen wird die Coronakrise auch für die Klimapolitik haben, die vor der Krise die Schlagzeilen beherrschte. Einerseits wird gefordert, in Konjunkturprogrammen für die wirtschaftliche Erholung die Klimapolitik und den Green Deal als Leitmotive vorzugeben. Andererseits wird verlangt, Klimaziele angesichts der Lasten der Krise zu vertagen. Es liegt auf der Hand, dass die Umwelt- und Klimapolitik die Coronakrise nicht ignorieren kann und sollte. Gleichzeitig sind die Probleme der Umweltzerstörung und der Klimaerwärmung durch die Coronakrise nicht weniger bedrohlich geworden. Diese Probleme müssen trotz der neuen Lasten gelöst werden. Offen ist aber die Frage, wie das sinnvoll geschehen kann.

Große Herausforderungen bringt die Krise für die Eurozone und die Europäische Union (EU). Noch sind die ökonomischen und politischen Folgen der Eurokrise nicht überwunden. Schon in den ersten Wochen nach dem Ausbruch der Coronakrise wurden Konfliktlinien sichtbar, die schon während der Eurokrise die Atmosphäre belastet haben. Europa steht einmal mehr vor der Aufgabe, das richtige Gleichgewicht aus Solidarität und der Wahrung von Eigenverantwortung zu finden.

Viele sehen eine Konsequenz der Coronakrise darin, dass die Globalisierung an ihre Grenzen stößt. Es mehren sich Forderungen nach einem Abschied von weltweiten, komplexen und entsprechend störungsanfälligen Wertschöpfungsketten. Hier besteht die Gefahr, das Kind mit dem Bade auszuschütten. Der internationale wirtschaftliche Austausch hat es in den letzten Jahrzehnten einem großen Teil der Menschheit ermöglicht, sich aus der Armut zu befreien. Der Außenhandel ist für Europa und vor allem Deutschland Grundlage des Wohlstands. Das Ziel muss darin bestehen, die Globalisierung zu verbessern, nicht, sie rückabzuwickeln. Dazu gehört beispielsweise, grenzüberschreitende Wertschöpfungsketten weniger störungsanfällig zu machen. Zur Globalisierung gehört auch globale politische Kooperation. Abschottung und My-Country-First-Politiken zu überwinden, ist eine der wichtigsten Herausforderungen für die Zeit nach der Coronakrise.

All diese Fragen werden in den folgenden Kapiteln diskutiert. Die Coronakrise ist ein wirtschaftlicher Schock, dessen Ausmaß alles in den Schatten stellt, was die Weltwirtschaft seit dem Zweiten Weltkrieg an Krisen erlebt hat. Es besteht die Gefahr einer dauerhaften Minderung des Wohlstands in Deutschland, in Europa und darüber hinaus. Dazu muss es aber nicht kommen. Wie langwierig die wirtschaftliche Erholung nach der Krise verlaufen wird und wie erfolgreich sie sein wird, hängt in großem Maße davon ab, welche Entscheidungen die Wirtschafts- und Finanzpolitik in den kommenden

Monaten und Jahren fällt. Dieses Buch hat das Ziel, die wirtschaftlichen Folgen der Coronakrise verständlich zu machen und dazu beizutragen, eine wirtschaftspolitische Agenda für die Zeit nach der Krise zu entwickeln. Grundzüge dieser Agenda werden in 10 Thesen im abschließenden Kapitel dieses Buches vorgestellt.

KAPITEL 1

DIE CORONAKRISE STELLT DIE GLOBALE FINANZKRISE IN DEN SCHATTEN

Um richtig auf die Coronakrise zu reagieren und die Folgen abfedern zu können, ist es wichtig, die Tiefe des wirtschaftlichen Einbruchs und die Verteilung der damit verbundenen Lasten zu verstehen und einzuordnen. Das ist vor allem in der frühen Phase der Krise schwierig. Die Daten und Szenarien-Rechnungen, die bislang zur Verfügung stehen, sprechen aber dafür, dass die Coronarezession die globale Finanzkrise der Jahre 2008 und 2009 in den Schatten stellt. Vergleiche mit der weltweiten wirtschaftlichen Depression der 1930er Jahre, die gelegentlich gezogen werden, erscheinen dagegen überzogen, zumindest auf der Basis der bislang vorliegenden Erkenntnisse.

Abbildung 1.1 vergleicht die Entwicklung des realen Wirtschaftswachstums beziehungsweise der Schrumpfungsraten während der Finanzkrise und der weltweiten Depression der 30er Jahre mit Prognosen über den Verlauf der Coronakrise. Betrachtet wird jeweils der Durchschnitt des inflationsbereinigten Wachstums des Bruttoinlandsprodukts (BIP) für Deutschland, Frankreich, das Vereinigte Königreich und die USA. Es zeigt sich, dass der heute erwartete Einbruch in der Corona-

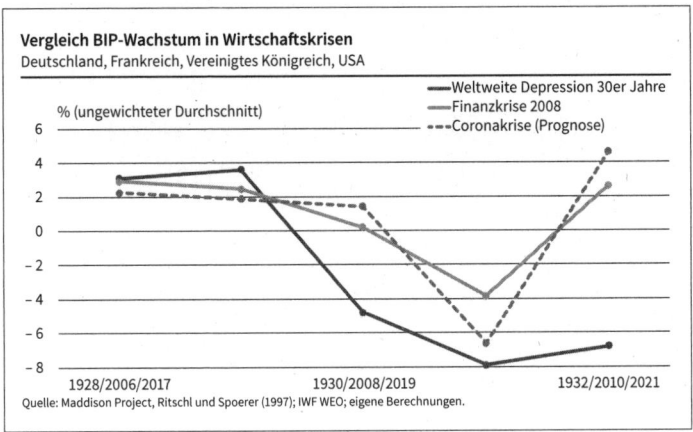

Abb. 1.1

krise stärker ist als der Abschwung in der Finanzkrise. Dass er die erschreckende Dimension der *Great Depression* erreichen könnte, ist allerdings zumindest bislang nicht erkennbar. Ob sich die Wirtschaft im Jahr 2021 so kräftig erholt wie in der hier zugrunde gelegten Prognose des Internationalen Währungsfonds, ist allerdings offen.

Warum die Coronakrise dramatischer ist als die Finanzkrise 2008/2009

Lange Zeit hofften viele, dass die Coronakrise heftig, aber kurz wird. Dafür steht das Bild des V-förmigen Krisenverlaufs. Auf einen drastischen wirtschaftlichen Einbruch im Frühjahr 2020 folgt in diesem Denken eine rapide Erholung. Skeptiker erwarten dagegen eine eher U-förmige Entwicklung, also eine längere Rezession, dann aber eine deutliche Erholung.

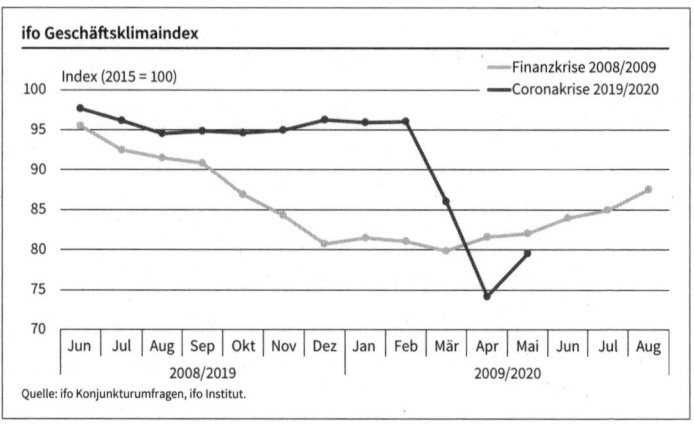

Abb. 1.2

Pessimisten dagegen befürchten, dass die Weltwirtschaft sich dauerhaft auf einem niedrigeren Niveau bewegen wird – also ein L-förmiges Szenario.

Um zu beurteilen, wie wahrscheinlich diese Szenarien sind, ist es notwendig, die Krise genauer zu untersuchen. Dafür ist es im ersten Schritt wichtig, die Tiefe des Einbruchs abzuschätzen.

Einen ersten Anhaltspunkt können die Entwicklungen konjunktureller Frühindikatoren geben. Abbildung 1.2 vergleicht, wie der ifo Geschäftsklimaindex sich in der Finanzkrise und in den ersten Monaten der Coronakrise entwickelt hat.

Es zeigt sich, dass der Einbruch des Geschäftsklimas in der Coronakrise drastischer ausfällt. In der Finanzkrise begann der Index im Oktober 2008 deutlich zu sinken. Damals wurden die Unternehmen in Deutschland von den Schockwellen erreicht, die vom Kollaps der Lehman-Bank im September des Jahres ausgelöst wurden. Der Rückgang des Geschäftsklimas verlief aber deutlich langsamer als in der Coronakrise, die Deutschland im März 2020 mit voller Wucht traf.

Von optimistischen und Worst-Case-Szenarien

Prognosen über die Auswirkungen der Coronakrise sind mit hoher Unsicherheit behaftet. Sie beruhen auf Szenarien. Diese bringen denkbare Verläufe der Pandemie mit möglichen gesundheits- und wirtschaftspolitischen Maßnahmen zusammen. Es werden Annahmen darüber getroffen, wie lange der Shutdown der Wirtschaft und die Einschränkungen durch Hygienevorkehrungen anhalten, welcher Anteil der gesamtwirtschaftlichen Wertschöpfung davon betroffen ist und wie schnell danach die Erholung verläuft. Diese Annahmen bestimmen maßgeblich die Ergebnisse. Bereits im März 2020 hat das ifo Institut eine Reihe von Szenarienrechnungen zu den Folgen des Shutdowns für die Wirtschaftsentwicklung vorgelegt, zunächst für Deutschland und dann für andere europäische Länder. Diese Rechnungen verwendeten Erkenntnisse aus aktuellen Unternehmensbefragungen, um zu schätzen, welche Sektoren in welchem Ausmaß beeinträchtigt sind.

Die Analyse enthält ein weites Spektrum von Szenarien. Das Günstigste geht von einen einmonatigen Shutdown aus, in dem rund 34 Prozent der Wertschöpfung entfallen. Dem folgt eine Erholungsphase von einem Monat, an dessen Ende sich die Wirtschaftsaktivität wieder auf dem Niveau befindet, das sie ohne Krise erreicht hätte. In diesem Fall würde das deutsche Bruttoinlandsprodukt (BIP) für das Gesamtjahr im Vergleich zur Situation ohne Coronakrise um 4,3 Prozent sinken. Für andere europäische Länder ergeben sich ähnliche Größenordnungen. Heute ist klar, dass dieses Szenario – vor allem, was die Dauer des Shutdowns und die Geschwindigkeit der Erholung angeht – zu optimistisch ist. Das ungünstigste Szenario betrachtet einen dreimonatigen Shutdown, in dem etwa die Hälfte der sonst üblichen Wertschöpfung ausfällt. Daran schließt sich eine viermonatige Phase der schrittweisen Erholung an. In diesem Worst-Case-Szenario ergibt sich ein Rückgang des BIP um 20,6 Prozent.[6] So schlimm wird es voraussichtlich nicht kommen. Die Studie zeigt auch, dass die Verlängerung des Shutdowns pro Woche zu einem Wegfall an Wertschöpfung führt, der zwischen 0,7 und 1,6 Prozent des BIP liegt. Berechnungen für andere europäische Länder, die teils sehr unterschiedliche sektorale Strukturen aufweisen, in Südeuropa beispielsweise mehr Tourismus und weniger Industrie als in Deutschland, führen zu ähnlichen Ergebnissen.[7] Das reflektiert, dass die Einbußen sehr breit über die Sektoren verteilt sind.

Welche Wachstumseffekte werden prognostiziert?

Obwohl für die weitere Entwicklung sehr unterschiedliche Szenarien möglich sind, müssen Prognosen über die weitere Entwicklung sich häufig auf ein Szenario festlegen, selbst wenn die Prognostiker die große Unsicherheit über die weitere Entwick-

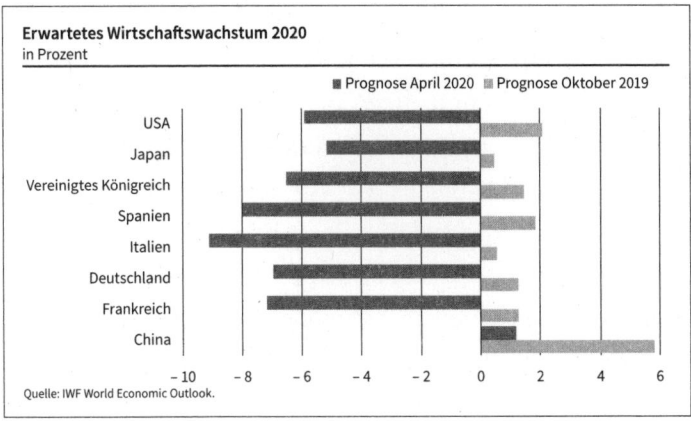

Abb. 1.3

lung hervorheben. Derartige Prognosen liefern dann zumindest Orientierungspunkte für die Planungen von Politik und Privatsektor. Der Internationale Währungsfonds (IWF) legt jedes Jahr im Frühjahr und im Herbst im Rahmen seines Berichts *World Economic Outlook* eine international beachtete Prognose vor. Die Zahlen der IWF-Frühjahrsprognose vom April 2020 und die Veränderung gegenüber der vorangehenden Prognose aus dem Herbst 2019 verdeutlichen die Dimension der Krise. Abbildung 1.3 vergleicht die beiden Wachstumsprognosen für China, die USA, das Vereinigte Königreich, Japan und die vier größten Volkswirtschaften in der Europäischen Union. Die IWF-Ökonomen erwarten in allen Volkswirtschaften einen Rückgang des Wachstums im Vergleich zum Szenario ohne Coronakrise um 5 bis 10 Prozent. Nur für China wird noch eine positive Wachstumsrate erwartet. In allen anderen Ländern prognostizieren die IWF-Volkswirte negative Wachstumsraten, am schlimmsten trifft es Italien mit minus 9 Prozent.

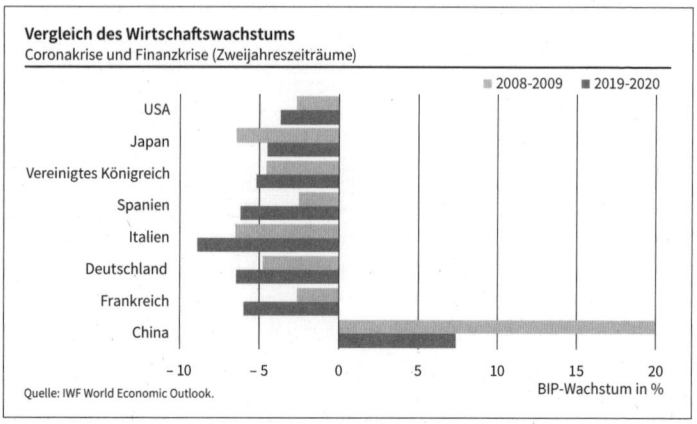

Abb. 1.4

Wie groß ist der Wachstumseinbruch der Coronakrise im Vergleich zum Einbruch während der Finanzkrise der Jahre 2008/2009? Die für das Jahr 2020 erwarteten Wachstumsraten sind für die meisten Länder deutlich niedriger als die des Jahres 2009. Allerdings ist bei der Interpretation jährlicher Wachstumsraten Vorsicht geboten. Die Finanzkrise hat bereits im Jahr 2008 begonnen, während das Wirtschaftswachstum 2019 von der Coronakrise noch unberührt war. Insofern kann ein Vergleich allein der Jahre 2009 und 2020 irreführend sein. Abbildung 1.4 vergleicht deshalb das Wachstum im Zweijahreszeitraum 2008–2009 mit der für die Jahre 2019–2020 prognostizierten Entwicklung.

Es zeigt sich, dass der Einbruch des BIP während der Coronakrise mit Ausnahme Japans größer ausfällt als während der globalen Finanzkrise.

In China ist die Konjunkturentwicklung nur eingeschränkt mit jener der anderen Länder vergleichbar, weil das Land zwar

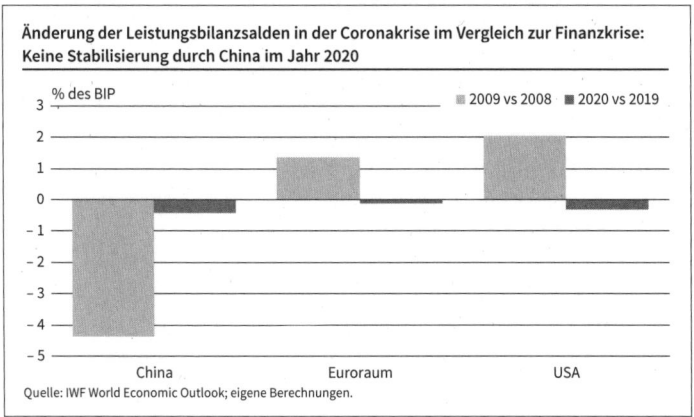

Abb. 1.5

stark aufholt, sich aber noch immer in einem anderen Entwicklungsstadium befindet und daher im Normalfall deutlich höhere Wachstumsraten aufweist. Bei China ist allerdings hervorzuheben, dass es während der Finanzkrise nicht zu einem Einbruch der Wirtschaftsleistung kam. Die chinesische Regierung hat auf die Finanzkrise des Jahres 2008 mit einem großen Konjunkturprogramm reagiert, das vor allem in einer Ausdehnung der inländischen Investitionen bestand. Das Wachstum in China im Jahr 2009 ist deshalb anders als in den meisten anderen großen Volkswirtschaften nicht eingebrochen.

Gleichzeitig sank der chinesische Leistungsbilanzüberschuss deutlich. Die ausländische Nachfrage nach chinesischen Produkten ging zurück, aber die Nachfrage Chinas nach Produkten aus anderen Ländern nahm zu. Das bewirkte eine Nachfragestabilisierung für den Rest der Welt. Abbildung 1.5 zeigt, dass dem sinkenden Leistungsbilanzüberschuss Chinas wachsende Überschüsse der Eurozone und der USA gegenüberstan-

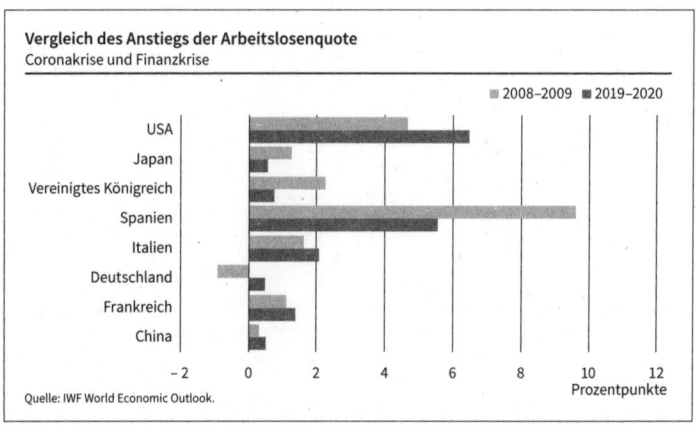

Abb. 1.6

den. Diese stabilisierende Rolle Chinas für die Weltwirtschaft wird 2020 fehlen, weil China sich dieses Mal dem wirtschaftlichen Einbruch nicht entziehen kann. Die Leistungsbilanzsalden Chinas, der Eurozone und der USA werden sich 2020 nur wenig ändern. Die Volkswirtschaften der Eurozone und der USA werden die sinkende Inlandsnachfrage in der Coronakrise nicht durch höhere Nettoexporte nach China auffangen können.

Wichtig zur Einschätzung der Krise ist außerdem die Entwicklung an den Arbeitsmärkten. Abbildung 1.6 vergleicht die Zunahme der Arbeitslosenquoten in den Jahren 2008 und 2009 mit den Veränderungen 2019 und 2020 für die bereits betrachteten acht Länder.

Hier zeigt sich ein gemischtes Bild. Während in der Coronakrise vor allem für die USA, in geringerem Ausmaß auch für Italien, Frankreich und Deutschland, ein höherer Anstieg der Arbeitslosigkeit als in den Jahren der Finanzkrise erwartet

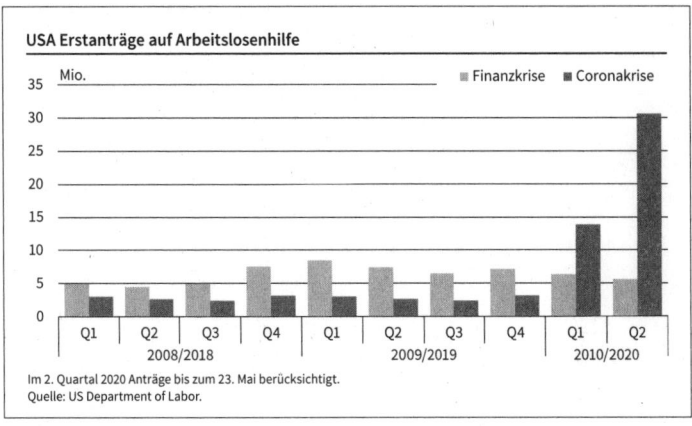

Abb. 1.7

wird, sind die Prognosen für das Vereinigte Königreich und Japan besser. Das gilt auch für Spanien, allerdings ist der erwartete Anstieg in der Coronakrise dort der zweithöchste unter den betrachteten Ländern. In den Jahren 2008 und 2009 stieg die Arbeitslosigkeit in Spanien vor allem deshalb noch schneller an, weil die dortige Immobilienblase 2007 geplatzt war und in der Bau- und Immobilienbranche viele Menschen ihre Arbeit verloren.

Vor allem in den USA wird eine massiv steigende Arbeitslosigkeit erwartet. Dies wird durch den regelrechten Kollaps des amerikanischen Arbeitsmarktes in den Monaten März bis Mai 2020 bestätigt. Abbildung 1.7 beschreibt die quartalsweise Entwicklung an Neuanträgen auf Arbeitslosenhilfe in den USA. Die Grafik spricht für sich. Im Zeitraum zwischen Anfang März und Ende Mai 2020 verlieren in den USA rund 40 Millionen Beschäftigte ihre Arbeit. Im Vergleich dazu erscheint die in Abb. 1.7 ebenfalls dargestellte Entlassungswelle

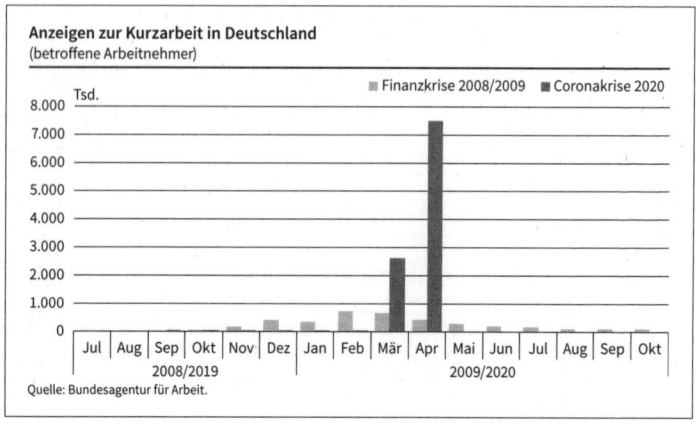

Abb. 1.8

zur Zeit der Finanzkrise, die im ersten Quartal 2009 ihren Höhepunkt erreichte, harmlos.

In Europa verläuft die Arbeitsmarktentwicklung anders. Viele Länder nutzen das Instrument der Kurzarbeit. Es erlaubt Unternehmen, ihre Beschäftigten in der Krise selbst dann zu halten, wenn der Betrieb geschlossen werden muss. Trotzdem ist der Einbruch auch in Europa dramatisch.

Abbildung 1.8 vergleicht die Entwicklung der Zahl der Kurzarbeiter in Deutschland ab der zweiten Jahreshälfte 2019 mit der Entwicklung in den Jahren 2008 und 2009. Auch hier zeigt sich, dass die Coronakrise die Finanzkrise in den Schatten stellt. In der Zeit der Finanzkrise erreichten die Anzeigen zur Kurzarbeit im Februar 2009 einen Höchstwert von 742.000 Beschäftigten. Im April 2020 wird mit rund 7,5 Millionen der zehnfache Wert erreicht.

Welche Branchen sind von der Krise am stärksten betroffen?

Wirtschaftskrisen werden oft daran gemessen, wie tief der Einbruch des Wirtschaftswachstums ausfällt oder wie viele Menschen arbeitslos werden. Dahinter können sich aber sehr unterschiedliche Entwicklungen verbergen. In jeder Krise gibt es stärker oder weniger stark Betroffene und nicht nur Verlierer, sondern auch einige wenige Gewinner. Das gilt für Länder, Regionen, Branchen sowie Gruppen innerhalb der Bevölkerung eines Landes.

Was die verschiedenen Branchen angeht, zeigt Abbildung 1.9 Ergebnisse aus Unternehmensbefragungen des ifo Instituts im März 2020. Wie zu erwarten war, sind die Reisebranche und die Gastronomie am stärksten von der Krise betroffen.

Die Befragungsergebnisse zeigen aber, dass auch andere Branchen unter der Krise leiden. In klassischen Industriesektoren wie Maschinenbau und Chemie gibt es erhebliche Beeinträchtigungen.

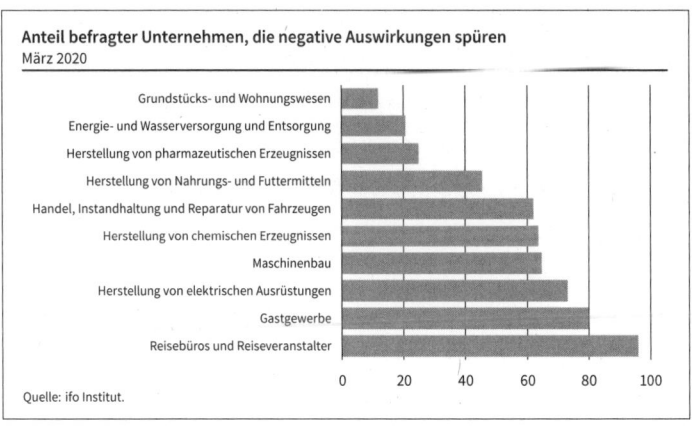

Abb. 1.9

Nicht berücksichtigt sind viele Kleinunternehmen und Solo-Selbstständige, die massiv unter den Folgen der Coronakrise leiden. Viele Selbstständige arbeiten in den Bereichen der Kultur und des Sports, die hier ebenfalls nicht oder nur sehr unvollständig erfasst sind.

Innerhalb der Branchen ist außerdem die Auswirkung für verschiedene Gruppen von Beschäftigten sehr unterschiedlich. Höher qualifizierte Erwerbstätige und Beschäftigte, deren Tätigkeit ins Homeoffice verlagert werden kann, erleiden in der Krise geringere Einkommensverluste als andere. Das wird in den folgenden Kapiteln näher beleuchtet.

KAPITEL 2

DIE WIRTSCHAFT STABILISIEREN: KONJUNKTURPAKETE

In schweren Wirtschaftskrisen wird von der Politik erwartet, dass sie eingreift, um die Konjunktur zu stabilisieren. Steuern werden gesenkt und Staatsausgaben erhöht, um die gesamtwirtschaftliche Nachfrage zu stützen. Die Notenbanken öffnen die Geldschleusen, um Banken und Unternehmen liquide zu halten.

Die Coronakrise weist eine Reihe von Besonderheiten auf, die es erschweren, durch Fiskal- und Geldpolitik gegenzusteuern. Das lässt sich anhand des Vergleichs mit der globalen Finanzkrise erläutern. In der Finanzkrise gab es große Verwerfungen, weil Immobilienkredite platzten und Banken mit schwacher Eigenkapitalbasis kollabierten. Da Bankenpleiten sich sehr negativ auf die Wirtschaftsentwicklung auswirken können, sahen viele Regierungen sich gezwungen, Banken zu retten. Angesichts hoher Boni, die so mancher Manager sich auszahlen ließ, solange die Geschäfte gut liefen, haben die Bankenrettungen mit Steuergeldern für viel Verbitterung gesorgt.

Dennoch hatte diese Krise im Vergleich zur Coronakrise einen wichtigen Vorteil: Mit Geld waren so gut wie alle Probleme zu lösen. Ersparnisse gingen verloren, viele Menschen stellten fest, dass sie ärmer sind als sie glaubten, aber realwirtschaftliche Beschränkungen spielten keine große Rolle.

In der Coronakrise ist die Lage schwieriger. Geld kann nicht alles regeln. Das wurde schon deutlich, als plötzlich weltweit Masken und Schutzkleidung in großer Zahl gebraucht wurden. Länder, deren Industrie entsprechende Produktionskapazitäten hatte, schlossen die Grenzen. Medizinische Ausrüstung sollte nicht exportiert werden. Wer nicht über eigene Produktion verfügte, konnte kurzfristig auch für noch so viel Geld weder Masken noch Schutzkleidung bekommen.

Die Grenzen der Problemlösung durch Geld gehen aber weit über das Gesundheitswesen hinaus. Fabriken und Geschäfte, Restaurants und Kinos schließen, damit das Coronavirus sich nicht weiter verbreitet. Die damit verbundene Stilllegung der Wirtschaft verursacht astronomische Verluste an Wertschöpfung. In dieser Lage wäre es unsinnig zu versuchen, die Menschen durch Steuersenkungen oder andere Konsumanreize dazu zu animieren, in die Geschäfte zu kommen und einzukaufen. Kein Konjunkturprogramm kann die Verluste durch das Einstellen der Wirtschaftstätigkeit kompensieren.

Trotzdem ist es wichtig, dass der Staat handelt. Dabei sollte die Politik auf die verschiedenen Phasen der Krise zugeschnitten sein. Man kann drei Phasen unterscheiden. Die erste ist der akute wirtschaftliche Schock zu Beginn der Krise. Die zweite ist der Shutdown. Die dritte ist die Erholung der Wirtschaft, die mit der Lockerung des Shutdowns beginnt.

Die erste Phase: Den Schock auffangen

Zu Beginn der Coronarezession steht das Finanzsystem im Fokus. Wie so häufig beim Ausbruch von Krisen ist auch dieses Mal die Reaktion der Finanzmärkte abrupt. Als den Investoren in der zweiten Februarhälfte klar wird, dass eine globale Pandemie bevorsteht, die eine tiefe Rezession auslösen wird, entsteht Panik. Das Kapital flieht in kürzester Zeit aus Anlagen, die als riskant angesehen werden, und sucht ›sichere Häfen‹. Amerikanische, schweizerische oder deutsche Staatsanleihen sind gesucht, Gold ist gefragt. Vor allem Aktien werden abgestoßen. Das verursacht einen Kurssturz an den Börsen. Wertpapiere wie Anleihen von Firmen mit mittlerer Bonität sind kaum noch handelbar. International fliehen die Investoren aus Schwellenländern. Deren Währungen geraten unter Druck. Unternehmen und Regierungen in diesen Ländern, die in Fremdwährungen wie etwa US-Dollar verschuldet sind, droht die Insolvenz, weil der Kurs des Dollars gegenüber den Schwellenländerwährungen steigt und dadurch der Wert der Verschuldung in heimischer Währung gemessen zunimmt.

Banken schalten um auf Krisenmodus. Bestehende Kredite werden, wenn möglich, gekündigt, neue Kredite nur noch an Unternchmen vergeben, die sie eigentlich nicht brauchen, weil sie große finanzielle Reserven haben.

Diese Verknappung von Liquidität kommt ausgerechnet zu einem Zeitpunkt, an dem viele Firmen zusätzliche Kredite brauchen. Sie wissen, dass ihre Umsätze in den nächsten Wochen sinken werden, weil sie, ihre Lieferanten oder ihre Kunden schließen müssen.

In dieser Phase ist es wichtig, dass Regierungen und Notenbanken der Verknappung der Liquidität entgegenwirken. Hier ist es naheliegend, zu fragen, warum der Staat einspringen sollte, wenn private Investoren sich zurückziehen. Immerhin hat der Rückzug der Investoren einen guten Grund – es steht eine Rezession an, und viele Unternehmen werden ihre Kredite nicht zurückzahlen können. Es ist eine wichtige Funktion von Kapitalmärkten, dafür zu sorgen, dass Unternehmen, die schlechte Perspektiven haben, kein Kapital mehr bekommen. Kapital soll dort angelegt werden, wo es die höchsten Erträge abwirft.

In einer wirtschaftlichen Normalsituation ist es in der Regel schädlich, wenn der Staat Unternehmen finanziell unterstützt, die an privaten Kapitalmärkten keine Finanzierung erhalten. In einer Krise ist die Lage aber anders. Die Entscheidungen an den Kapitalmärkten können dann zu Ergebnissen führen, die aus gesamtwirtschaftlicher Perspektive ineffizient sind, so dass großer Schaden entsteht.

Das lässt sich anhand eines einfachen Beispiels erläutern. Man betrachte ein Unternehmen, dem zwei Banken einen Kredit gewährt haben. Nun bricht eine Wirtschaftskrise aus, und es kommt Unsicherheit über die weitere Entwicklung des Unternehmens auf. Man nehme an, dass der erste Kredit fällig wird. Die Bank überlegt, ob sie ihn verlängern soll oder nicht. Nehmen wir an, sie sei überzeugt, dass das Unternehmen nur bei Verlängerung beider Kredite die Krise überstehen wird. Wenn sie nun erwartet, dass die andere Bank ihren Kredit bei Fälligkeit kündigen wird, wird sie die Verlängerung ihres Kredits verweigern. Denn wenn sie zuerst kündigt, ist die Chance, dass sie zumindest einen Großteil ihres Geldes wiedersieht, größer, als wenn sie ihren Kredit verlängert, aber die andere Bank aussteigt. Gesamtwirtschaftlich ist diese Liquiditätsverknappung schädlich, weil das Unternehmen im Prinzip gesund ist und die Krise überstehen würde, wenn die Banken dabeibleiben. Die Ökonomen sprechen hier von zwei Gleichgewichten, die sich am Markt ergeben können. Im guten Gleichgewicht vertrauen beide Banken darauf, dass das Unternehmen die Krise übersteht, sie verlängern ihre Kredite, und das Unternehmen überlebt tatsächlich. Im schlechten Gleichgewicht verlieren die Gläubiger das Vertrauen, das Unternehmen wird insolvent, und alle Beteiligten machen Verluste.

Der Kollaps des Vertrauens kann in der Folge dazu führen, dass die Banken auch andere Kredite kündigen müssen, beispielsweise deshalb, weil ihr Eigenkapital durch den anfänglichen Verlust gesunken ist. Das kann in eine gefährliche Abwärtsspirale führen. Dieses Problem entsteht vor allem in Situationen hoher Unsicherheit und plötzlich zunehmender Risikoaversion, also typischerweise in Krisen.

Die Aufgabe staatlicher Eingriffe an den Finanzmärkten besteht darin, das Vertrauen so weit zu stabilisieren, dass sich das ›gute‹ Marktgleichgewicht ergibt. Das kann auf unterschiedliche Weisen geschehen. Notenbanken können Privatbanken mehr Liquidität zur Verfügung stellen, und Regierungen können Privatbanken durch Garantien und Bürgschaften ermutigen, Kredite an Unternehmen zu verlängern.

Diese Stützungsmaßnahmen haben durchaus Risiken und unerwünschte Nebenwirkungen. Gerade in Krisensituationen wächst die Zahl der Unternehmen, deren Geschäftsmodell auch bei guten Finanzierungsbedingungen nicht mehr tragfähig ist. In diesen Fällen ist es richtig, wenn die Gläubiger sich weigern, neue Kredite zu geben. Staatliche Stützung führt dann dazu, dass Kapital in die falsche Verwendung fließt. Aus gesamtwirtschaftlicher Sicht werden Ressourcen verschwendet. Es ist deshalb wichtig, so gut wie möglich zu prüfen, ob Unternehmen, die Staatshilfen erhalten, ein tragfähiges Geschäftsmodell haben. Üblicherweise decken staatliche Garantien Kredite an Unternehmen zu weniger als 100 Prozent ab, damit ein Teil der Risiken bei der Privatbank verbleibt, die den Kredit an das Unternehmen vergibt. So bleiben Anreize für die Privatbank erhalten, die Kreditwürdigkeit des Unternehmens ernsthaft zu prüfen. In einer Krisensituation kann diese Prüfung und Risikobeteiligung Hilfen allerdings auch verzögern oder ganz verhindern. Letztlich steht die Politik hier vor einem Abwägungsproblem: Großzügigere Hilfen erlauben eine stärkere Stabilisierung der Wirtschaftslage, aber um den Preis, dass der Anteil der fehlgeleiteten Hilfen zunimmt. In schweren Wirtschaftskrisen ist es naheliegend, der Stabilisierung der Wirtschaft Priorität einzuräumen und in Kauf zu nehmen, dass einige Unternehmen Finanzierungen erhalten, die eher geschlossen werden sollten.

Kurseinbrüche bei Wertpapieren können ebenfalls destabilisierende Abwärtsspiralen erzeugen. Wenn beispielsweise hoch verschuldete Investoren wegen des Kursverfalls bei Wertpapieren in Überschuldungsgefahr geraten, verlangen ihre Gläubiger, dass sie ihre Wertpapiere abstoßen. Das verstärkt den Preisverfall und kann immer mehr Investoren zwingen, ihre Wertpapiere auf den Markt zu werfen. Deshalb kündigte beispielsweise die US-Notenbank am 23. März 2020 an, in großem Umfang Unternehmensanleihen aufzukaufen. Allein die Ankündigung solcher Käufe kann das Vertrauen der privaten Investoren wiederherstellen und so die Märkte stabilisieren. Nach der Ankündigung der US-Notenbank stieg der Dow Jones Index steil an und schloss am 24. März 2020 bei 20.705 Punkten, ein Anstieg innerhalb eines Tages um mehr als 2000 Punkte.

Auch bei diesen Stabilisierungsmaßnahmen sollte man die Nebenwirkungen berücksichtigen. Wenn die Notenbank Unternehmensanleihen kauft, die später ausfallen, geht das letztlich zu Lasten der Steuerzahler. Die ursprünglichen Investoren werden dagegen vor Verlusten geschützt.

Die zweite Phase: Überbrückungshilfen

Während des Shutdowns verlieren die betroffenen Unternehmen einen Teil ihrer Umsätze, bei einigen sinken die Einnahmen auf Null. Ähnlich geht es vielen Selbstständigen. In den USA haben die Unternehmen darauf mit Massenentlassungen von Beschäftigten reagiert. Innerhalb von zwei Monaten haben mehr als 40 Millionen Arbeitnehmer in den USA ihren Arbeitsplatz verloren und Arbeitslosenhilfe beantragt. In vielen europäischen Staaten verhindert strikterer Kündigungsschutz eine so extreme Entlassungswelle; stattdessen gibt es Kurzarbeit.

Während abhängig Beschäftigte Arbeitslosenunterstützung oder Kurzarbeitergeld erhalten, ist bei Unternehmen und Selbstständigen vorgesehen, dass sie Umsatzschwankungen selbst auffangen. In dieser Krise geht es allerdings nicht um Umsatz- und Einkommensschwankungen, die normalen Risiken unternehmerischer Tätigkeit entsprechen, und von denen üblicherweise zum gleichen Zeitpunkt immer nur ein kleiner Teil der Unternehmen und der Selbstständigen betroffen ist. In der Coronakrise haben ganze Sektoren mit Umsatzeinbrüchen zu kämpfen, die dramatisch sind. Tabelle 1 gibt einen Überblick über Ergebnisse aus Unternehmensbefragungen des ifo Instituts vom April 2020 zu Umsatzerwartungen für das Gesamtjahr. Die Unternehmen rechnen im Durchschnitt mit Umsatzeinbußen in der Größenordnung von rund 20 Prozent. Das entspricht einer zweimonatigen Stilllegung der Aktivitäten.

Tabelle 1: Erwartete Umsatzentwicklung

	Alle Sektoren	Verarb. Gewerbe	Dienstleister	Handel	Bau
Deutschland	−20 %	−17 %	−24 %	−18 %	−11 %
Bayern	−20 %	−20 %	−22 %	−21 %	−13 %
darunter: bayer. Kleinunternehmen	−30 %	−28 %	−34 %	−26 %	−16 %
darunter: bayer. mittl. Unternehmen	−24 %	−25 %	−27 %	−22 %	−8 %
darunter: bayer. Großunternehmen	−17 %	−18 %	−16 %	−18 %	−15 %

Anmerkungen: Die Werte in der Tabelle basieren auf den Antworten auf die folgende Frage: *Welchen Effekt der Corona-Pandemie auf Ihren Umsatz erwarten Sie im laufenden Jahr?* Die Werte für Deutschland insgesamt wurden auf Basis der ifo Konjunkturumfrage berechnet, die für Bayern auf Basis der ifo/IHK Sonderbefragung.

Quelle: Dorn, Fuest, Neumeier und Peichl (2020)

In Bayern wurden so viele Unternehmen befragt, dass Aussagen über die Verteilung der erwarteten Einbußen in Unternehmen jeglicher Größe möglich sind. Es zeigt sich, dass kleinere Unternehmen sich stärker von der Krise betroffen sehen als Großunternehmen. Die Kleinunternehmen in der Dienstleistungsbranche erwarten, bis zu einem Drittel ihrer Umsätze zu verlieren. Gleichzeitig müssen die Unternehmen ihre Fixkosten wie etwa Mieten weiter bestreiten.

Bei Umsatzeinbrüchen in diesen Größenordnungen würde ein Verzicht auf staatliche Eingriffe zu einer dramatischen Insolvenzwelle führen. Deshalb hat die Politik in vielen Ländern entschieden, Unternehmen und Selbstständigen sowohl mit nicht rückzuzahlenden Finanzhilfen als auch mit Krediten zu helfen.

In Deutschland werden sowohl auf Bundesebene als auch von den Bundesländern Hilfsprogramme angeboten. Das Programm der Bundesregierung für Selbstständige und kleine Unternehmen soll helfen, Miet- und Pachtkosten sowie weitere Betriebskosten wie etwa Leasingraten weiter bezahlen zu können. Die Finanzhilfe beträgt einmalig bis zu 9000 Euro bei bis zu fünf Beschäftigten sowie bis zu 15 000 Euro bei bis zu 10 Beschäftigten. Das Programm ist zunächst auf drei Monate ausgerichtet. Größere Unternehmen erhalten Kredite, die durch staatliche Garantien abgesichert sind.

Darüber hinaus werden bei den Ertragsteuern verschiedene Maßnahmen zur Liquiditätsverbesserung ergriffen. Unternehmen können Steuervorauszahlungen kürzen und in begrenztem Umfang Verluste des Jahres 2020 mit Gewinnen des Jahres 2019 verrechnen und dabei bereits geleistete Steuervorauszahlungen für 2019 zurückfordern. Grundsätzlich ist die

Idee, die Verlustverrechnung zu erweitern, zu begrüßen. Der Umfang der Verlustverrechnung, der gewährt wird, ist aber sehr begrenzt. Der Verlustrücktrag, der zu Erstattungen von Steuervorauszahlungen führt, darf maximal 15 Prozent der entsprechenden Erträge des Jahres 2019 und gleichzeitig höchstens eine Million Euro betragen. Später wird diese Höchstgrenze auf fünf Millionen heraufgesetzt. Das bedeutet, dass kleinere und mittlere Unternehmen von der Verrechnung spürbar profitieren, größere Unternehmen aber kaum. Das Instrument des Verlustrücktrags ist sehr zielgenau, denn es kann nur von Unternehmen genutzt werden, die vor der Krise Gewinne gemacht und versteuert haben und die jetzt Verluste erleiden. Es wäre deshalb sinnvoll, dieses Instrument auf größere Firmen auszudehnen. Es ist außerdem zu betonen, dass diese steuerlichen Maßnahmen keine Steuersenkungen sind. Es wird lediglich der Zeitpunkt der Steuerzahlungen in die Zukunft verlagert, es sei denn, Firmen werden nach Beanspruchung des Verlustrücktrags insolvent.

Die verschiedenen Maßnahmen zur Sicherung der Liquidität sind sehr wichtig, sie ändern aber nichts daran, dass viele Unternehmen am Ende der Krise mit deutlich höheren Schulden dastehen werden. Eine hohe Unternehmensverschuldung ist nicht nur eine schwere Belastung für die Eigentümer. Sie erschwert es auch, das Unternehmen weiterzuführen. Vor allem ist es schwierig, Kapitalgeber zu überzeugen, in ein hoch verschuldetes Unternehmen zu investieren. Der Nutzen der Zufuhr frischen Kapitals geht vor allem an die vorhandenen Gläubiger. Der Schuldenüberhang vieler Unternehmen wird die wirtschaftliche Erholung nach der Krise hemmen.

Für das Problem der Überschuldung von Unternehmen gibt es keine einfache Lösung. Als Alternative zu Kredithilfen kann der Staat Eigenkapital bereitstellen, sich also an Unternehmen beteiligen. Wenn eine Überschuldung droht, kann Eigenkapital ohnehin die einzige Option sein. Der Nachteil der Eigenkapitalbeteiligung besteht darin, dass sie die Anreize der ursprünglichen Eigner, die Firma zum Erfolg zu führen, beeinträchtigt. Von einem Teil des Erfolgs profitiert ja der Staat. Darin unterscheidet die Staatsbeteiligung sich allerdings nicht von der Beteiligung externer privater Investoren.

Problematisch ist eher, dass bei Staatsbeteiligungen mittelfristig politischer Druck entstehen kann, Unternehmen ohne tragfähige Geschäftsmodelle am Leben zu erhalten. Schädlich wäre es darüber hinaus, wenn Unternehmen wegen der staatlichen Beteiligung Privilegien erhalten und es nach der Krise zu Wettbewerbsverzerrungen kommt.

Entscheidend dafür, ob die staatliche Eigenkapitalbeteiligung einen nützlichen Beitrag zur Krisenbewältigung leistet, ist vor allem die Gestaltung der Entscheidungsprozesse sowie die zeitliche Befristung der Beteiligung. Unabhängige Gremien von Fachleuten sollten analysieren, ob eine staatliche Beteiligung im Einzelfall gerechtfertigt ist, entsprechende Empfehlungen vorlegen und sich dabei an einem vorher definierten Kriterienkatalog orientieren. Zu den Kriterien sollte neben der ›systemischen‹ Bedeutung gehören, dass das Geschäftsmodell tragfähig ist und die Schwierigkeiten des Unternehmens durch die Coronakrise verursacht sind.

Die dritte Phase: Erholung der Wirtschaft fördern

Wenn die Phase des Shutdowns endet und die Wirtschaftstätigkeit wieder aufgenommen wird, können eher klassische Instrumente der Konjunkturpolitik zum Einsatz kommen. Jetzt geht es tatsächlich darum, die Wirtschaftstätigkeit zu stimulieren, also Unternehmen und private Haushalte anzuregen, zu konsumieren und zu investieren.

Die Lockerungen des Shutdowns und die Rückkehr zu Verhältnissen, wie sie vor der Pandemie herrschten, wird sich möglicherweise über einen längeren Zeitraum hinziehen, wie im nächsten Kapitel näher erläutert wird. Es ist sogar nicht auszuschließen, dass es zwischenzeitlich Rückschritte gibt, weil es zu neuen Krankheitsausbrüchen kommt, eventuell regional beschränkt. In dieser Übergangszeit müssen konjunkturpolitische Instrumente besonders zielgenau sein, damit sie wirken. Je mehr Beschränkungen aufgehoben werden, desto breiter können konjunkturpolitische Impulse wirken.

Gezielte öffentliche Investitionen

Einen vielversprechenden Ansatzpunkt bieten öffentliche Investitionen. Es gibt einen erheblichen Bedarf an Investitionen in die Digitalisierung der öffentlichen Verwaltung. In normalen Zeiten sind die Kapazitäten der IT-Industrie stark ausgelastet. Während des Shutdowns und in der Übergangsphase kann man davon ausgehen, dass viele private Unternehmen IT-Investitionen verschieben, weil die Sicherung der Liquidität und andere Aspekte des Krisenmanagements Vorrang haben. Zwar sind einige öffentliche Verwaltungen durch die Krise stark beansprucht, aber das gilt nicht für alle. Hier sollte die Chance genutzt werden, die Digitalisierung des öffentlichen Sektors voranzutreiben. Darüber hinaus sollte die öffentliche Förderung von Weiterbildungsmaßnahmen für Arbeitnehmer im Bereich Digitalisierung ausgebaut werden.

Freie Kapazitäten wird es in den kommenden Monaten auch in der Bauindustrie und bei vielen Handwerksunternehmen geben. Deshalb ist der Zeitpunkt günstig, in öffentliche Infrastruktur und Gebäude zu investieren. Viele Kommunen wollen derzeit allerdings Investitionen kürzen, wegen krisenbedingt einbrechender Gewerbesteuereinnahmen. Finanzhilfen für Kommunen von Bund und Ländern können hier kurzfristig helfen.

Einkommensteuersenkungen steigern kurzfristig die Nachfrage kaum

Es ist naheliegend, zur Stimulierung der Wirtschaft nach dem Shutdown breit angelegte Einkommensteuersenkungen zu fordern. Als konjunkturpolitisches Instrument zur kurzfristigen Stimulierung der Nachfrage sind solche Steuersenkungen aber weniger geeignet. Sie kämen vielen Steuerzahlern zugute, die von der Krise nicht so hart betroffen sind, dass Steuersenkungen bei ihnen unmittelbar zu verstärktem Konsum führen würden. Sie entlasten Steuerzahler mit höheren Einkommen überproportional, aber bei dieser Gruppe ist der Zusammenhang zwischen laufenden Einkommen und laufenden Ausgaben eher gering.

Unternehmen hingegen, die von der Krise besonders stark betroffen sind und 2020, eventuell auch noch 2021 Verluste erleiden, werden von Steuersatzsenkungen vorerst nicht erreicht. Für niedrigere Unternehmenssteuern spricht eher die mittelfristige Überlegung, dass Deutschland sich als attraktiver Investitionsstandort positionieren sollte. In einer Situation des Neuanfangs, wenn viele Unternehmen sich neu orientieren, hat das besondere Bedeutung. Dabei geht es allerdings in erster Linie um die Körperschaftsteuer.

Besser wirken gezieltere Instrumente. Beschleunigte Abschreibungen für Investitionsgüter könnten Impulse setzen, vor allem dann, wenn erweiterter Verlustausgleich es auch Unternehmen mit aktuellen Verlusten ermöglicht, von den zusätzlichen Abschreibungen zu profitieren. Wichtig wäre es außerdem, die Zinsschranke temporär zu lockern. Dabei handelt es sich um eine Regelung, welche die Abzugsfähigkeit von Zinskosten für Unternehmen einschränkt. Viele Unternehmen werden hoch verschuldet aus der Krise kommen. Es besteht die Gefahr, dass sie beim Abzug der Schuldzinsen an die Grenzen der Zinsschranke stoßen. Diese Regelung soll eigentlich Steuervermeidung eindämmen. In der aktuellen Krise sind wachsende Schulden aber nicht primär das Ergebnis von Steuervermeidungsstrategien. Deshalb sollte man hier die Spielräume erweitern.

Umsatzsteuersenkung: kein Königsweg

Bei der Umsatzsteuer (Mehrwertsteuer) bestehen zwei Ansatzpunkte, um die wirtschaftliche Erholung zu fördern. Erstens ist es denkbar, die Mehrwertsteuer temporär zu senken. Das Vereinigte Königreich hat wegen des Konjunktureinbruchs im Jahr 2008 zum Beispiel den Normalsatz der Umsatzsteuer von 17,5 Prozent auf 15 Prozent reduziert, für einen Zeitraum von 13 Monaten. Das Ziel besteht darin, die Konsumenten zu animieren, Ausgaben vorzuziehen. So soll die gesamtwirtschaftliche Güternachfrage gesteigert werden. Damit das gelingt, müssen die Unternehmen die Steuersenkung an die Verbraucher weitergeben, ihre Preise also entsprechend senken. Das ist nicht selbstverständlich. Wenn ein halbes Pfund Butter im Supermarkt 1,99 Euro kostet, wird man den Preis bei einer Senkung der Mehrwertsteuer um zwei Prozentpunkte kaum auf 1,95 Euro senken. Auswirkungen sind eher bei größeren Anschaffungen zu erwarten, beispielsweise beim Kauf eines Autos, einer Waschmaschine oder bei größeren Reparaturen.

Studien zu den Auswirkungen von Mehrwertsteueränderungen können häufig keine signifikanten Preiswirkungen nachweisen. Benzarti et al. (2017) untersuchen Mehrwertsteueränderungen in Finnland und anderen europäischen Ländern. Sie kommen zu dem Ergebnis, dass bei Steuererhöhungen zwar auch Preissteigerungen beobachtbar sind, Steuersenkungen aber nicht an die Konsumenten weitergegeben werden. Wenn eine Steuersenkung nicht zu sinkenden Preisen führt, bedeutet das nicht, dass sie keinen Konjunktureffekt hat. Die Entlastung kommt dann den Unternehmen zugute. Ihnen in einer Krise zu helfen, kann wünschenswert sein. Eine Untersuchung der temporären Mehrwertsteuersenkung in Großbritannien[8] ergibt allerdings andere Resultate. Dort werden vor allem anfänglich Preissenkungen beobachtet. Die Konsumausgaben stiegen um knapp 0,4 Prozent. Der Effekt war aber kurzlebig. Nach der Rückkehr zum Ausgangssteuersatz gingen die Konsumausgaben deutlich zurück.

Eine zweite Reformoption besteht darin, Sektoren, die von der Krise besonders betroffenen sind, den reduzierten Umsatzsteuersatz in Höhe von 7 Prozent zu gewähren. Die deutsche Politik hat beschlossen, die Mehrwertsteuer für die Gastronomie in der Zeit vom 1. Juli 2020 bis zum 30. Juni 2021 zu senken. Dieser Schritt ist kritisch zu sehen. Die Umsatzsteuer ist als Instrument zur Kompensation von der Krise besonders betroffener Sektoren nicht gut geeignet. Viele andere Sektoren sind ähnlich hart betroffen wie die Gastronomie. Dazu gehören etwa Friseure, Fahrschulen, die Reisebranche, die Messewirtschaft und Teile des verarbeitenden Gewerbes. Es ist nicht möglich, all diese Sektoren zu entlasten, indem der Umsatzsteuersatz reduziert wird. Zum einen wären die Steuerausfälle zu hoch, zum anderen begrenzen Vorgaben der EU die Spielräume. Außerdem ist die Umsatzsteuersenkung nicht zielgenau, denn sie kommt auch solchen Betrieben zugute, die ohne Hilfen in der Lage sind, die Folgen der Krise aufzufangen. Es wird außerdem schwierig sein, eine einmal gewährte Steuersatzsenkung nach einem Jahr zu beenden. Die Interessenvertreter der Branche werden erheblichen Druck auf die Politik ausüben, damit die Regelung verlängert wird.

Was die konjunkturpolitische Effektivität angeht, kommen Studien zu gemischten Ergebnissen. Falkenhall et al. (2020) analysieren die 2012 erfolgte Senkung des Umsatzsteuersatzes für die Gastronomie in Schweden und folgern, dass die Steuersenkung Umsatz, Gewinne, Löhne und Beschäftigung in der Gastronomie gesteigert hat.[9] Harju et al. (2018) stellen in ihrer Untersuchung zu Finnland im Jahr 2010 und Schweden im Jahr 2012 allerdings fest, dass die Steuersenkung lediglich bei Restaurantketten und auch da nur vorübergehend zu geringeren Preisen für Konsumenten führte.

Autokaufprämien sind kritisch zu sehen

Als spezifischer Konjunkturimpuls wird im Autoland Deutschland immer wieder eine Kaufprämie für Kraftfahrzeuge genannt. Für Elektro- und Brennstoffzellenfahrzeuge existiert bereits eine Kaufprämie, die bis zu 6000 Euro beträgt. Im Jahr 2009 wurde schon einmal eine allgemeine Autokaufprämie bezahlt, in Höhe von 2500 Euro. Der Kauf eines neuen Autos musste allerdings mit dem Verschrotten eines alten Fahrzeugs verbunden werden. Falls man erneut Prämien einführt, sollte man auf die Bindung an das Abwracken alter Fahrzeuge verzichten, denn die Zerstörung prinzipiell funktionierender Fahrzeuge ist ökonomischer und ökologischer Unfug. Empirische Untersuchungen zu einer ebenfalls 2009 eingeführten Autokaufprämie in den Vereinigten Staaten (»Cash-for-Clunkers«) kommen zu dem Ergebnis, dass die Prämie bereits unmittelbar nach Inkrafttreten positive Absatzeffekte hatte und insofern zur Stimulierung der Konjunktur beitrug (Mia und Sufi, 2012, Li et al., 2013). Aber in den Monaten nach Auslaufen des Programms sank der Absatz deutlich. Letztlich hatte die Prämie hauptsächlich Mitnahmeeffekte, die Autos wären ohnehin gekauft worden, nur eben geringfügig später.

Die deutsche Konjunkturpolitik in der Coronakrise

Wie reagiert die deutsche Konjunkturpolitik auf die Krise? Deutschland gilt wegen seiner jahrelangen Politik der schwarzen Null, also eines ausgeglichenen Haushalts, zumindest auf Bundesebene, als ein Land, das eher zögert, schuldenfinanzierte Konjunkturprogramme aufzulegen. In der Coronakrise ändert die deutsche Politik ihre Haltung jedoch. Als die Dimension des Einbruchs deutlich wird, mobilisiert die Bundesregierung viel Geld, um die Wirtschaft zu stabilisieren.

Für Finanzhilfen an kleine Unternehmen und Selbstständige zur Überbrückung des Shutdowns werden 50 Mrd. Euro bereitgestellt. Kreditgarantien in Höhe von 400 Mrd. Euro und 100 Mrd. Euro für Kapitalmaßnahmen stehen größeren Unternehmen zur Verfügung. Der Kreditanstalt für Wiederaufbau werden zusätzliche Bürgschaften des Bundes in Höhe von 100 Mrd. Euro zur Verfügung gestellt. Knapp 10 Mrd. Euro gehen davon an die Lufthansa. Weitere 58,5 Mrd. Euro fließen in gesundheitspolitische Maßnahmen. Für die Aussetzung der Vermögensprüfung beim Zugang zur Grundsicherung werden 7,5 Mrd. Euro eingesetzt.

Das Gesamtvolumen der zusätzlichen Ausgaben und Steuerentlastungen beläuft sich auf 357 Mrd Euro. Hinzu kommen Mittel für Kredite, Bürgschaften und Eigenkapitalbeteiligungen für Unternehmen in Höhe von 820 Mrd. Euro.[10]

Im Juni 2020 stellt die Bundesregierung zusätzlich ein Konjunkturprogramm mit einem Volumen von 130 Mrd. Euro vor, das den Blick stärker in die Zukunft richtet. Zum einen soll die wirtschaftliche Erholung nach der Coronakrise angeschoben werden, zum anderen will die Regierung künftiges Wirtschaftswachstum stärken, »durch insbesondere digitale Zukunftsinvestitionen und Investitionen in Klimatechnologien«.[11] Das Konjunkturprogramm enthält 56 einzelne Maßnahmen sowie einen Verweis auf den Plan, auf europäischer Ebene einen Fonds für die wirtschaftliche Erholung einzurichten, der im Kapitel 8 dieses Buches diskutiert wird. Die wichtigsten Maßnahmen sind die folgenden:

1. Der Standard-Umsatzsteuersatz wird von 19 auf 16 Prozent und der ermäßigte Satz von sieben auf fünf Prozent reduziert. Das gilt für die Zeit vom 1. Juli bis zum 31. Dezember 2020 (20 Mrd. Euro).

2. Die EEG-Umlage, mit der die Subventionen für Produzenten erneuerbarer Energien finanziert werden, wird gesenkt. Da Strompreise krisenbedingt stark fallen, die Hersteller erneuerbarer Energien aber davon abgeschirmt werden, würde ohne Eingriffe die EEG-Umlage stark steigen. Das würde die Stromkosten erhöhen (11 Mrd. Euro).

3. Investitionen zur Digitalisierung der öffentlichen Verwaltung und Rüstungsprojekte werden vorgezogen (10 Mrd. Euro).

4. Die Kommunen erhalten Unterstützung zur Finanzierung von Sozialausgaben und zum Ausgleich der einbrechenden Einnahmen aus der Gewerbesteuer (insgesamt 9,9 Mrd.

Euro). Das Geld soll verhindern, dass die Kommunen in der Krise Investitionen streichen.
5. Die steuerliche Verlustverrechnung in der Unternehmensbesteuerung wird erweitert, außerdem werden als Investitionsanreiz verbesserte Abschreibungsmöglichkeiten angeboten (8 Mrd. Euro).
6. In die Entwicklung der Wasserstofftechnik fließen 7 Mrd. Euro, weitere 6 Mrd. Euro in die Bereiche Quantentechnologie, Künstliche Intelligenz und Kommunikationstechnologie.
7. Die Sozialversicherungsbeiträge werden mithilfe steuerfinanzierter Zuschüsse auf 40 Prozent gedeckelt (5,3 Mrd. Euro).
8. Die Bundesbahn erhält eine Kapitalerhöhung in Höhe von 5 Mrd. Euro.
9. Ein flächendeckendes 5G Netz soll entstehen (5 Mrd. Euro).
10. Familien erhalten einen Kinderbonus in Höhe von 300 Euro pro Kind (4,3 Mrd. Euro). Außerdem werden Kitas und Ganztagsschulen für 2 Mrd. Euro ausgebaut.
11. Bei Bussen, Lastkraftwagen, Flugzeugen und Schiffen soll die Flottenerneuerung unterstützt werden, um die Umweltbelastung durch Verkehr zu senken (3,2 Mrd. Euro).
12. Forschung und Entwicklung im Bereich Elektromobilität, neue Ladesäulen und Batteriezellenfertigungen erhalten 2 Mrd. Euro.
13. Der Autoindustrie wird die gewünschte Kaufprämie für Fahrzeuge mit Verbrennungsmotor zwar verweigert, aber sie erhält 2 Mrd. Euro für die Investitionen in neue An-

triebstechnologien, außerdem wird die existierende Kaufprämie für Elektroautos erhöht. Das kostet weitere 2 Mrd. Euro. Die Prämie gilt auch für Hybridfahrzeuge, die in der Regel ähnlich viel Benzin verbrauchen wie herkömmliche Autos mit Verbrennungsmotoren.
14. Es werden zusätzlich 2 Mrd. Euro für die energetische Gebäudesanierung bereitgestellt.

Hinzu kommen Maßnahmen zur Unterstützung von Alleinerziehenden, zum Ausbau des Gesundheitswesens und Hilfen für afrikanische Staaten, um dort die Folgen der Corona-Pandemie abzufedern.

Eine Bewertung jeder einzelnen Maßnahme würde den Rahmen dieses Buches sprengen. Besonders umstritten ist die temporäre Mehrwertsteuersenkung. Sie wird den Konsumenten allenfalls teilweise zugute kommen, weil viele Unternehmen die Preise nicht im Umfang der Steuersenkung reduzieren. Hinzu kommt, dass die Firmen am stärksten profitieren, die hohe Umsätze erzielen. Darunter sind viele, die eigentlich zu den Krisengewinnern gehören, beispielsweise große Supermarktketten wie Lidl oder Aldi. Belebende Wirkung wird die Steuersenkung voraussichtlich vor allem auf die Nachfrage nach langlebigen Konsumgütern wie Autos oder Haushaltsgeräten haben. Bei diesen größeren Ausgaben werden die Konsumenten sicherlich genauer hinschauen, ob die Steuersenkung sich im Preis niederschlägt. Am Ende des Jahres 2020, wenn die Mehrwertsteuersenkung ausläuft, wird die Wirtschaftslage voraussichtlich noch immer problematisch sein. Deshalb werden Forderungen aufkommen, die Steuersätze länger niedrig zu halten.

Andere Elemente des Konjunkturpakets sind überzeugender. Viel spricht dafür, in der aktuellen Wirtschaftslage Investitionen in Digitalisierung, Infrastruktur, Forschung und Entwicklung und Umweltschutz auszudehnen. Hier wird es wichtig sein, auf eine hohe Qualität der geförderten Projekte zu achten. Wenn plötzlich sehr viel Geld für Investitionen bereitgestellt wird, besteht die Gefahr, dass auch Projekte gefördert werden, die wenig Nutzen stiften.

Erweiterter steuerlicher Verlustausgleich für Unternehmen ist ein Schritt in die richtige Richtung. Viele Unternehmen machen im Jahr 2020 Verluste, hatten aber 2019 Gewinne, für die sie Steuern gezahlt haben. Der Verlustausgleich erlaubt es ihnen, für 2019 entrichtete Steuern teilweise zurückzubekommen. Allerdings ist das auf maximal 5 Mio. Euro begrenzt. Verluste vieler größerer Firmen liegen weit darüber. Eine höhere Grenze wäre angemessen gewesen.

Es ist richtig, zu verhindern, dass die Kommunen wegen einbrechender Gewerbesteuereinnahmen ihre Investitionen kürzen. Gleichzeitig zeigt die Krise, dass die Gewerbesteuer keine gute Kommunalsteuer ist, weil ihr Aufkommen zu stark schwankt. Die Kommunen brauchen stetige Einnahmen. Nach der Krise sollten die Kommunalfinanzen so reformiert werden, dass sie künftig weniger konjunkturabhängig sind. Die Gewerbesteuer sollte abgeschafft und durch stetigere Steuerquellen ersetzt werden.[12]

Insgesamt enthält das Konjunkturprogramm viele gute Ideen. Es kann den Schock der Coronakrise nicht aus der Welt schaffen, aber es wird zur Erholung der deutschen Wirtschaft beitragen. Allerdings lösen die hohen Ausgaben und die damit verbundenen Defizite in den öffentlichen Haushalten bei vielen Menschen Sorgen aus, dass der Staat sich übernimmt.

Überfordern die Konjunkturstützen die Staatsfinanzen?

Für staatliche Konjunkturstützen werden astronomische Summen ausgegeben. Seit dem Ausbruch der Coronakrise hat die Bundesregierung 1307 Mrd. Euro zur Stabilisierung der Wirtschaft mobilisiert. Wie in Kapitel 8 näher erläutert, wird Deutschland für neue europäische Finanztöpfe voraussichtlich weitere 185 Mrd. Euro beitragen. Der Gesamtbetrag steigt dadurch auf 1492 Mrd. Euro. Das entspricht 43 Prozent des deutschen Bruttoinlandsprodukts. Vor der Krise betrugen die gesamten Staatsschulden 60 Prozent. Bei diesem Vergleich ist allerdings zu bedenken, dass in den 1307 Mrd. inländischer Konjunkturstützen 820 Mrd. Euro Garantien, Kredite und Kapitalbeteiligungen enthalten sind. Dabei handelt es sich um Obergrenzen für die verfügbaren Summen. Ob sie überhaupt ausgeschöpft werden, ist unklar. Von dem Geld, das in europäische Töpfe fließen soll, wird voraussichtlich ebenfalls ein Drittel als Kredit vergeben, also rund 62 Mrd. Euro. Wenn man optimistisch annimmt, dass von den vergebenen Krediten und Bürgschaften kein Cent verloren geht, bleiben allerdings noch immer Ausgaben in Höhe von 610 Mrd. Euro, also rund 18 Prozent des deutschen Bruttoinlandsprodukts. Diese Ausgaben werden durch Schulden finanziert. Droht Deutschland deshalb eine Destabilisierung der öffentlichen Finanzen?

Grundsätzlich sind die Finanzierungsspielräume der öffentlichen Hand in der aktuellen Krise erheblich. Die Bereitschaft von Banken und Investoren an Kapitalmärkten, Unternehmen zu finanzieren, sinkt in der Krise, wie bereits erläutert wurde. Gleichzeitig steigt die Nachfrage nach als sicher angesehenen Anlagen. Da die Investoren an den internationalen Kapitalmärkten die deutschen Staatsfinanzen als sehr solide bewerten, besteht derzeit eine hohe Bereitschaft, deutsche Staatsanleihen zu erwerben. Die Zinsen auf zehnjährige Staatsanleihen liegen Anfang Juni 2020 trotz der ansteigenden öffentlichen Verschuldung bei -0,4 Prozent. Selbst für Anleihen mit dreißigjähriger Laufzeit liegt der Zins nahe Null. Das versetzt den deutschen Staat in die Lage, die Wirtschaft während der Krise mit großem Mitteleinsatz zu stützen.

Aber was kommt danach? Im Verlauf der globalen Finanzkrise ist die Staatsschuldenquote in Deutschland von 64 auf 82 Prozent des Bruttoinlandsprodukts gestiegen. In den folgenden Jahren wurde sie schrittweise auf 60 Prozent zurückgeführt. Das gelang ohne große Mühe, weil die Wirtschaft wuchs und die Zinskosten zurückgingen. Es ist möglich, dass die Schuldenquote in der Coronakrise erneut auf Werte zwischen 80 und 90 Prozent steigt. Bei niedrigen Zinsen ist das allein kein großes Problem.

Allerding erfasst die Schuldenquote nicht die implizite Verschuldung, die in Deutschland wegen der schnell alternden Bevölkerung wichtig ist. Sie ergibt sich aus den Verpflichtungen der sozialen Sicherungssysteme, vor allem der Rentenversicherung, der Kranken- und Pflegeversicherung und der Altersversorgung der Beamten. Tragfähigkeitsrechnungen fassen die Wirkungen der offenen und der impliziten Staatsschulden zusammen. Vor der Coronakrise bezifferte das Bundesfinanzministerium die Tragfähigkeitslücke in den deutschen Staatsfinanzen – definiert als Bedarf an Ausgabenkürzung oder Einnahmensteigerung, der erforderlich ist, um bis zum Jahr 2060 eine Staatsschuldenquote in Höhe von 60 Prozent zu halten – auf 0,2 bis 2,3 Prozent des Bruttoinlandsprodukts, je nach Annahmen über den weiteren Verlauf von Zinsen, Wirtschaftswachstum und anderen Variablen.[13] Man kann davon ausgehen, dass diese Tragfähigkeitslücke durch die Coronakrise deutlich gestiegen ist. Die Alterung der Bevölkerung wird sich in den kommenden zehn Jahren bereits stark auf die Staatsfinanzen auswirken, weil in diesem Zeitraum die Generation der Babyboomer in den Ruhestand geht. Dann müssen hohe Renten und Pensionen gezahlt werden, während die Zahl der Beitrags- und Steuerzahler sinkt.

All dies bedeutet, dass es nach der Coronakrise schwieriger als nach der Finanzkrise sein wird, die Staatsschuldenquote in Deutschland wieder zu senken. Es ist dennoch richtig, in der aktuellen Krise steigende Staatsschulden hinzunehmen, denn darauf zu verzichten, die Konjunktur zu stützen, würde den wirtschaftlichen Einbruch vertiefen und die Staatsfinanzen in noch größere Schwierigkeiten bringen. Deutlich größere Sorgen muss man sich um die Staatsfinanzen anderer Länder in Europa machen, die schon vor der Coronakrise hoch verschuldet waren. Dieses Thema wird in den Kapiteln 4 und 8 aufgegriffen.

KAPITEL 3

WIE WIR LERNEN, MIT DEM VIRUS ZU LEBEN UND ZU ARBEITEN

Ist es sinnvoll, weite Teile des gesellschaftlichen, kulturellen und wirtschaftlichen Lebens lahmzulegen, um eine Krankheit wie COVID-19 zu bekämpfen? Wann sollte der Exit aus dem Shutdown beginnen und wie sollte man ihn gestalten? Diese Fragen stehen seit dem Beginn der Pandemie im Zentrum der Debatte. Die Entscheidung, Kontaktbeschränkungen einzuführen, fällt nicht leicht. Aber diese Beschränkungen wieder aufzuheben, ist nicht weniger schwer. Interessenkonflikte brechen auf. Eltern sind verzweifelt, weil ihre Kinder nicht mehr in die Schule gehen können. Wirtschaftsvertreter warnen davor, den Shutdown zu lange fortzusetzen. Risikogruppen wehren sich gegen Lockerungen. Wird hier Gesundheit für wirtschaftliche Vorteile geopfert? Hoffnungen, dass das Virus schnell verschwinden wird, erscheinen unrealistisch. Wir müssen uns darauf einstellen, für eine längere Zeit mit dem Virus zu leben und zu arbeiten.

Die Politik der Herdenimmunität scheitert – vorerst

Was sind die Vor- und Nachteile strikter Kontaktbeschränkungen als Reaktion auf die Pandemie? In den ersten Wochen der Coronakrise fordern in Europa viele, auf einen Shutdown wegen der damit verbundenen wirtschaftlichen Belastung zu verzichten und auf das zügige Erreichen von ›Herdenimmunität‹ zu setzen. Wenn sich ein hinreichend großer Teil der Bevölkerung mit dem Virus infiziert hat – im Fall des Coronavirus sprechen Fachleute von 70 Prozent – und danach gegen erneute Ansteckung immun ist, verschwindet das Virus, weil es nicht mehr genügend Menschen infizieren kann. Als prominentester Befürworter dieser Strategie gilt anfänglich der britische Premierminister Boris Johnson. Nach einer Krisensitzung am 12. März 2020 verkündet er zwar, die Corona-Pandemie sei die »schlimmste Gesundheitskrise dieser Generation«. Das Virus werde sich weiter ausbreiten und viele müssten sich darauf einstellen, Familienmitglieder zu verlieren. Dennoch sei derzeit nicht beabsichtigt, Schulen zu schließen oder Sportveranstaltungen zu verbieten.[14]

Diese Aussagen werden weithin als Ankündigung verstanden, dass die britische Regierung eine Ausbreitung des Virus hinnimmt, um Herdenimmunität zu erreichen. Maßnahmen für den Schutz vor Ansteckungen würden nur so weit ergriffen, wie es notwendig sei, um eine Überlastung des Gesundheitssystems zu vermeiden.

Diese Haltung löst massive Kritik aus. Am 16. März 2020 publiziert eine Wissenschaftlergruppe um den Epidemiologen Neil Ferguson vom Imperial College London eine Studie[15], die mit einer Hiobsbotschaft aufwartet: Ohne drastische Beschränkungen sozialer Kontakte einschließlich der Schließung von Schulen und Universitäten prognostiziert die Studie eine explosionsartige Ausbreitung der Infektionen, eine vielfache Überlastung des Gesundheitssystems und hunderttausende von Todesopfern. Selbst wenn es gelingt, alle Infektionsfälle nachzuverfolgen und in häusliche Quarantäne zu bringen sowie über 70-jährige sozial zu distanzieren, prognostiziert die Studie 250 000 Todesopfer durch COVID-19 in Großbritannien.[16]

Opfer wären nicht nur wegen der Infektion mit dem Coronavirus zu beklagen. Die Überlastung des Gesundheitswesens, vor allem die Überfüllung der Intensivstationen, würde andere medizinische Behandlungen stark beeinträchtigen. Auch dadurch würden viele Menschen sterben, die man sonst hätte retten können. Außerdem wächst bei sehr großen Zahlen von Infizierten die Wahrscheinlichkeit, dass gefährliche Mutationen des Virus entstehen. Wenig später vollzieht die britische Regierung eine Kehrtwende. Am 23. März sagt Boris Johnson in einer Ansprache an die Bevölkerung:

»Ab heute Abend muss ich der britischen Bevölkerung eine sehr einfache Anweisung geben – Sie müssen zu Hause bleiben. Es ist entscheidend zu verhindern, dass die Krankheit sich von Haushalt zu Haushalt ausbreitet.«[17]

Es werden Ausgangsbeschränkungen verhängt, Geschäfte, Kirchen, Spielplätze und Bibliotheken werden geschlossen, öffentliche Veranstaltungen und private Feiern untersagt. Großbritannien folgt damit anderen europäischen Ländern, die ähnliche Maßnahmen ergriffen haben, darunter Deutschland, Frankreich, Italien und Spanien.

Damit ist die Idee gescheitert, die Pandemie durch das zügige Schaffen von Herdenimmunität zu überwinden. Allerdings stellt sich die Frage, was die Alternative ist, vor allem, was nach dem Shutdown kommt. Es wird in diesen Tagen viel von der Strategie des ›Hammer and Dance‹ gesprochen.[18] Damit ist eine Strategie in zwei Phasen gemeint: In der ersten Phase kommt ein strikter Shutdown (Hammer), der mit starken wirtschaftlichen und sozialen Belastungen einhergeht, dafür aber verhindert, dass die Infektionszahlen exponentiell zunehmen und das Gesundheitssystem überfordert wird. In der zweiten Phase wird der Shutdown schrittweise gelockert, man beobachtet, wie die Epidemie sich entwickelt, und rudert notfalls zurück (Dance).

Die Hammer-and-Dance-Metapher beschreibt treffend, wie die meisten Länder mit der Krise umgehen. Sie beantwortet allerdings nicht die Frage, wie die Pandemie letztlich überwunden wird. Wenn eine Ausrottung des Virus (Suppression) nicht möglich ist und eine Impfung entweder nicht verfügbar ist oder wegen der Risiken als flächendeckende Lösung abgelehnt wird, bleibt doch nur der Weg über die schrittweise Herstellung von Herdenimmunität. Im Frühling des Jahres 2020 konzentriert die Debatte sich allerdings auf die akute Krise und weniger darauf, wie die Pandemie einmal enden wird.

Die Exit-Debatte

Während ein Land nach dem anderen in Europa den Shutdown verhängt und in den USA vor allem New York hart von der Seuche getroffen wird, beginnt die Debatte darüber, wann und wie die Beschränkungen wieder aufgehoben werden können. Kritiker schneller Öffnungen reagieren darauf mit dem Vorwurf, hier würden wirtschaftliche Interessen über den Schutz der Gesundheit gestellt. Das wirft die heikle Frage auf, ob Politik und Gesellschaft gezwungen sind, zwischen zwei Optionen zu wählen, die beide inakzeptabel sind: entweder die Wirtschaft zu retten und dafür Menschenleben zu opfern oder aber Leben zu schützen und dafür einen wirtschaftlichen Kollaps in Kauf zu nehmen. Tatsächlich wird diese Gegenüberstellung von Wirtschaft und Gesundheit der Problemlage nicht gerecht.

Wirtschaft gegen Gesundheit?

Die Idee, dass es bei der Bekämpfung der Pandemie einen unauflösbaren Gegensatz zwischen wirtschaftlichen Interessen und der Gesundheit der Bevölkerung gibt, beruht auf zwei Irrtümern. Der erste besteht darin, zu glauben, dass die Wirtschaft florieren könnte, wenn ein gefährliches Virus grassiert. Selbst wenn man gesetzliche Kontaktbeschränkungen und Öffnungsverbote komplett aufheben würde, würden die meisten Menschen nicht so selbstverständlich wie vor der Pandemie zum Einkaufen oder ins Restaurant gehen, weil sie sich vor Ansteckung fürchten. Wenn in der Folge wieder zunehmende Infektionszahlen die Kapazitäten der Krankenhäuser überfordern, verstärkt sich wiederum die Sorge der Bürger und ihr zurückhaltendes Verhalten. Eine positive wirtschaftliche Entwicklung ist bei unkontrollierter Ausbreitung des Virus nicht möglich.

Der zweite Irrtum besteht darin, zu glauben, die Gesundheit der Bevölkerung sei umso besser geschützt, je länger der Shutdown dauert. Denn der Shutdown selbst führt zu gesundheitlichen und sozialen Beeinträchtigungen. Da die Krankenhäuser für die COVID-19-Patienten Kapazitäten freihalten, unterbleiben andere wichtige Behandlungen. Viele Menschen vermeiden während des Shutdowns Arztbesuche. Die Kontaktbeschränkungen verstärken psychische Krankheiten wie Depressionen. Häusliche Gewalt und andere soziale Probleme nehmen zu. Menschen, die sich in ihrer wirtschaftlichen Existenz bedroht sehen, werden oft krank.

Die Kosten des Shutdowns gehen außerdem weit über den Ausfall von Produktion und Wertschöpfung im engeren Sinne hinaus. Durch die Schließung von Schulen und Kindergärten unterbleiben Bildungsinvestitionen. Die in Deutschland ohnehin ausgeprägte Ungleichheit der Bildungschancen verschärft sich. Zu Hause statt in der Schule zu lernen, fällt Kindern aus bildungsfernen Milieus deutlich schwerer als anderen. Darüber hinaus kann ein leistungsfähiges Gesundheitssystem mittelfristig nur auf der Basis einer funktionierenden Wirtschaft bestehen.

Aus all diesen Gründen besteht die Aufgabe des Krisenmanagements in der Pandemie nicht darin, entweder der Gesundheit oder der Wirtschaft Priorität einzuräumen. Es geht darum, den gesamten gesundheitlichen, wirtschaftlichen und sozialen

Herausforderungen gerecht zu werden, die durch die Pandemie entstehen.

Wir müssen lernen, mit dem Virus zu leben, zu arbeiten und das gesellschaftliche und kulturelle Leben weiterzuführen, ohne dabei unvertretbare gesundheitliche Risiken einzugehen.

Ein Plan für die Öffnung nach dem Shutdown

Was bedeutet das konkret für die Strategie einer Aufhebung des Shutdowns? Am 2. April 2020 veröffentlicht eine interdisziplinäre Wissenschaftlergruppe unter Beteiligung von Epidemiologen, Virologen, Medizinern, Ökonomen, Ethikern, Juristen und Sozial- und Kommunikationswissenschaftlern eine Studie zur Gestaltung und Umsetzung des Exit-Prozesses.[19] Die Studie spricht von einer flexiblen, risikoadaptierten Öffnungsstrategie. Die Gruppe schlägt vor, folgende Ziele in den Mittelpunkt zu stellen:

- »Die erneute rasche Ausbreitung des Erregers weitgehend zu unterbinden, sodass gleichzeitig die natürliche Immunität in der Bevölkerung langsam ansteigt.
- Das Gesundheitssystem zu stärken, um die bestmögliche Therapie für möglichst viele Erkrankte – mit COVID-19 ebenso wie mit anderen schweren Erkrankungen – gewährleisten zu können.
- Gruppen mit hohem Risiko für schwere COVID-19-Erkrankungen zu schützen.
- Soziale und psychische Härten bei der Pandemiebekämpfung so weit wie möglich zu vermeiden.

– Wirtschaftliche Aktivitäten möglich zu machen, ohne unnötige gesundheitliche Risiken einzugehen.
– Grundrechtseingriffe dem Verhältnismäßigkeitsprinzip gemäß auf das erforderliche und angemessene Maß zu beschränken.«[20]

Entscheidend ist hier, dass die Öffnungsstrategie medizinische, wirtschaftliche und soziale Risiken und Herausforderungen gemeinsam in den Blick nimmt. Bei dieser Beschreibung der Ziele wird offengelassen, ob es gelingen kann, die große Mehrheit der Bevölkerung ganz vor der Ansteckung zu bewahren, weil ein Impfstoff verfügbar gemacht wird oder weil es durch den Shutdown gelingt, die Neuinfektionen so weit zu senken, dass das Virus verschwindet (Suppression). Während die Autoren der Gruppe ihre Studie verfassen, sind sie noch skeptisch, dass eine Suppression möglich ist. Vor allem in den europäischen Ländern hat sich das Virus Anfang April 2020 schon sehr weit verbreitet. Belastbare Informationen über die tatsächliche Zahl der Infizierten und der wieder Genesenen in der Bevölkerung insgesamt fehlen zu diesem Zeitpunkt.

Wie kann der Exit-Prozess umgesetzt werden? Der erste Schritt besteht darin, die Zeit des Shutdowns dafür zu nutzen, die Öffnung vorzubereiten. Das Gesundheitswesen muss darauf eingestellt werden, eine wachsende Zahl von Infizierten zu versorgen. Neben Kapazitäten auf den Intensivstationen mit Beatmungsgeräten gehört dazu eine hinreichende Versorgung mit Schutzkleidung und Atemmasken. Es müssen Informationen über die Verbreitung von Infektionen und Immunität in der Bevölkerung verfügbar sein, durch möglichst flächendeckende Tests. Entsprechend gilt es, Testkapazitäten auszuweiten. Da eine Öffnung in den meisten Sektoren nur mit Hygienevorkehrungen zum Schutz vor Ansteckung möglich ist, sollten Schutzkonzepte noch während der Zeit des Shutdowns entwickelt und vorbereitet werden. Für die Organisation des Exit-Prozesses wird außerdem eine zentrale koordinierte Taskforce mit regionalen Gliederungen gebraucht. Sie hat die Aufgabe, Informationen und Empfehlungen für Öffnungsentscheidungen in Politik und Wirtschaft bereitzustellen.

Die Lockerung der Beschränkungen sollte schrittweise erfolgen und nach Sektoren und Regionen differenziert werden. Die Auswahl der Sektoren und Regionen, in denen staatlich vorgegebene Beschränkungen früher oder später entfallen, sollte wissenschaftliche Erkenntnisse zu Rate ziehen. Es ist dabei aber zwischen unterschiedlichen Zielen, Risiken und Interessen unterschiedlicher Gruppen abzuwägen. Das ist die Aufgabe demokratisch legitimierter Politik. Für die Entscheidungsfindung können aber Auswahlkriterien formuliert werden, die als Leitplanken dienen.

Bereiche mit niedriger Ansteckungsgefahr, z. B. hochautomatisierte Fabriken, und weniger vulnerablen Personen, z. B. Kindertagesstätten und Schulen, sollten prioritär geöffnet werden. Sektoren, in denen gut mit Homeoffice und digitalen Techniken gearbeitet werden kann, haben weniger Priorität als Sektoren, in denen das nicht geht. Hohe Wertschöpfung sollte als Kriterium für prioritäre Öffnung berücksichtigt werden. Beschränkungen, aus denen hohe soziale oder psychische Belastungen resultieren, sollten vorrangig gelockert werden. Regionen mit niedrigeren Infektionsraten, weniger Verbreitungspotenzial, hoher bereits entstandener Immunität oder freien Kapazitäten in der Krankenversorgung können eher geöffnet werden.

Unter hohem Druck und Unsicherheit entscheiden: Die Öffnung von Schulen und Kitas

Allgemeine Kriterien zum Öffnungsprozess zu formulieren, ist weniger schwierig und streitanfällig als zu bestimmen, wie konkrete Öffnungsschritte gestaltet werden sollen. Das zeigt sich an der Debatte über die Öffnung von Schulen und Kindertagesstätten in Deutschland. Nach der Publikation der Studie melden sich Kritiker, die eine baldige Öffnung von Schulen für leichtsinnig halten. Es gebe auch dort Risikogruppen. Schutzmaßnahmen wie Distanzregeln und das Tragen von Masken seien nicht realistisch, vor allem bei kleineren Kindern. Außerdem bestehe die Gefahr, dass die Kinder zu Hause Eltern und Großeltern anstecken. Gleichzeitig warnen Elternvertreter und Bildungsforscher, dass bei einer längeren Schließung von Schulen vor allem Kinder aus sozial benachteiligten Familien schulisch den Anschluss verlieren. Außerdem können Eltern nur dann an den Arbeitsplatz zurückkehren, wenn die Kinder versorgt sind.

Kurze Zeit später, am 13. April 2020, veröffentlicht die Nationale Akademie der Wissenschaften Leopoldina eine Stellungnahme, in der sie vorschlägt, in den Schulen zunächst nur die Abschlussklassen zum Unterricht zuzulassen. Kitas und die ersten Grundschulklassen sollen vorerst geschlossen bleiben, weil bei kleinen Kindern das Abstandhalten zum Schutz vor Ansteckung schwer umsetzbar ist.[21] Diese Empfehlung löst einen Sturm der Entrüstung bei Elternvertretern aus. Die Belastungen für Eltern würden zu wenig berücksichtigt.

Wichtig in dieser Debatte ist die Frage, wie groß das Risiko ist, dass Schulen und Kitas zu Infektionsherden werden. Kinder zeigen nur sehr selten COVID-19-Krankheitssymptome. Aber ob daraus folgt, dass sie andere weniger anstecken, ist unklar. Ende April 2020 erscheint eine Studie einer Forschergruppe um den prominenten Virologen Christian Drosten, die zu dem Ergebnis kommt, dass die Viruslast bei Kindern und Jugendlichen nicht geringer ist als bei Erwachsenen.[22] Aber ob daraus folgt, dass Schulen und Kitas ein zu großes Ansteckungsrisiko darstellen, um öffnen zu können, bleibt umstritten.[23]

Die politischen Entscheidungsträger sind damit in einer schwierigen, aber für die Coronakrise typischen Lage. Sie werden von unterschiedlichen Gruppen mit entgegengesetzten Interessen unter hohen Druck gesetzt. Solide wissenschaftliche Erkenntnisse über entscheidende Aspekte – hier die Frage, wie hoch das Risiko der Virusverbreitung durch Schulen und Kitas ist – werden erst später verfügbar sein. Angesichts dieser Lage ist es nicht überraschend, dass international sehr unterschiedlich entschieden wird. In Dänemark öffnen die Schulen schon am 14. April 2020, in Deutschland wird im Mai wieder unterrichtet, allerdings nur eingeschränkt, andere Länder wollen die Schulen erst nach den Sommerferien wieder öffnen.

Die Bevölkerung für die Öffnung gewinnen

Damit der Öffnungsprozess gelingt, muss mehr passieren, als Schulen und Geschäften zu erlauben, wieder aktiv zu werden. Die Bevölkerung dafür zu gewinnen, wieder zur Schule und zur Arbeit zu gehen, das gesellschaftliche Leben aufzunehmen, ist ebenso wichtig. Zum einen müssen die Beschäftigten bereit sein, zu ihren Arbeitsplätzen zurückzukehren. Das werden sie nur tun, wenn sie darauf vertrauen, hinreichend vor Ansteckung geschützt zu sein. Vorkehrungen wie verstärktes Testen auf Infektion, die Pflicht, Schutzmasken zu tragen und Abstandsregeln in der Öffentlichkeit und am Arbeitsplatz helfen dabei.

Zum anderen müssen Unternehmer bereit sein, die Produktion wieder aufzunehmen. Dabei gibt es vier große Hindernisse. Erstens müssen die meisten Produktionsprozesse anders organisiert werden als vor der Krise. Dadurch sinkt ihre Produktivität. Abstandsregeln müssen eingehalten und Sicherheitsvorkehrungen getroffen werden. Diese Vorkehrungen kosten viel Geld, weil Ausrüstungen wie Sicherheitsscheiben, Reinigungsmittel und Schutzkleidung beschafft werden müssen. Viele Unternehmen müssen ihre Kapazität verringern. Durch größeren Abstand zwischen Tischen in Restaurants sinkt die Zahl der Plätze. Hotels dürfen ihre Zimmer nur zur Hälfte belegen. In Fabriken wird in getrennten Schichten gearbeitet, um Ansteckungsrisiken zu begrenzen. Durch all diese Beschränkungen sinken die Umsätze, Kosten gehen aber nicht im gleichen Umfang zurück – Mieten ändern sich nicht, die Personalkosten sinken nicht im gleichen Umfang wie die Einnahmen.

Durch diese Vorkehrungen sinkt die Produktivität der Wirtschaft. Mit den vorhandenen Produktionsfaktoren, also Gebäuden, Maschinen, Arbeitskräften, wird deutlich weniger produziert als vorher. Wie groß der Produktivitätsverlust ausfällt, variiert zwischen den Sektoren. Mit der Zeit wird man lernen, mit den Beschränkungen umzugehen. Trotzdem bedeutet die geringere Produktivität, dass viele Güter sich verteuern und die Unternehmen geringere Gewinne oder sogar dauerhaft Verluste machen. Nicht alle Unternehmen werden bereit sein, unter diesen erschwerten Bedingungen wieder zu öffnen. Andere werden bald aufgeben. Gesamtwirtschaftlich stehen weniger Güter zur Verfügung, der Wohlstand sinkt.

Ein zweites Problem besteht darin, dass gerade die deutsche Industrie international stark vernetzt ist und sich auf globale Wertschöpfungsketten stützt. Viele Vorprodukte kommen aus dem Ausland, ›Just in Time-Produktion‹ spart Kosten der Lagerhaltung. Diese Wertschöpfungsketten sind unter normalen Bedingungen hocheffizient. Sie sind aber auch anfällig für Störungen. Viele Industriezweige können die Produktion nicht wieder aufnehmen, solange ihre Zulieferer oder Abnehmer in anderen Ländern nicht ebenfalls wieder produzieren oder nationale Grenzen geschlossen sind. Die deutsche Autoindustrie beispielsweise erhält viele Zulieferungen aus Norditalien. Da Italien stark von der Coronakrise getroffen ist, wird die deutsche Autoindustrie beeinträchtigt bleiben, solange die italienische Wirtschaft in ihrer Arbeit gestört ist.

Ein drittes Hemmnis für den Öffnungsprozess liegt darin, dass es zu Rückfällen kommen kann. Solange das Virus noch nicht besiegt ist, besteht die Gefahr einer zweiten Infektionswelle. Darauf müsste man zumindest regional mit neuen Beschränkungen und Schließungen reagieren. Wie groß das Risiko einer zweiten Welle ist, wird von den Virologen sehr unterschiedlich eingeschätzt. Für Öffnungsentscheidungen von Unternehmen liegt hier ein Hindernis, weil das Hochfahren der Produktion mit erheblichem Aufwand und Kosten verbunden ist, die man nicht mehrfach tragen will und kann. Solange die Gefahr einer zweiten Infektionswelle besteht, werden viele Unternehmen ihre Produktionskapazitäten nur zögerlich wieder in Dienst nehmen.

Selbst wenn all diese Hindernisse überwunden sind, kann die wirtschaftliche Erholung viertens nur dann funktionieren, wenn auch die Nachfrage zurückkehrt. Dafür sind die Aussichten nicht ausschließlich finster, aber sie sind auch nicht rosig. Mit der Aufnahme der Produktion steigen auch die Einkommen der Beschäftigten wieder, von denen viele vorher durch Kurzarbeit Einkommenseinbußen hinzunehmen hatten. Teilweise schafft sich das Angebot also die eigene Nachfrage. Hinzu kommen Nachholeffekte. Während des Shutdowns sind viele Anschaffungen unterblieben, die eigentlich fällig waren. Wenn die Geschirrspülmaschine schlecht spült oder der Wäschetrockner regelmäßig defekt ist, wird man irgendwann Ersatz beschaffen. Das gilt auch für das Auto. Wer außerdem monatelang nicht ausgehen konnte, freut sich über einen Abend im Restaurant oder im Kino.

Trotzdem spricht einiges dafür, dass die Nachfrage zu schwach sein wird, um die wirtschaftliche Erholung entscheidend voranzubringen. Solange das gesellschaftliche Leben beschränkt bleibt, ist die Freude, sich nach der neuesten Mode einzukleiden, getrübt. Wenn private und berufliche Feiern, Veranstaltungen in Kultur und Sport, Messen und Konferenzen nicht stattfinden und Touristen fernbleiben, fehlen große Teile der sonst vorhandenen Nachfrage nach Gütern und Dienstleistungen. Mittlerweile sind die ersten Lockerungen in Kraft, zumindest im Inland sind Urlaubsreisen eingeschränkt möglich, aber bis wieder Normalität herrscht, wird es lange dauern. Außerdem haben viele private Haushalte durch die Coronakrise Einkommen verloren und Erspartes verbraucht. Diese Ersparnisse werden sie wieder aufbauen wollen und deshalb Anschaffungen kürzen. Banken werden Konsumenten deutlich weniger Kredite gewähren. Viele Unternehmen büßen in der Krise einen erheblichen Teil ihres Eigenkapitals ein. Sie werden schon deshalb weniger investieren, weil sie es schwerer haben werden, Kredite zu bekommen. Selbst wenn Kredite verfügbar sind, werden viele Unternehmen zögern, ihre Verschuldung weiter in die Höhe zu treiben. Sie werden eher versuchen, Risiken abzubauen.

All dies spricht dafür, dass die Öffnung der Wirtschaft kaum in das erhoffte V-förmige Szenario führt, in dem auf den Einbruch eine schnelle Erholung folgt. Gleichzeitig ist es wichtig, alle Möglichkeiten auszuschöpfen, um die Wiederaufnahme des wirtschaftlichen und gesellschaftlichen Lebens zu erleichtern.

Schneller oder langsamer öffnen?

Eine wichtige Frage bei der Öffnung der Wirtschaft betrifft die richtige Geschwindigkeit. Man könnte meinen, dass eine schnellere Öffnung automatisch bessere wirtschaftliche Ergebnisse ermöglicht. Das ist nicht zutreffend, weil eine zweite Infektionswelle neben gesundheitlichen Folgen auch hohe wirtschaftliche Kosten hätte. Eine sinnvolle Analyse der richtigen Öffnungsgeschwindigkeit muss gesundheitspolitische Ziele einbeziehen.

Eine im Mai 2020 erschienene interdisziplinäre Studie des ifo Instituts und des Helmholtz-Zentrums für Infektionskrankheiten[24] zu dieser Frage legt die Prämisse zugrunde, dass die Zahl der gemessenen Neuinfektionen in Deutschland auf 300 pro Tag reduziert werden soll, weil danach die neuen Fälle nachverfolgt und folglich die Beschränkungen auf das unvermeidliche Minimum reduziert werden könnten. Am 20. April 2020, dem offiziellen Beginn des Öffnungsprozesses in Deutschland, meldet das Robert Koch Institut noch 1775 Neuinfektionen. Die Neuinfektionen sinken allerdings.* Zu diesem Zeitpunkt wird die Reproduktionszahl (R_t), also die Zahl der Neuinfektionen, die jeder Infizierte verursacht, auf etwa $R_t = 0{,}63$ geschätzt. Um die Zahl der Neuinfektionen weiter abzubauen, muss die Reproduktionszahl unter dem Wert 1 gehalten werden.

In diesem Rahmen gibt es nun unterschiedliche Möglichkeiten, die Zielgröße von 300 Infektionen anzusteuern. Zum einen kann man von weiteren Lockerungen absehen oder sie zumindest restriktiv handhaben. Dann kann man erwarten, dass der Reproduktionswert auf einem Niveau nahe bei dem

---

* Anfang Juni 2020 liegen die gemeldeten Neuinfektionen pro Tag bei rund 340. Man muss allerdings von einer erheblichen Dunkelziffer ausgehen.

Wert von Rt = 0,63 bleibt. Die verbleibenden Beschränkungen belasten die Wirtschaftstätigkeit, aber die niedrige Reproduktionszahl bedeutet, dass die Zielgröße von 300 Neuinfektionen pro Tag relativ schnell erreicht wird. Wenn die Beschränkungen danach auf das Minimalniveau reduziert werden können, ist die Belastungsdauer für die Wirtschaft entsprechend kurz.

Alternativ ist es möglich, schneller zu lockern, aber um den Preis, dass die Reproduktionszahl höher liegt – beispielsweise bei Rt = 0,75. In diesem Fall dauert es länger, bis die Zahl der Neuinfektionen auf die Zielgröße von 300 sinkt. Die Wirtschaftstätigkeit ist zunächst weniger stark beeinträchtigt, aber die Zeit bis zur weitgehenden Aufhebung der Beschränkungen dauert länger.[*]

Bei diesem Vergleich wird deutlich, dass gesundheitliche und wirtschaftliche Anliegen nicht in Konflikt stehen müssen. Wenn man die gesundheitlichen Aspekte der Einfachheit halber auf die Ansteckungen reduziert, spricht dies dafür, strikte Beschränkungen für einen kürzeren Zeitraum bestehen zu lassen.

Aus wirtschaftlicher Sicht ist eine schnellere Öffnung nicht notwendigerweise wünschenswert. Ob es besser ist, größere Verluste durch entfallende Wertschöpfung für eine kürzere Zeit hinzunehmen oder bei schnellerer Öffnung geringere Verluste für eine längere Zeit, ist a priori unklar.

Welche Strategie die geringsten Kosten verursacht, hängt letztlich vom empirischen Zusammenhang zwischen Rt und

---

[*] Wie restriktiv die Beschränkungen von dem Zeitpunkt an noch sein müssen, an dem das Ziel von 300 Neuinfektionen erreicht wird, spielt für die Analyse eine untergeordnete Rolle. Entscheidend ist, dass sie weniger restriktiv sind als im Ausgangspunkt mit Rt = 0,63.

dem Ausmaß der Wertschöpfungsverluste ab. Man nehme an, dass eine begrenzte Lockerung der Beschränkungen große wirtschaftliche Vorteile hat, weitere Lockerungen dann aber nur noch wenig wirtschaftliche Entlastung bringen. In diesem Fall kann es sowohl wirtschaftlich als auch gesundheitspolitisch sinnvoll sein, begrenzte Lockerungen sofort umzusetzen und dafür in Kauf zu nehmen, dass es bis zum Erreichen des Ziels von 300 Neuinfektionen länger dauert. Wenn spürbare wirtschaftliche Entlastung dagegen erst bei einer weitgehenden Aufhebung aller Beschränkungen erreichbar ist, sollte man Lockerungen verschieben, bis der Zielwert für Neuinfektionen erreicht ist. In diesem Fall besteht kein Widerspruch zwischen dem gesundheitlichen Anliegen, möglichst schnell die Neuinfektionen zu reduzieren und damit die Gesamtzahl der Infektionen möglichst klein zu halten, und dem wirtschaftlichen Anliegen, die Kosten des Shutdowns zu minimieren, und es gibt kein Abwägungsproblem.

Belastbare wissenschaftliche Erkenntnisse darüber, welche wirtschaftlichen Kosten man in Kauf nehmen muss, um verschiedene Werte für die Reproduktionszahl R_t zu erreichen, fehlen allerdings. In der erwähnten Studie des ifo Instituts und des Helmholtz-Zentrums für Infektionskrankheiten werden dazu verschiedene Szenarien betrachtet, die unterschiedliche Annahmen über diesen Zusammenhang zulassen. Es stellt sich heraus, dass in den weitaus meisten Szenarien eine schrittweise, eher langsame Öffnung mit geringeren ökonomischen Kosten verbunden ist als eine schnelle Aufhebung der Beschränkungen. Ein Konflikt zwischen gesundheitlichen und wirtschaftlichen Anliegen entsteht also nicht.

Bei diesen Ergebnissen ist allerdings zu bedenken, dass nur ein Teil der für den Öffnungsprozess relevanten Faktoren berücksichtigt wird. Die Belastungen durch die Schließung von Kitas und Schulen sind hier beispielsweise nicht einbezogen. Die zentrale Überlegung der Studie ist jedoch wichtig: Ein schnelles und konsequentes Eindämmen des Virus kann sowohl wirtschaftlich als auch gesundheitspolitisch der beste Weg sein.

Angemessen kommunizieren

Wie die Entscheidungsträger in Politik und Wirtschaft kommunizieren, ist für den Verlauf jeder Krise bedeutsam. Das gilt auch für die Coronakrise und besonders für den Ausweg aus dem Shutdown. Ein Öffnungsprozess, der verschiedene Sektoren und Regionen unterschiedlich behandelt, ist kompliziert. Bei vielen Menschen herrscht ein Gefühl der Bedrohung. Um das Vertrauen und die Unterstützung der Bevölkerung für die Öffnung zu gewinnen, ist eine sachliche, einheitliche, überzeugende und auf breit geteilten Werten beruhende Kommunikation wichtig. Sie sollte ein Wir-Gefühl fördern und gleichzeitig Risiken weder verharmlosen noch übertreiben.[25]

All dies zu erreichen, ist schwierig und erfordert immer wieder Gratwanderungen. So ist es einerseits nötig, die Gefahren der Pandemie zu betonen, damit Beschränkungen während des strengen Shutdowns und danach eingehalten werden. Andererseits erfordert der Öffnungsprozess Vertrauen und Optimismus. In einer einzigen Fernsehansprache am 16. März 2020 sagt der französische Staatspräsident Emmanuel Macron gleich sechsmal, Frankreich befinde sich im ›Krieg‹ gegen das Coronavirus.[26] Das verstärkt die Angst der Bevölkerung vor dem Virus, mit dem erwünschten Resultat, dass mehr Menschen Abstandsregeln und Ausgangssperren einhalten. Für den Öffnungsprozess ist diese Kriegsrhetorik dagegen weniger hilfreich.

Einen anderen Ansatz wählt die deutsche Bundeskanzlerin Angela Merkel. Sie ist ohnehin keine Freundin rhetorischer Feuerwerke und neigt zur sachlichen und abwägenden Kommunikation. In der frühen Phase der Coronakrise wird sie zunächst dafür kritisiert, zu wenig zu kommunizieren und vor allem zu wenig Führungsstärke zu zeigen. Dabei ist zu berücksichtigen, dass die Zuständigkeiten für Maßnahmen der Pandemiebekämpfung in Deutschland in erster Linie bei den Bundesländern liegen. Angela Merkel trifft sich deshalb immer wieder zu Konsultationen mit den Ministerpräsidenten, bleibt aber der Linie einer eher nüchternen, von Kriegsrhetorik weit entfernten Kommunikation treu. Beispielsweise sagt sie nach einem Krisentreffen am 12. März 2020, die Aufforderung an die Bevölkerung, auf Sozialkontakte zu verzichten, sei »heute noch einmal in schärferer Form notwendig«.[27] Martialischer wird es nicht.

Während des Öffnungsprozesses, der in Deutschland ab dem 20. April beginnt, mahnt Angela Merkel eher zu Geduld und betont die Risiken. Es wird deutlich, dass es über den richtigen Kurs Meinungsverschiedenheiten sowohl zwischen Angela Merkel und den Ministerpräsidenten als auch unter den Landesregierungen gibt. Letztlich entscheidet man sich dafür, regional unterschiedliche Lösungen zuzulassen. Das ist kein schlechtes Ergebnis, unter anderem deshalb, weil man aus unterschiedlichen Wegen lernen kann. In Deutschland wurden Wissenslücken und Meinungsverschiedenheiten gegenüber der Bevölkerung offen kommuniziert. Das hat dazu beigetragen, das Vertrauen der Bürger zu gewinnen.

Mit dem Virus leben und arbeiten

Solange das Coronavirus grassiert, wird es nicht möglich sein, im wirtschaftlichen und gesellschaftlichen Leben zu den Verhältnissen vor der Coronakrise zurückzukehren. Die Beschränkungen können gelockert werden, aber ganz aufheben kann man sie erst, wenn die Gefahr gebannt ist. Da die gemessene Zahl der Neuinfizierten in Deutschland und einigen Nachbarländern im Mai und Anfang Juni 2020 mehr oder weniger stetig sinkt, kommt Hoffnung auf, dass eine Unterdrückung der Pandemie möglich sein könnte. Am 3. Juni 2020 meldet das Robert-Koch-Institut 6519 noch nicht wieder genesene Infizierte. Die Zahl der Neuinfektionen pro Tag liegt bei 346. Wenn dieser Prozess sich fortsetzt, könnte man neue Fälle umgehend verfolgen, so dass das Virus sich nicht weiter verbreitet.

Ob man diesen Weg wirklich gehen kann, ist allerdings alles andere als sicher. Es ist nicht bekannt, ob die gemessenen Neuinfektionen den tatsächlichen Ansteckungen auch nur annähernd entsprechen. Klären lässt sich das erst dann, wenn für die Gesamtbevölkerung repräsentative Testergebnisse vorliegen. Dass die Anfang Juni 2020 noch immer fehlen, ist ein

Schwachpunkt im Krisenmanagement. Durch die Öffnungsschritte wird das Virus sich außerdem wieder stärker verbreiten. Hinzu kommt, dass die Krankheit in einigen Nachbarländern vermutlich deutlich weiter verbreitet ist als derzeit in Deutschland. Auch das erschwert die Unterdrückung weiterer Infektionen.

Falls eine Suppression nicht gelingt, ist eine Rückkehr zu normalen Verhältnissen erst denkbar, wenn wirksame Medikamente zur Behandlung von COVID-19 verfügbar sind oder wenn eine Impfung entwickelt worden ist, die so sicher ist, dass man sie flächendeckend einsetzen will. Ob und wie schnell das eine oder das andere erreicht wird, darüber besteht große Unsicherheit. Impfungen gehen vor allem bei sehr schnell entwickelten und wenig erprobten Impfstoffen mit erheblichen Risiken einher. Vorteile, die eine Eindämmung der Pandemie mit sich bringt, sind gegen Nachteile eventueller Nebenwirkungen der Impfung abzuwägen. Dass diese Abwägung bei einer Krankheit wie COVID-19 zu der Entscheidung führt, die gesamte Bevölkerung zu impfen, ist kaum denkbar.

In jedem Fall wird es eher Jahre als Monate dauern, bis die Pandemie überwunden ist. Folglich müssen wir uns darauf einstellen, für längere Zeit mit der Bedrohung durch das Virus zu leben. Es ist daher dringend notwendig, das wirtschaftliche, gesellschaftliche und kulturelle Leben so zu organisieren, dass es funktioniert, obwohl das Virus noch nicht besiegt ist. Was bedeutet das?

Kitas, Schulen und Universitäten umstellen

Kitas und Schulen dauerhaft zu schließen, hat für die betroffenen Kinder und Jugendlichen und mittelfristig für die Volkswirtschaft insgesamt gravierende Folgen. Am 3. Mai 2020 veröffentlicht eine Gruppe von Bildungsforschern einen Aufruf. Sie plädieren dafür, die Anstrengungen zur Aufrechterhaltung von Unterricht und Bildung zu verstärken. Sie weisen darauf hin, dass die Schul- und Kitaschließungen die persönliche, soziale und intellektuelle Entwicklung der Betroffenen stark beeinträchtigen. Ergebnisse bildungsökonomischer Studien zeigen, dass jedes verlorene Jahr Ausbildung für die Betroffenen einen Verlust von 7–10 Prozent ihres Einkommens bedeutet, und das über den gesamten Zeitraum ihrer Berufstätigkeit. Hinzu kommt, dass die Schließungen die Chancenungleichheit erhöhen und Alleinerziehende sowie Familien mit zwei berufstätigen Eltern besonders belasten und die Wiederaufnahme der Arbeit erschweren.

Es ist deshalb zum einen dringend erforderlich, Kitas und Schulen so weit wie möglich zu öffnen, mit entsprechenden Vorkehrungen gegen Ansteckung. Zum anderen müssen neue Konzepte für das ›Distanzlernen‹ entwickelt werden. Dort, wo Lernen organisiert werden kann, ohne dass Menschen sich in einem Raum versammeln, sollte man die Chance nutzen. Es liegt auf der Hand, dass digitale Techniken und Kompetenzen beim Einsatz dieser Technik dabei eine Schlüsselrolle spielen. Für das kommende Schuljahr, das voraussichtlich durch die Pandemie beeinträchtigt wird, müssen Lehrpläne Konzepte zum Distanzlernen aufnehmen. Es gilt, die digitale Ausstattung der Schulen und die entsprechenden Kompetenzen der Lehrer möglichst schnell zu verbessern. Eine Verkürzung der Schulferien sollte kein Tabu sein.

Für die Universitäten gilt Ähnliches. Dort lassen sich Abstandsregeln leichter einhalten. Gleichzeitig ist die Digitalisierung der Lehre stärker entwickelt als an den Schulen. Da eigenständiges Lernen im Studium eine größere Rolle spielt, sind die Herausforderungen der Umstellung kleiner. Trotzdem ist auch an den Universitäten die Einschränkung des direkten Gesprächs und der Diskussion eine Belastung. Gleichzeitig bringt die Umstellung auf digitale Veranstaltungen für Lehre und Forschung Chancen mit sich. Wenn Seminare als Videokonferenzen abgehalten werden, ist es leichter, Menschen zusammenzubringen, die sich an unterschiedlichen Orten, ja auf unterschiedlichen Kontinenten aufhalten. Während der lokale Austausch leidet, verstärkt sich das Gespräch über größere Distanzen hinweg.

Die 90-Prozent-Ökonomie

Wie können sich die Wirtschaft und die Wirtschaftspolitik darauf einstellen, trotz der latenten Bedrohung durch das Virus zu funktionieren? Auch hier sollte man sich darauf einstellen, dass das Arbeiten mit Vorkehrungen gegen Ansteckung länger anhalten wird.

Entscheidungsträger in Politik und Wirtschaft stehen vor einer schwierigen Entscheidung. Entweder sie investieren massiv, um ein möglichst effizientes Arbeiten unter Bedingungen der sozialen Distanzierung zu ermöglichen. Oder sie verzichten darauf und hoffen, dass das Virus schnell verschwindet. In beiden Fällen wird die Produktivität der Unternehmen sinken, das Güterangebot wird eingeschränkt. Verstärkt wird dieser Produktivitätsverlust durch die Unterbrechung von Wertschöpfungsketten. Es ist, als würde Sand ins Getriebe unserer sonst hocheffizienten Wirtschaft geworfen.

Die Einschränkung des Güterangebots und steigende Kosten könnten dazu führen, dass Inflation entsteht, obwohl das Wirtschaftswachstum schwach ist. Das ist eine Entwicklung, die in den achtziger Jahren unter dem Schlagwort ›Stagflation‹ diskutiert wurde. Damals sorgten steigende Ölpreise für niedriges Wachstum und hohen Inflationsdruck. Heute könnte die Coronakrise ähnliche Wirkungen entfalten. Da die Angebotsverknappung von einer Nachfrageschwäche begleitet wird, könnte der Inflationsdruck geringer ausfallen, aber an der Belastung der Wirtschaftsentwicklung ändert das nichts.

Wie groß werden die Wohlstandsverluste sein? Die Zeitschrift *The Economist* titelt in ihrer Ausgabe vom 2. Mai 2020 mit der Zeile von der 90-Prozent-Wirtschaft. Diese Zahl basiert nicht auf einer Schätzung über den Produktivitätsrückgang durch die Coronakrise. Sie bezieht sich darauf, dass der krisenbedingte Rückgang des Bruttoinlandsprodukts nach den meisten im Mai 2020 verfügbaren Prognosen bei etwa 10 Prozent liegen wird. Ob die Produktivitätsverluste in der Phase nach dem strikten Shutdown ähnlich hoch sein werden, weiß derzeit niemand, aber die Größenordnung erscheint realistisch.

Auf den ersten Blick wirkt ein Einkommensverlust von 10 Prozent noch so gerade verkraftbar. Aber wer sich konkret ausmalt, was es bedeutet, auf zehn Prozent des eigenen verfügbaren Einkommens verzichten zu müssen, wird schnell feststellen, dass damit schmerzhafte Einschnitte verbunden sind. Hinzu kommt, dass unterschiedliche Teile der Bevölkerung sehr unterschiedlich betroffen sind. Rentner, Pensionäre und andere Gruppen, die mehr oder weniger fixierte staatliche Leistungen beziehen, werden kurzfristig nur geringe Einkommenseinbußen haben. Die größten Verluste treffen zweifellos Selbstständige und die Eigentümer von Unternehmen in den Branchen, die von der Krise am stärksten betroffen sind. Hier werden sich viele eine neue Existenz aufbauen müssen.

Teilweise wird man den Wohlstandsverlust der 90-Prozent-Ökonomie abfedern, indem Ersparnisse verbraucht oder Schulden aufgenommen werden. Neben der öffentlichen Kreditaufnahme werden auch im privaten Bereich die Schulden wachsen. Durch diese Form der Anpassung werden letztlich Lasten in die Zukunft verlagert.

Wer darauf baut, Lasten in die Zukunft zu verlagern, erwartet, dass die Coronakrise nicht ewig dauern und die Wirtschaft sich in absehbarer Zeit wieder erholen wird. Diese Erwartung ist optimistisch, sie muss aber nicht enttäuscht werden. Die Coronakrise zwingt dazu, darüber nachzudenken, wie wir unsere Arbeit organisieren. Es entstehen Impulse für Innovationen, Kreativität ist gefragt. Wer die Zeit der Krise nutzt, um neue Ideen und Fähigkeiten zu entwickeln, ist besser auf die anstehenden Herausforderungen vorbereitet.

KAPITEL 4

DIE GEFAHR VON SCHULDEN UND INFLATION

Die wachsende Verschuldung von Staaten und Unternehmen gehört zu den sichtbarsten Folgen der Krise. Diese Schulden lösen große Sorgen aus. Es stellt sich die Frage, ob eine wirtschaftliche Erholung möglich ist, wenn viele Unternehmen einen Großteil ihres Eigenkapitals eingebüßt haben und hoch verschuldet sind. Und wo liegen die Grenzen der Staatsverschuldung? Wird es möglich sein, die öffentliche Verschuldung nach der Krise zu stabilisieren und auf ein vernünftiges Niveau zu senken? Die Kombination aus hohen Staatsschulden und Anleihekäufen der Notenbanken schürt Angst vor Inflation. Dass es dazu kommt, ist aber eher unwahrscheinlich. Es spricht viel dafür, dass uns nach der Krise eine wirtschaftliche Entwicklung mit niedrigem Wachstum, geringen Inflationsraten und nicht weiter fallenden, aber auch nicht steigenden Zinsen erwartet.

Hohe Staatsverschuldung: der Preis für die Stabilisierung der Wirtschaft

Staaten und Notenbanken reagieren auf die Coronakrise, indem sie viel Geld bereitstellen, um die Wirtschaft zu stabilisieren. Da die Steuereinnahmen einbrechen, müssen die Hilfen für die Wirtschaft durch stark steigende Staatsschulden finanziert werden. Gleichzeitig öffnen die Notenbanken ihre Geldschleusen. Unter anderem kaufen sie in großem Umfang Staatsanleihen. Im Ergebnis finanzieren die Staaten ihre Konjunkturpakete also zu einem erheblichen Anteil durch das Drucken von Geld. Es ist nachvollziehbar, dass diese Politik Inflationsängste auslöst. Allerdings haben die Notenbanken während und nach der Finanzkrise ebenfalls große Mengen an Staatsanleihen erworben, ohne dass Inflation entstanden ist. Gerade *dass* die Inflationsraten sehr niedrig waren, galt als Begründung für diese Politik.

Die hohe staatliche Neuverschuldung wird allerdings nicht nur von den Notenbanken finanziert. Private Investoren ziehen in Krisensituationen Kapital aus riskanten Anlagen ab. Sie weigern sich beispielsweise, Kredite an private Unternehmen zu verlängern und suchen stattdessen sichere Investitionsmöglichkeiten. Gefragt sind Anleihen von Staaten, die als finanziell solide betrachtet werden.

In Wirtschaftskrisen haben Staaten mit guter Bonität deshalb erhebliche Verschuldungsspielräume. Das ändert allerdings nichts daran, dass die gestiegenen Staatsschulden nach der Krise bedient werden müssen. Es ist nicht unbedingt notwendig, die Schulden zu tilgen. Zumindest aber müssen die ausstehenden Anleihen bei Fälligkeit refinanziert werden. Es gilt also, immer wieder Investoren zu finden, die bereit sind, dem Staat große Summen zu leihen. Letztlich stellt sich die Frage, wo die Grenzen der Staatsverschuldung liegen – und wie trotz der Belastung durch die Coronakrise nachhaltige Staatsfinanzen gesichert werden können.

Hohe Staatsschulden kann man abbauen

Welches Niveau an Staatsschulden ist noch verträglich, und wann ist der Bogen überspannt? Prinzipiell ist es denkbar, dass die Notenbank die Staatsverschuldung durch die Druckerpresse finanziert. Aber das kann die Geldwertstabilität gefährden. Auch wenn eine Geldentwertung ausbleibt, kann ausufernde Staatsverschuldung erhebliche wirtschaftliche Probleme verursachen. Erstens kann es dazu kommen, dass der Staat zahlungsunfähig wird, weil Investoren nicht mehr bereit sind, neue Staatsanleihen zu erwerben. In diesem Fall kommt es zu einem Schuldenschnitt. Dabei verlieren die Gläubiger Vermögen. In vielen Ländern halten Banken in größerem Umfang Staatsanleihen, weil die Bankenregulierung den Staat als Schuldner privilegiert. Wenn Staatsanleihen ausfallen, kann eine Bankenkrise entstehen, die sich negativ auf die Realwirtschaft auswirkt, wie während der globalen Finanzkrise deutlich wurde. Nach einer Staatspleite können die Kosten künftiger Verschuldung steigen, weil die Investoren Risikoprämien verlangen.

Ein Staatsbankrott mit einem Schuldenschnitt ist allerdings ein Extremfall. Auch weniger drastische Folgen hoher Staatsverschuldung können belastend sein. Offenkundig ist das, wenn zum Abbau der Schulden Steuern erhöht oder öffentliche Leistungen gekürzt werden. Häufig entfallen vor allem öffentliche Investitionen, wenn die öffentlichen Kassen leer sind. Für die Nachhaltigkeit der Finanzpolitik ist das kontraproduktiv. Hinzu kommt, dass die Coronakrise nicht die letzte Wirtschaftskrise sein wird. Wer mit hohen Staatsschulden in eine Krise gerät, hat weniger Spielräume zur Stabilisierung der Wirtschaft.

Wenn eine Regierung Staatsschulden tilgen will, muss sie Steuern und Abgaben erheben, die höher sind als die öffentlichen Leistungen, die den Bürgern zugute kommen. Dabei ist zu berücksichtigen, dass Ausgaben für Zinsen auf ausstehende Staatsschulden ohnehin nicht zur Finanzierung öffentlicher Leistungen zur Verfügung stehen. Um zu beschreiben, wie stark die Bevölkerung durch Bemühungen zur Sanierung der Staatsfinanzen belastet ist, betrachten ökonomische Analysen gerne den Primärüberschuss – die Differenz zwischen Steuereinnahmen und Staatsausgaben ohne Zinsen. Der Primärüberschuss ist der Betrag, den die Bürger aufbringen, ohne dass davon etwas an öffentlichen Leistungen an sie zurückfließt. Ein Primärdefizit bedeutet umgekehrt, dass die Staatsausgaben für andere Dinge als Zinsen höher sind als die von den Bürgern gezahlten Steuern. Wenn ein Land sich gezwungen sieht, Steuern zu erhöhen oder Ausgaben zu senken, um Primärüberschüsse zu erhöhen, geht damit eine Belastung der Bürger einher, möglicherweise leidet außerdem die Konjunktur.

Unter welchen Umständen und in welchem Umfang ist es nötig, Primärüberschüsse zu erzielen oder auszuweiten? Bei der Beantwortung dieser Frage muss man einen wichtigen Unterschied zwischen der Verschuldung von Staaten und der von Individuen berücksichtigen: Wenn einzelne Menschen sich verschulden, um beispielsweise eine Immobilie zu erwerben, müssen sie den Kredit in der Regel im Laufe ihres Berufslebens tilgen, weil ihnen dafür anschließend die Einnahmen fehlen. Bei Staaten ist die Fähigkeit, Kredite zu bedienen, nicht durch Jahre der Berufstätigkeit oder durch die Spanne eines menschlichen Lebens beschränkt. Sie müssen ihre Schulden deshalb nicht in einem gegebenen Zeitraum tilgen. Es muss lediglich gewährleistet sein, dass die Schulden zu jedem Zeitpunkt bedient werden können, dass der Staat also Zinsen zahlen und auslaufende Kredite und Anleihen refinanzieren kann. Ob das gelingt, hängt unter anderem davon ab, wie hoch die Staatsschulden eines Landes im Verhältnis zu seiner Wirtschaftsleistung sind, also von der Staatsschuldenquote.

Es liegt auf der Hand, dass eine dauerhaft steigende Staatsschuldenquote mit einer nachhaltigen Finanzpolitik unvereinbar ist. Irgendwann werden die Gläubiger das Vertrauen verlieren. Deshalb ist die Fähigkeit, die Staatsschuldenquote zu stabilisieren, ein wichtiger Gradmesser für die Solidität der öffentlichen Finanzen. Das sagt noch nichts darüber aus, auf welchem Niveau diese Quote stabilisiert werden sollte.

Ob es einen kritischen Wert für die Schuldenquote gibt, der nicht überschritten werden sollte, ist umstritten. In einer aufsehenerregenden Studie kamen die amerikanischen Ökonomen Carmen Reinhart und Kenneth Rogoff (2010) zu dem

Ergebnis, dass jenseits einer Staatsschuldenquote von 90 Prozent eine negative Korrelation zwischen Staatsverschuldung in Wirtschaftswachstum zu beobachten ist. In der öffentlichen Debatte wurde dieses Resultat so interpretiert, dass eine Staatsschuldenquote von 90 Prozent eine kritische Grenze darstelle, weil eine höhere Schuldenquote negative Wachstumswirkungen *verursache*. Eine solche Kausalwirkung weist die Studie jedoch keineswegs nach.

Folgende Episode mit hoher Verschuldung verdeutlicht das: Während des Zweiten Weltkriegs stieg die Staatsverschuldung in den Vereinigten Staaten stark an. Gleichzeitig wurden Millionen von Beschäftigten als Soldaten eingezogen. Folglich sank das Wirtschaftswachstum. Die Staatsschuldenquote erreichte 1946, im ersten Nachkriegsjahr, 119 Prozent. Mit dem Ende des Krieges sanken die Militärausgaben drastisch, so dass die staatliche Neuverschuldung zurückging. Gleichzeitig kehrten in den Folgejahren immer mehr Soldaten ins zivile Leben und an ihre Arbeitsplätze zurück. Dadurch nahm das Bruttoinlandsprodukt zu. Im Jahr 1950 unterschritt die Staatsschuldenquote 90 Prozent, und in den Folgejahren stieg das Wachstum stark an. Bis zum Jahr 1956 sank sie auf 61 Prozent.

In diesem Fall hat das Unterschreiten der Schuldenquote von 90 Prozent ab 1950 ganz offenkundig nicht das höhere Wachstum verursacht. Es war vielmehr das Ende des Krieges, das sowohl geringere Staatsschulden als auch steigendes Wirtschaftswachstum ermöglichte.

Wie im Folgenden noch erläutert wird, gibt es durchaus ökonomische Argumente, die dafür sprechen, dass hohe Staatsschulden das Wirtschaftswachstum beeinträchtigten. Für die

These, dass es jenseits einer bestimmten kritischen Grenze dazu kommt, gibt es aber keine überzeugende empirische Evidenz. Das gilt auch für die im Vertrag von Maastricht vereinbarte Verschuldungsgrenze für die Mitgliedstaaten der Europäischen Währungsunion in Höhe von 60 Prozent des Bruttoinlandsprodukts. Diese Höchstgrenze ist das Ergebnis politischer Verhandlungen. Sie wurde nicht aus ökonomischen Überlegungen über kritische Werte für Staatsschuldenquoten abgeleitet.

Dass hohe Staatsschulden das Wirtschaftswachstum beeinträchtigen können, hat verschiedene Gründe. Traditionell betonen makroökonomische Analysen, dass hohe Staatsschulden die Zinsen in die Höhe treiben und private Investitionen verdrängen können. Darüber hinaus bedeutet hohe Staatsverschuldung, dass private Akteure in der Zukunft mit höheren Steuern oder geringeren öffentlichen Leistungen rechnen müssen. Steuern führen zu Ausweichreaktionen und Verzerrungen bei der Ressourcenallokation. Wenn es zu Kürzungen bei öffentlichen Investitionen kommt, kann auch das negative Wachstumswirkungen haben.

Bei der Bewertung des empirischen Zusammenhangs zwischen öffentlicher Verschuldung und Wachstum muss man allerdings bedenken, dass hohe Staatsschulden oft Folge einer Wachstumsschwäche oder eines wirtschaftlichen Einbruchs sind.[28] Die Last dieser Schulden kann in so einem Fall die wirtschaftliche Erholung erschweren. Gleichzeitig kann es durchaus sinnvoll und wachstumsfördernd sein, Schulden in Kauf zu nehmen, wenn damit produktive öffentliche Investitionen in Infrastruktur, Bildung oder Forschung finanziert werden, die ohne die Schuldenfinanzierung entfallen würden.

Mitglieder von Währungsunionen sollten niedrigere Staatsschulden haben

Für die Risiken, die mit hohen Staatsschulden einhergehen, spielt das Währungsregime eine entscheidende Rolle. Ein Staat, der eine eigene Währung hat und nur in dieser Währung verschuldet ist, hat größere Verschuldungsspielräume als ein Staat, der in einer Währung verschuldet ist, die er nicht selbst kontrolliert. Es ist offenkundig, dass ein Staat, der in einer fremden Währung verschuldet ist, ein Wechselkursrisiko eingeht. Wenn die heimische Währung abgewertet wird, besteht die Gefahr, dass die Auslandsschulden aus den heimischen Steuereinnahmen nicht mehr bedient werden können oder damit zumindest deutlich erhöhte Lasten einhergehen.

Aber das ist nicht das einzige Problem. Eine Wirtschaftskrise kann das Vertrauen der Investoren in die finanzielle Solidität eines Landes erschüttern. Allein die Überlegung einzelner Investoren, dass andere Anleger nicht mehr bereit sein könnten, fällige Schulden zu refinanzieren, kann Risikoprämien in die Höhe schnellen lassen. Im Extremfall werden dem Land weitere Kredite ganz verwehrt. Im zweiten Kapitel dieses Buches wurde das Problem guter und schlechter Gleichgewichte bereits im Zusammenhang mit privaten Kreditmärkten diskutiert. Bei staatlichen Schuldnern kann es ebenfalls auftreten. Im ›guten‹ Gleichgewicht glauben alle Kreditgeber daran, dass der Staat das Vertrauen der Gläubiger behält und seine Schulden refinanzieren und dauerhaft bedienen kann. Das führt dazu, dass die Zinsen niedrig bleiben und die positiven Erwartungen tatsächlich eintreten. Es kann sich aber auch ein ›schlechtes‹ Gleichgewicht einstellen, in dem die Kreditgeber eine Refinanzierung der Staatsschulden verweigern, weil sie glauben, dass der betreffende Staat das Vertrauen an den Kapitalmärkten verliert.

Je höher die ausstehenden Staatsschulden, desto größer ist das Risiko, dass die Stimmung an den Kapitalmärkten ins schlechte Gleichgewicht kippt. In einer Situation fragilen Investorenvertrauens ist nun entscheidend, ob das Land eine eigene Währung und folglich eine Notenbank hat, die notfalls Staatsanleihen kaufen und sicherstellen kann, dass auslaufende Anleihen refinanziert werden. In diesem Fall wissen die privaten Investoren, dass es jedenfalls kurzfristig nicht zu einer Illiquidität kommen wird, bei der sie ihr Geld verlieren könnten. Es ist weniger wahrscheinlich, dass das Vertrauen kollabiert und das schlechte Gleichgewicht eintritt.

Wenn ein Staat aus fundamentalen ökonomischen Gründen überschuldet ist, beispielsweise weil die Wachstumsaussichten schlecht oder die Staatsschulden schlicht zu hoch sind, kann auch eine eigene Notenbank das Problem nicht aus der Welt schaffen. Aber Liquiditätsprobleme in Phasen fragilen Investorenvertrauens kann sie überbrücken. Die Bedeutung der Notenbank als Quelle von Liquidität in Krisensituationen ist noch größer, wenn das heimische Bankensystem in Krisensituationen auf Hilfen der heimischen Regierung angewiesen ist.

Ein Land, das Mitglied einer Währungsunion ist, verfügt nicht über eine Notenbank, die als ›Lender of Last Resort‹ fungieren kann. Das liegt daran, dass Hilfen einer Notenbank für einen einzelnen Mitgliedstaat einer Währungsunion Risiken für die anderen Mitgliedstaaten mit sich bringen. Aus diesem Grund ist bei der Gründung der Eurozone vereinbart worden, dass die Europäische Zentralbank (EZB) keine Kredite an einzelne Mitgliedstaaten vergibt. Hinzu kommt, dass ein Staat mit eigener Währung in einer Wirtschaftskrise mit geldpolitischen Maßnahmen bis hin zur Währungsabwertung reagieren kann. Mitglieder einer Währungsunion haben diese Möglichkeit nicht.

Aus all diesen Gründen ist es für Mitgliedstaaten einer Währungsunion wichtiger als für Staaten mit nationaler Währung, die Schuldenquote eher niedrig zu halten. Sofern das nicht gelingt, müssen die Mitgliedstaaten Zugang zu einem ›Lender of Last Resort‹ erhalten. Das muss so organisiert werden, dass einzelne Mitgliedstaaten ihre Schuldenlasten nicht auf andere abwälzen können.

Im Laufe der Verschuldungskrise im Euroraum in den Jahren 2009 bis 2012 wurde deutlich, wie sehr hoch verschuldete Mitgliedstaaten in Bedrängnis geraten können, wenn ein ›Lender of Last Resort‹ fehlt. Deshalb wurde der Europäische Stabilitätsmechanismus (ESM) gegründet. Er soll unter anderem verhindern, dass einzelne Mitgliedstaaten aufgrund plötzlich wachsender Risikoaversion von Investoren illiquide werden. Ergänzend hat die EZB in Aussicht gestellt, einzelne Länder gezielt durch Anleihenkäufe zu unterstützen, sofern sie sich einem ESM-Programm mit Reformauflagen unterwerfen.[29] Trotzdem fungiert die EZB im Euroraum jedenfalls bislang nicht in gleicher Weise als ›Lender of Last Resort‹ wie es bei Notenbanken von Ländern mit nationaler Währung der Fall ist.

Die Schlüsselgrößen für nachhaltige Finanzpolitik

Solange die Gläubiger der hoch verschuldeten Staaten im Euroraum nicht das Vertrauen verlieren und die Zinsen niedrig bleiben, sind auch hohe Staatsschulden tragbar und müssen nicht zu Finanzierungsproblemen führen. Es ist allerdings zu bedenken, dass die Coronakrise nicht die letzte Wirtschaftskrise sein wird. Wann die nächste Krise kommt, ist unsicher. Dass sie kommen wird, ist dagegen sicher. Nachhaltige Finanzpolitik sollte Staatsschuldenquoten in wirtschaftlich guten Zeiten senken, damit in Krisen Spielräume für die Stabilisierung bestehen. Eine Politik, die Schuldenquoten in guten Zeiten konstant hält und hinnimmt, dass sie in jeder Krise ansteigen, ist nicht nachhaltig. Speziell in Europa kommt die Alterung der Bevölkerung hinzu. Sie wird in den kommenden Jahrzehnten zusätzlichen Druck auf die Staatsfinanzen ausüben. Auch das spricht dafür, die Staatsschuldenquoten nicht zu sehr ansteigen zu lassen.

Ist es möglich, die Schuldenquoten in den nächsten Jahren wieder zu senken? Für die Entwicklung der Schuldenquote sind drei Größen entscheidend. Der Zins, die Wachstumsrate des Bruttoinlandsprodukts und der Primärsaldo im Staatshaushalt. Man stelle sich ein Land vor, dessen Wirtschaftsleistung um drei Prozent pro Jahr wächst. Man nehme außerdem an, dass der Primärsaldo im Staatshaushalt gleich Null ist – die Steuereinnahmen entsprechen genau den Ausgaben mit Ausnahme der Zinsen.

Die Zinszahlungen werden folglich vollständig durch neue Kredite finanziert, Schuldentilgung findet nicht statt. In diesem Fall wachsen die Schulden mit der Höhe der Zinsen. Wenn die Zinsen wie das Wirtschaftswachstum drei Prozent betragen, dann bleibt die Schuldenquote konstant. Liegt der Zins dagegen bei weniger als drei Prozent, dann sinkt die Staatsschuldenquote, obwohl das Land im Staatshaushalt keinen Primärüberschuss erwirtschaftet, seinen Bürgern also nicht zumutet, mehr an Steuern zu zahlen als sie an öffentlichen Leistungen erhalten. Sind die Zinsen hingegen höher als die Wachstumsrate, muss schon ein Primärüberschuss erzielt werden, um die Schuldenquote auch nur konstant zu halten. Daraus folgt, dass es auch ohne größere Konsolidierungsbemühungen möglich ist, Staatsschuldenquoten zu senken, sofern das Wirtschaftswachstum hoch ist und die Zinsen auf Staatsschulden niedrig.

Nachhaltige Finanzpolitik im Euroraum

Seit der Staatsschuldenkrise im Euroraum hat sich das Wirtschaftswachstum in Europa eher schleppend entwickelt, aber die Zinsen auf Staatsschulden sind ebenfalls deutlich gesunken. Der Trend zu niedrigen Zinsen hatte allerdings schon vor der Einführung des Euro begonnen. Abbildung 4.1 zeigt, wie sich die Differenz zwischen den Zinsen auf Staatsschulden – gemessen als Quotient aus Zinszahlungen des Staates und dem Betrag der Staatsverschuldung – und der Wachstumsrate des Bruttoinlandsprodukts in Italien, Frankreich und Deutschland seit dem Jahr 2000 entwickelt hat.

Es zeigt sich, dass die Zinsen auf Staatsschulden in Deutschland und Frankreich in den Jahren vor Ausbruch der Corona-

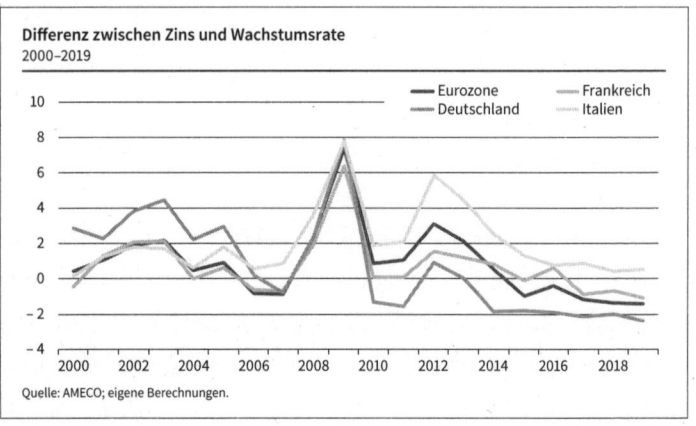

Abb. 4.1

Pandemie sogar niedriger waren als die Wachstumsrate.[30] In der aktuellen Krise dreht sich dieses Verhältnis um, da die Wachstumsraten negativ sind. Wenn wir nach der Krise zu positiven Wachstumsraten zurückkehren, die höher sind als der Zins, ist es möglich, die Staatsschuldenquote zu senken, ohne Primärüberschüsse im Staatshaushalt zu erzielen. Es kann allerdings trotzdem sinnvoll sein, Primärüberschüsse anzustreben, um den Rückgang der Schulden zu beschleunigen. Das sollte aber so gestaltet werden, dass das Wirtschaftswachstum nicht beeinträchtigt wird. Vor allem sollten Ausgabenkürzungen nicht darin bestehen, produktive öffentliche Investitionen zu streichen. Das könnte die Nachhaltigkeit der Staatsfinanzen schwächen.

In Italien war das Verhältnis zwischen Zinsen und Wachstumsraten in den letzten Jahren weniger günstig. Das Wirtschaftswachstum war sehr schwach. Gleichzeitig haben die Konflikte zwischen der italienischen Regierung und der Europäischen Kommission über die Einhaltung der europäischen

Schuldenregeln die Investoren verunsichert und die Risikoprämien auf italienische Staatsanleihen steigen lassen. Trotzdem lagen die Zinsen in den Jahren 2018 und 2019 nur noch knapp über der Wachstumsrate.

Zins und Wachstumsrate bestimmen, wie hoch die Lasten für die Bürger sind, wenn die Staatsschuldenquoten nach der Krise wieder gesenkt werden sollen. Vor allem die hoch verschuldeten Länder müssen alles daransetzen, das Wachstum zu steigern und das Vertrauen der Kapitalmärkte in die Solidität ihrer Staatsfinanzen zu wahren, damit die Zinsen niedrig bleiben.

Um welche Größenordnungen müsste das Wachstum zunehmen, damit die Staatsfinanzen in Italien stabilisiert werden können? Man nehme an, das Land weise am Ende des Jahres 2021 eine Staatsverschuldungsquote von 155 Prozent des Bruttoinlandsprodukts auf. Das wäre ein Szenario, in dem die italienische Wirtschaft 2020 um rund zehn Prozent einbricht und die Nettoneuverschuldung ebenfalls zehn Prozent des Bruttoinlandsprodukts beträgt. Im Laufe des Jahres 2021 wächst die Wirtschaft gegenüber dem schwachen Vorjahr um fünf Prozent, bei einem Budgetdefizit von ebenfalls fünf Prozent des Bruttoinlandsprodukts. Im Jahr 2022 sinkt das Budgetdefizit auf drei Prozent, 2023 auf zwei Prozent, was dem Wert vor der Coronakrise entspricht. Man nehme ferner an, dass die italienische Wirtschaft ab dem Jahr 2022 bis zum Jahr 2030 konstant um nominal ein Prozent wächst – das ist das durchschnittliche Wachstum in den fünf Jahren vor der Coronakrise – und für Zinsen auf seine Staatsschulden 1,5 Prozent bezahlt. Dieser Weg würde bedeuten, dass ab dem Jahr

2023 ein Primärüberschuss von rund 1,1 Prozent des Bruttoinlandsprodukts erzielt werden muss. Auch das entspricht ungefähr den Primärüberschüssen, die das Land durchschnittlich in den Jahren 2015 bis 2019 erzielt hat. In diesem Szenario kehrt Italien nach der Coronakrise zu den Wachstumsraten und der Finanzpolitik vor der Krise zurück.

In diesem Szenario wird zwar ein Primärüberschuss erzielt, aber er ist nicht groß genug, um auszugleichen, dass die Zinsbelastung um einen halben Prozentpunkt über der Wachstumsrate liegt. Die Schuldenquote würde bis 2030 auf 160 Prozent ansteigen. Wenn man darauf vorbereitet sein will, dass irgendwann die nächste Wirtschaftskrise ansteht, ist das kein akzeptabler Weg. Er würde das Land immer näher an den Abgrund eines Staatsbankrotts führen.

Um die Schuldenquote bis 2030 auf das Niveau vor der Coronakrise zu senken, also 133 Prozent des Bruttoinlandsprodukts, müsste das Wachstum dauerhaft um zwei Prozentpunkte höher liegen. Ob und wie das erreicht werden kann, ist unklar. Auch nach der letzten Krise war klar, dass die Schuldenquote sinken sollte, aber es ist nicht dazu gekommen. Nicht nur Italien, auch Spanien und Frankreich haben seit der Finanzkrise und der Verschuldungskrise im Euroraum ihre Verschuldungsquoten nicht spürbar reduzieren können. Wenn es nicht gelingt, die Konsolidierungspolitik nach der Coronakrise erfolgreicher zu gestalten, wird die Eurozone über kurz oder lang in eine kritische Lage geraten.

Das Beispiel Italiens unterstreicht die Bedeutung der Wachstumsrate und der Zinskosten für die Nachhaltigkeit der Staatsfinanzen. Selbst wenn die Staatsschuldenquoten in Europa in der Coronakrise deutlich steigen, können die öffentlichen Finanzen stabil bleiben, sofern zwei Bedingungen erfüllt sind. Zum einen müssen die Zinsen auf Staatsschulden niedrig bleiben. Dafür ist entscheidend, dass an den Kapitalmärkten das Vertrauen in die Solidität der Staatsfinanzen erhalten bleibt. Das wiederum setzt einen glaubwürdigen Konsolidierungskurs voraus. Zum anderen muss vor allem in Italien, aber auch in anderen europäischen Ländern das Wirtschaftswachstum nachhaltig gestärkt werden. Wachstum zu fördern und gleichzeitig die Staatsfinanzen zu konsolidieren, ist ein schwieriger Balanceakt. Ausgabendisziplin ist wichtig, aber produktive öffentliche Investitionen wie etwa Ausgaben für Infrastruktur oder Bildung und Ausbildung dürfen nicht vernachlässigt werden. Ebenso ist zu vermeiden, durch Steuererhöhungen private Investoren zu vergraulen oder Arbeitsanreize zu untergraben.

Die Hypothek hoher privater Schulden

Nicht nur öffentliche, auch private Verschuldung nimmt in der Coronakrise stark zu. Arbeitnehmer werden arbeitslos oder geraten in Kurzarbeit. Sie müssen die Einkommensausfälle durch Rückgriff auf Ersparnisse abfedern oder sich Geld leihen, um die Zeit der Krise zu überbrücken. Bei Unternehmen bricht der Umsatz ein. Ihre Kosten fallen aber meistens nicht im gleichen Umfang, weil Mieten und Kredite bezahlt und Produktionsanlagen unterhalten werden müssen. Die Lohnkosten können durch Kurzarbeit oder Entlassungen gesenkt werden, aber auch das meistens nicht im gleichen Ausmaß wie die Umsatzausfälle. Dadurch kann es zu Verlusten kommen, die das Eigenkapital aufzehren.

Mit zunehmender privater Verschuldung ist also nicht notwendigerweise gemeint, dass die ausstehenden Kredite an Unternehmen und private Haushalte steigen. Das würde ja voraussetzen, dass es hinreichend Gläubiger gibt, die bereit sind, diese zusätzlichen Kredite zu vergeben. Es geht eher darum, dass private Haushalte Ersparnisse aufzehren, laufende Kredite später als beabsichtigt tilgen oder Unternehmen Verluste machen, die ihr Eigenkapital mindern und den Anteil der Schulden am Gesamtkapital des Unternehmens erhöhen.

Wenn private Haushalte in einer Krise Ersparnisse verlieren oder Schulden aufnehmen müssen, werden sie in der Zeit nach der Krise versuchen, ihre finanziellen Reserven wieder aufzufüllen. Bei größeren Anschaffungen und vermeidbaren Konsumausgaben werden sie sich zurückhalten. Das belastet die wirtschaftliche Erholung.

Bei Unternehmen führt eine wachsende Verschuldungsquote vor allem dazu, dass es schwieriger wird, nach der Krise neue Kapitalgeber zu finden, die Investitionen finanzieren. Für einen externen Kapitalgeber ist der Einstieg in ein hoch verschuldetes Unternehmen unattraktiv, vor allem, wenn es um haftendes Eigenkapital geht. Das neue Eigenkapital sichert vor allem die vorhandenen Gläubiger ab. Auch neue Bankkredite sind für ein bereits hoch verschuldetes Unternehmen kaum erhältlich. Derartige Finanzierungsprobleme können Investitionen blockieren.[31]

Wenn die Wirtschaft wachsen soll, müssen Menschen bereit sein, unternehmerische Risiken einzugehen. Wie sich sinkendes Vermögen und wachsende Schulden auf die Neigung zum Risiko auswirken, ist nicht ganz eindeutig. Prinzipiell werden Unternehmer und Investoren, wenn sie in einer Krise Vermögen verlieren, anschließend weniger bereit sein, Risiken auf sich zu nehmen. Unternehmerische Wagnisse wird man eher eingehen, wenn man hinreichende Reserven hat, eventuelle Fehlschläge auszuhalten.

Es kann allerdings dazu kommen, dass hoch verschuldete Unternehmen plötzlich anfangen, erstaunlich riskante Geschäfte zu tätigen. Ein solches Verhalten kann im Fall beschränkter Haftung der Manager oder Eigentümer durchaus rational sein. Wenn das hochriskante Geschäft gut geht, kann das Unternehmen sich aus seiner schwierigen Situation befreien, für die Manager und Eigentümer entsteht ein großer Gewinn (»gambling for resurrection«). Wenn das Geschäft schlecht ausgeht, spielt es bei beschränkter Haftung der Eigentümer für sie dagegen keine Rolle, ob die Konkursmasse, die an die Gläubiger geht, groß oder klein ist. Die Gläubiger interessiert das natürlich schon, aber sie haben im Unternehmen nicht immer Mitspracherecht. Sie sind beim »gambling for resurrection« die Verlierer.

Wachsende Risikobereitschaft nach großen Verlusten oder bei drohender Insolvenz ist allerdings nicht nur kühle Gewinnmaximierung bei beschränkter Haftung. Verhaltensökonomische Studien zeigen, dass Menschen bei drohenden, aber noch nicht realisierten Verlusten häufig selbst dann hohe Risikobereitschaft zeigen, wenn sie die Konsequenzen des Scheiterns tragen müssen.[32] Ein ähnlich gelagertes Beispiel für »gambling for resurrection« findet sich in dem Roman »Die Buddenbrooks« von Thomas Mann. Nach einer längeren Zeit schleppender Entwicklung der Geschäfte, die das Vermögen und das Ansehen der Kaufmannsfamilie erodieren lassen, wird Thomas Buddenbrook ein riskantes Termingeschäft angeboten. Es ist der Kauf der Getreideernte eines Landgutes ›auf dem Halm‹, also noch bevor die Ernte eingebracht und sicher gelagert ist. Dieser Kauf würde das Prinzip der Familie verletzen, tagsüber nur Geschäfte zu machen, bei denen man nachts gut schlafen kann. Aber Thomas Buddenbrook fällt es schwer, zu widerstehen: »Gelang es, dann war er wiederhergestellt, … dann würde er das Glück und die Macht wieder mit diesen inneren elastischen Klammern halten …«.[33] Er geht das Risiko ein und kauft das Getreide. Einige Zeit später erreicht ihn die Nachricht, dass ein Hagelschlag die Ernte vernichtet hat. Thomas Buddenbrook kann die Verluste nicht auf Gläubiger abwälzen. Sein Eigenkapital schwindet, der Niedergang seiner Firma ist unausweichlich.

Es ist durchaus möglich, dass einige hoch verschuldete Unternehmen sich nach der Coronakrise auf ein solches ›gambling for resurrection‹ einlassen. Das ist allerdings nicht die Art unternehmerischer Risikobereitschaft, die Wirtschaftswachstum antreibt. Außerdem wird der Mut vieler anderer sinken. Man muss annehmen, dass fruchtbare unternehmerische Risikobereitschaft nach der Krise eher abnehmen wird.

Das Problem des Schuldenüberhangs, also der hohen Verschuldung des Staates und des privaten Sektors infolge der Coronakrise, lastet als eine schwere Hypothek auf den Aussichten für eine wirtschaftliche Erholung.[34] Für die Finanzpolitik folgt daraus die schwierige Aufgabe, die öffentliche Verschuldung unter Kontrolle zu bringen, ohne das Wachstum weiter zu beeinträchtigen. Das Problem des Schuldenüberhangs im Privatsektor ist ebenfalls eine Herausforderung, die neben Anpassungen der privaten Akteure politisches Handeln verlangt, beispielsweise in Form einer Steuerpolitik, die Eigenkapitalbildung unterstützt, und einer Finanzpolitik, welche die Entwicklung von Kapitalmärkten in Europa fördert.

Kommt am Ende doch die große Inflation?

Wird das Problem des Schuldenüberhangs nach der Krise durch Inflation aus der Welt geschafft? Das Szenario einer großen Geldentwertung als Antwort auf die wachsenden Schulden löst in großen Teilen der Bevölkerung Besorgnis aus. Warnungen vor Inflation hatten auch während der globalen Finanzkrise Konjunktur. Eingetreten ist in den Jahren danach allerdings eher das Gegenteil. Die Inflation war niedriger als in dem Jahrzehnt davor. Japan, ein Land, dessen Staatsschuldenquote seit vielen Jahren oberhalb von 200 Prozent liegt, hat Inflationsraten nahe Null, und seine Währung wird von Investoren gerade in Krisenzeiten als sicherer Hafen angesehen. Ob die japanischen Verhältnisse auf andere Länder übertragbar sind, ist eine offene Frage. Aber derzeit sind auch in Europa die Inflationserwartungen, die sich in Preisen an den Finanzmärkten widerspiegeln, sehr niedrig. Vergleicht man beispielsweise die Renditen von Staatsanleihen mit und ohne Inflationsindexierung, dann zeigt sich, dass zumindest im Juni 2020, mehrere Monate nach dem Ausbruch der Coronakrise, für die kommenden Jahre Inflationsraten zwischen Null und einem Prozent erwartet werden. Die Investoren vermuten also, dass es der Geldpolitik im Euroraum noch nicht einmal gelingen wird, das selbst gesetzte Inflationsziel von knapp unter zwei Prozent zu erreichen. Hinweise auf eine höhere Inflation sind derzeit nicht erkennbar. Erwartungen an den Finanzmärkten können sich als falsch erweisen. Aber wer überzeugend darlegen will, dass sie falsch sind, braucht gute Gründe.

Vor allem in der Zeit seit der globalen Finanzkrise wird intensiv über die Wirkungen der teils sehr expansiven Geldpolitik gestritten. Verteidiger dieser Politik verweisen darauf, dass die Konsumentenpreisinflation, also die Preisentwicklung bei Konsumgütern, beharrlich bei rund einem Prozent und damit unterhalb der von den meisten Notenbanken angestrebten Zielmarke von knapp zwei Prozent liegt. Ohne Negativzinsen und Anleihenkaufprogramme, so die These, würden die Konsumentenpreise fallen, es drohe Deflation, mit negativen Auswirkungen auf Wirtschaftswachstum und Beschäftigung.

Kritiker halten dem entgegen, die expansive Geldpolitik erweise sich als ungeeignet, die Konsumentenpreisinflation in Richtung zwei Prozent zu bringen. Sie habe nur die unerwünschte Nebenwirkung, Kleinsparern die Zinsen zu nehmen und die Preise von Aktien und Immobilien in die Höhe zu treiben. Es bestehe die Gefahr, dass Vermögenspreisblasen entstehen, die irgendwann platzen und neue Krisen verursachen.

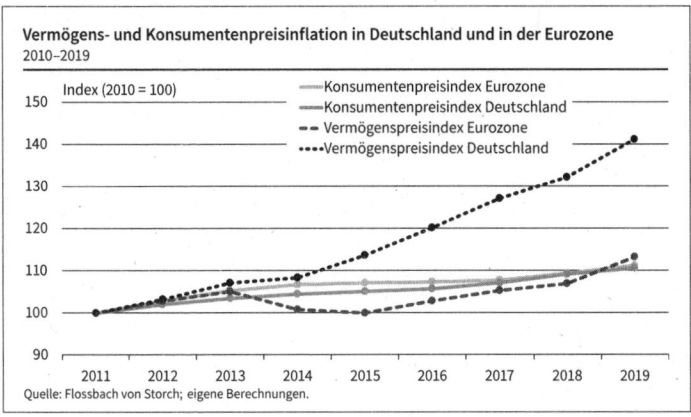

Abb. 4.2

Trifft es tatsächlich zu, dass die Vermögenspreise deutlich schneller steigen als die Preise für Konsumgüter? Es besteht kein Zweifel daran, dass sinkende Zinsen und Aufkäufe von Anleihen die Preise von Anleihen, aber auch Aktienkurse und Immobilienpreise steigern. Eine blasenartige Entwicklung ist bei den Vermögenspreisen zumindest in der Eurozone in den letzten Jahren aber nicht sichtbar. Das verdeutlicht Abbildung 4.2. In Deutschland sind die Vermögenspreise seit dem Jahr 2010 tatsächlich deutlich schneller gestiegen als die Konsumentenpreise. In anderen europäischen Ländern, vor allem in den von der europäischen Verschuldungskrise stark betroffenen Staaten wie etwa Italien haben sich die Vermögenspreise aber anders entwickelt. Das spricht zumindest im Euroraum gegen die These einer geldpolitisch verursachten generellen Vermögenspreisinflation. Es handelt sich eher um eine Verschiebung der relativen Vermögenspreise zwischen Deutschland und anderen europäischen Staaten.

Wie immer man die Entwicklung der Vermögenspreise bewertet, es sollte klar sein, dass die Spielräume der Geldpolitik begrenzt sind. Bei einer immer stärkeren Ausdehnung der Geldmenge zur Finanzierung von Staatsschulden würde es irgendwann zu steigenden Inflationsraten kommen, auch wenn schwer zu bestimmen sein mag, wann genau dieser Punkt erreicht ist. Wenn die Finanzpolitik sich bei der Lösung des Verschuldungsproblems ausschließlich auf die Druckerpresse verlassen würde, wäre der Geldwert in Gefahr.

Allerdings ist unklar, ob es dazu kommt. Wenn Finanzpolitiker derartige Pläne hätten, wäre es die Pflicht der Notenbank, auf ihre Unabhängigkeit zu pochen. Sie müsste Staatsanleihenkäufe verweigern, wenn diese Käufe die Geldwertstabilität heute oder künftig in Gefahr bringen. Ob Notenbanken bei wachsendem politischem Druck fiskalische Dominanz, also die Unterordnung der Geldpolitik unter die Fiskalpolitik, wirklich verhindern können, ist eine offene Frage.

In der Wirtschaftsgeschichte gibt es zahlreiche Beispiele staatlicher Finanzkrisen, in denen ein direkter Zahlungsausfall mit der Druckerpresse verhindert wurde, die aber letztlich in Hyperinflation endeten. Die Geldentwertung in Deutschland im Jahr 1923 ist das bekannteste Beispiel. Der Staat kann sich so seiner Schulden entledigen, sofern sie auf inländische Währung lauten. Das geht jedoch nur um den Preis eines wirtschaftlichen und politischen Chaos, das durch die Zerstörung des Geldwertes angerichtet wird.

Nun muss es nicht immer gleich in Hyperinflation enden. Die Frage, ob eine maßvolle Erhöhung der Inflation ein sinnvoller Weg zur Bekämpfung der Staatsverschuldung sein kann, ist umstritten. Der IWF-Chefökonom Olivier Blanchard forderte in einer 2010 publizierten Studie, mehr über Vor- und Nachteile einer Erhöhung des Inflationsziels für die Geldpolitik von zwei auf vier Prozent zu diskutieren.[35] Zweifel sind jedoch angebracht. Aktuelle Inhaber von Staatsanleihen kann der Staat mit höherer Inflation überraschen und damit teilweise enteignen. Eine solche Täuschung würden die Anleger jedoch nicht vergessen. Die Refinanzierung der Staatsschulden nach Auslaufen der Anleihen wird danach nur zu deutlich erhöhten Zinsen inklusive einer Risikoprämie möglich sein. Nicht nur Geldpolitiker, die sich dem Ziel der Geldwertstabilität verpflichtet fühlen, auch viele Finanzpolitiker lehnen inflationäre Geldpolitik als Mittel zur Entlastung von Staatsschulden ab. Sie haben andere Möglichkeiten, die Staatsschulden unter Kontrolle zu halten, wie bereits erläutert wurde.

Gleichzeitig lässt sich kaum leugnen, dass die Risiken für die Unabhängigkeit der Geldpolitik wachsen, wenn Notenbanken immer mehr zum direkten Gläubiger von Staaten werden. Das würde offen zutage treten, wenn es anders als derzeit erwartet doch zu einem Anstieg der Inflation käme und die Notenbank mit Zinserhöhungen reagieren müsste. Dann könnten hoch verschuldete Staaten schnell in finanzielle Schwierigkeiten geraten und Druck auf die Geldpolitik ausüben, die Zinsen niedrig zu halten. Im Fall einer Überschuldung eines Landes, wie sie im Verlauf der Finanzkrise im Euroraum in Griechenland auftrat, ist die Alternative zu einem Rückgriff auf die Druckerpresse ein Schuldenschnitt. Einem Schuldenschnitt wird auch die Notenbank nur ungern zustimmen, vor allem dann, wenn sie selbst durch Anleihenkäufe zum Gläubiger des Landes geworden ist. Das unterstreicht noch einmal, dass der Erwerb von Staatsanleihen für die Geldpolitik Risiken birgt.

Inflation kann aus vielen Gründen entstehen. Ein Grund wäre eine stark zunehmende Nachfrage, die nur zu steigenden Preisen bedient werden kann. Dass es kurzfristig dazu kommt, ist aber eher unwahrscheinlich. Zwar steigern die großen Konjunkturprogramme die Nachfrage, aber das ist letztlich nur ein vorübergehender Ausgleich dafür, dass Arbeitslose und kriselnde Unternehmen ihre Ausgaben kürzen. Der Schuldenüberhang im privaten und öffentlichen Sektor, den die Coronakrise hinterlässt, wird die Güternachfrage weiter schwächen und sich damit auch dämpfend auf Inflationstendenzen auswirken. Es gibt allerdings auch Aspekte der Krise, die Inflation begünstigen. Dazu gehört vor allem die Beeinträchtigung der Produktivität und des Güterangebotes. Wenn es richtig ist, dass soziale Distanzierungsmaßnahmen und Hygienevorschriften für längere Zeit bleiben und globale Wertschöpfungsketten mit ihrer hohen Kosteneffizienz zerbrechen, wird das Güterangebot sich verknappen. Obwohl das Wirtschaftswachstum gering ist, steigen dann die Preise. In den achtziger Jahren verursachten steigende Ölpreise eine ähnliche Kombination aus Wirtschaftsschwäche und Inflation, die Stagflation.[36] Eine Rückkehr der Stagflation nach der Coronakrise könnte die Geldpolitik vor die unangenehme Alternative stellen, hoch verschuldete Staaten mit Zinserhöhungen zu belasten oder die Inflationsrate erheblich ansteigen zu lassen. Beides könnte an den Finanzmärkten, die sich an Inflationsraten nahe Null gewöhnt haben, Panik auslösen. Ein solches Szenario ist derzeit nicht sichtbar, aber ganz ausschließen kann man es nicht.

Folgt nach der Krise die Zinswende?

Die Folgen der wachsenden privaten und öffentlichen Verschuldung werden maßgeblich davon abhängen, wie sich die Zinsen nach der Coronakrise entwickeln. Um das einzuschätzen, ist es hilfreich, die Faktoren zu betrachten, die vor der Krise die Höhe der Zinsen bestimmt haben.[37]

Die Zinsen sind nicht nur wegen der Geldpolitik gefallen

Die Zinsen befinden sich seit langer Zeit in einem Abwärtstrend. Eine Studie von Del Negro et al. (2019) untersucht den langfristigen Verlauf des ›gleichgewichtigen‹ Realzinses. Das ist der Zins, der bei normaler Konjunkturlage Angebot und Nachfrage nach Kapital ausgleicht. Kurzfristige Einflüsse konjunktureller Schwankungen und der Geldpolitik auf den Zins werden ausgeblendet. Die Studie zeigt, dass der langfristige Realzins für vergleichsweise sichere Anlagen historisch lange bei rund zwei Prozent lag. Nach dem Zweiten Weltkrieg erhöhte er sich auf etwa 2,5 Prozent, aber seit dem Beginn der 1980er Jahre begann er zu sinken, bis auf rund 0,5 Prozent in den Jahren unmittelbar vor der Coronakrise.

Die Nominalzinsen sind noch stärker gesunken als die Realzinsen, weil die Inflationsraten in den 1980er Jahren erheblich höher waren als heute. Beispielsweise lag die Inflationsrate in Deutschland im Jahr 1980 bei vier Prozent. Heute beträgt sie etwa 1,5 Prozent. Addiert man den Rückgang der Realzinsen um 2 Prozentpunkte und den der Inflation um 2,5 Prozentpunkte, dann ergibt sich eine Senkung des Nominalzinses um immerhin 4,5 Prozentpunkte. Gleichzeitig bedeuten ein Realzins von 0,5 Prozent und eine Inflationsrate von 1,5 Prozent, dass der Nominalzins auf eine typische »sichere Kapitalanlage« zwei Prozent betragen sollte. Tatsächlich liegt der Nominalzins auf sichere Anlagen in Deutschland eher bei Null. Das kann mit dem Einfluss der schon vor der Coronakrise eher schwachen Konjunktur in der Eurozone und der expansiven Geldpolitik erklärt werden.

Wie lässt sich der Trend zu fallenden Realzinsen erklären? Letztlich wird der Zins durch Angebot und Nachfrage am Kapitalmarkt bestimmt. Wenn die Sparneigung zunimmt, fällt der Zins, wenn Investitionen oder kreditfinanzierter Konsum steigen, treibt das den Zins in die Höhe. In den letzten Jahrzehnten hat die weltweite Ersparnis zugenommen. Dazu haben drei Faktoren maßgeblich beigetragen: der demographische Wandel, Veränderungen in der Einkommensverteilung und die an Außenhandelsüberschüssen orientierte Politik der Schwellenländer. Weltweit gibt es immer mehr Menschen mit mittleren oder hohen Einkommen im Alter zwischen 30 und 60 Jahren, die Geld für ihre Altersversorgung zurücklegen. In den umlagefinanzierten sozialen Sicherungssystemen stehen immer weniger Beitragszahlern wachsende Zahlen von Anspruchsberechtigten gegenüber. Um das auszugleichen, wird mehr gespart.

Ein zweiter Faktor ist die Einkommensverteilung. Weltweit ist die Einkommensungleichheit zwar gesunken, weil Schwellenländer wie China und Indien gegenüber den Industrieländern aufgeholt haben. Innerhalb vieler Länder, vor allem in den USA, ist die Ungleichheit aber gewachsen. Haushalte mit hohem Einkommen sparen einen größeren Anteil ihres Einkommens als ärmere Haushalte. Wenn die Einkünfte wohlhabender Haushalte steigen, während die der Ärmeren stagnieren, wird gesamtwirtschaftlich mehr gespart, als es bei gleicher Einkommensentwicklung der Fall wäre. Einkommenskonzentration kann deshalb das gesamtwirtschaftliche Sparangebot steigern.

Drittens haben die Schwellenländer das globale Kapitalangebot erhöht. Das ist überraschend, weil man erwarten würde, dass diese Länder im Zuge ihres wirtschaftlichen Aufholprozesses, der hohe Investitionen erfordert, Kapital aus den Industrieländern brauchen. Das ist jedoch nicht passiert. Die meisten Schwellenländer haben ihre Investitionen vorrangig aus heimischen Ersparnissen finanziert. Das schließt nicht aus, dass sie ausländisches Kapital in Form von Direktinvestitionen ins Land geholt haben. Dieser Kapitalimport wurde jedoch durch Kapitalflüsse aus den Schwellenländern in Industrieländer ausgeglichen, zeitweise sogar überkompensiert. Das hat das internationale Kapitalangebot erhöht.

Dem steigenden Kapitalangebot stand eine eher schwache Kapitalnachfrage gegenüber. Das lag an einem sinkenden Wirtschaftswachstum und entsprechend rückläufigen Investitionen vor allem in den führenden Industrieländern. Hinzu kommt ein Verfall der Preise von Investitionsgütern, die sich relativ zu Konsumgütern erheblich verbilligt haben. Sinkende Preise für Investitionsgüter wie Maschinen sollten zwar die Nachfragemenge steigern, aber letztlich war der Preiseffekt stärker, so dass die Investitionsausgaben gesunken sind.[38] Zu einer schwachen Kapitalnachfrage hat ferner beigetragen, dass die öffentlichen Investitionen in vielen Industrieländern abgebaut worden sind.

Der Abwärtstrend endet, aber für steigende Zinsen spricht wenig

Für die weitere Zinsentwicklung wird maßgeblich sein, wie die genannten Einflüsse auf Kapitalangebot und -nachfrage sich nach der Coronakrise entwickeln. Während der Krise fällt das Einkommen, und es werden Ersparnisse verbraucht. Das würde für einen Zinsanstieg sprechen. Aber da die Investitionen ebenfalls sinken und die Notenbanken stark in die Kapitalmärkte eingreifen, bleiben die Zinsen vorerst niedrig. Nach der Krise werden hoch verschuldete Haushalte und Unternehmen versuchen, ihre Schulden abzubauen und wieder Ersparnisse zu bilden. Das Kapitalangebot wird dadurch steigen. Viel spricht dafür, dass der Trend zu wachsender Einkommensungleichheit in vielen Ländern nach der Coronakrise weitergehen wird, unter anderem deshalb, weil Digitalisierung und Strukturwandel sich beschleunigen. Durch die höhere Sparneigung besser verdienender Haushalte steigt das Sparangebot zusätzlich.

Gleichzeitig werden die Investitionen schleppend anlaufen. In der frühen Phase der wirtschaftlichen Erholung nach der Krise werden die Staaten ihre Verschuldung voraussichtlich weiter ausdehnen, um Konjunkturprogramme zu finanzieren. Das ist ein zinserhöhender Faktor, allerdings nur ein vorübergehender. Die demographische Entwicklung wird sich in vielen Ländern insofern ändern, als innerhalb der kommenden zehn Jahre die Generation der Baby-Boomer das Rentenalter erreicht. Das wird die Ersparnisse reduzieren, allerdings nur allmählich. All dies spricht dafür, dass die Zinsen nicht weiter fallen, aber auch nicht steigen. Das gilt zumindest für die Realzinsen. Sollte es durch Produktivitätsverluste wie erläutert zu Stagflationstendenzen kommen, werden die Nominalzinsen entsprechend steigen. Konkrete Anhaltspunkte dafür sind derzeit aber nicht sichtbar. Insgesamt spricht viel dafür, dass die Zinsen auch nach der Krise niedrig bleiben werden.

KAPITEL 5

DIE DIGITALISIERUNG BESCHLEUNIGT SICH

Die Digitalisierung von Wirtschaft und Gesellschaft gehörte schon vor der Coronakrise zu den prägenden Veränderungen und Aufgaben unserer Zeit. Durch die Krise wird dieser Prozess beschleunigt. Die Option, wirtschaftliches Handeln ins Internet und auf digitale Kommunikationsmittel zu verlagern, erlaubt es, viele krisenbedingte Schließungen zu verhindern und Kontaktbeschränkungen zu umgehen. Besonders sichtbar ist die Beschleunigung der Digitalisierung, wenn das Zusammentreffen von Menschen im beruflichen oder privaten Bereich ins Internet verlagert wird, in Form von Videokonferenzen. Gremiensitzungen, Besprechungen, Vorträge und Seminare, Podiumsdiskussionen und Anhörungen, Lehrveranstaltungen an Schulen und Universitäten, Konzerte und andere künstlerische Darbietungen, all das findet virtuell statt. Viele, die bislang nicht über das Internet einkauften, fangen jetzt mangels Alternativen damit an. Bankfilialen müssen schließen; für alle, die bislang Onlinebanking vermieden haben, führt kein Weg mehr daran vorbei. Das Arbeiten von zu Hause aus (Homeoffice) war auch vor der Krise möglich, nun bekommt es eine ganz andere Bedeutung. Für Schulen und Universitäten werden die Potenziale verstärkter Digitalisierung seit langer Zeit diskutiert. Nun wird vieles umgesetzt.

Der krisenbedingte Digitalisierungsschub verdeutlicht, dass die Verfügbarkeit neuer Techniken noch lange nicht bedeutet, dass sie überall eingesetzt werden, wo sie nützlich sind. Häufig verbreiten sie sich nur sehr langsam. Es muss ein gewisser Druck bestehen, damit Menschen die Energie aufbringen, sich umzustellen und eingefahrene Gewohnheiten abzulegen. Die Coronakrise schafft diesen Druck. Falls wir es nicht schon vorher konnten, lernen wir jetzt, mit Videokonferenztechniken wie Zoom oder Teams umzugehen.

Auch die Industrie bekommt einen Schub: Probleme zerbrochener Wertschöpfungsketten verdeutlichen die Vorteile digitaler Techniken wie beispielsweise 3-D-Druck. Statt Produkte herzustellen und zum Kunden zu transportieren, kann man digitale Blaupausen versenden; der 3-D-Drucker vor Ort macht daraus das physische Produkt.

Es ist absehbar, dass dieser Digitalisierungsschub sich auf die Zeit nach der Coronakrise auswirken wird. Die Macht der großen Internetkonzerne wird weiter wachsen, der Onlinehandel wird den traditionellen Einzelhandel noch stärker als bisher unter Druck setzen. Die Bedeutung guter Ausbildung einschließlich digitaler Kompetenzen für ein erfolgreiches Arbeitsleben wird noch einmal zunehmen. Für die Wirtschaftspolitik folgt daraus, dass Anpassungen an den Prozess der Digitalisierung intensiviert werden müssen. Dazu gehören vor allem die Stärkung von Aus- und Weiterbildung und die Weiterentwicklung der Wettbewerbspolitik, um unerwünschte Machtkonzentration bei großen Internetfirmen und Wettbewerbsbeschränkungen einzudämmen.

Das Homeoffice wird zum Hauptarbeitsplatz

Die Schließung von Unternehmen und öffentlichen Einrichtungen während des Shutdowns führt dazu, dass viele Menschen zu Hause arbeiten. Das funktioniert nicht in jedem Beruf, aber doch in vielen. Bereits vor der Corona-Pandemie gab es einen Trend zur Arbeit im Homeoffice. Im Jahr 1996 hatten in den USA 20 Prozent der Unternehmen Homeoffice-Regelungen. 2016 waren es bereits 60 Prozent.[39] In Europa ist die Entwicklung ähnlich. Im EU-Durchschnitt gaben im Jahr 2018 rund 15 Prozent der Beschäftigten an, gelegentlich oder regelmäßig zu Hause zu arbeiten. Dieser Anteil variiert allerdings stark zwischen den EU-Mitgliedstaaten. In den Niederlanden arbeitet jeder Dritte gelegentlich zu Hause, Deutschland lag mit 12 Prozent leicht unter dem EU-Durchschnitt, in Italien waren es nur 5 Prozent.[40]

Vor der Coronakrise hatte die Arbeit im Homeoffice eher die Funktion, die Vereinbarkeit von Familie und Beruf zu erleichtern oder den Weg zum Arbeitsplatz und zurück nach Hause gelegentlich einzusparen. In der Krise wird das Arbeiten von zu Hause für viele Unternehmen zu einem wichtigen Ventil für die Anpassung an die verhängten Kontaktbeschränkungen. Häufig ist das Homeoffice die einzige Möglichkeit, den Betrieb zumindest teilweise aufrechtzuerhalten. Allerdings sind die Potenziale für unterschiedliche Sektoren der Wirtschaft und Berufsgruppen sehr verschieden. Eine aktuelle Untersuchung für Deutschland zeigt, dass im Jahr 2018 bei der Erbringung von Dienstleistungen im Bereich der Informationstechnologie 57 Prozent der Beschäftigten gelegentlich oder regelmäßig von zu Hause aus arbeiteten. Die Möglichkeit dazu gab es sogar für 87 Prozent. In der Industrie sind die Verhältnisse anders. Im Maschinenbau gaben im Jahr 2018 24 Prozent der Beschäftigten an, das Homeoffice zu nutzen, für weitere 30 Prozent erschien das potenziell möglich. In der Gastronomie dagegen wurde dieses Potenzial nur bei insgesamt 39 Prozent der Beschäftigten gesehen, 18 Prozent nutzten das Homeoffice tatsächlich gelegentlich. Bei Post- und Kurierdiensten arbeiteten nur 13 Prozent von zu Hause, im Tiefbau waren es 14 Prozent (Alipour et al. 2020).

Erhebliche Unterschiede bestehen auch bezüglich der Qualifikationen. Unter den Akademikern gaben vor der Krise 86 Prozent in Umfragen an, dass sie ihre Arbeit zumindest teilweise von zu Hause aus leisten können. Bei Beschäftigten mit Berufsausbildung waren es nur 47 Prozent, bei solchen ohne Berufsabschluss 43 Prozent (Alipour et al. 2020).

Nicht allen Sektoren hilft das Homeoffice in der Krise. Wenn im verarbeitenden Gewerbe die Produktion geschlossen wird, weil Vorprodukte nicht mehr geliefert werden, hilft der Umstand, dass die Personalabteilung auch von zu Hause aus arbeiten kann, kaum. Im Bausektor und bei Paketdiensten spielt das Homeoffice nur eine kleine Rolle, aber beide Sektoren gehören zu denen, die von der Coronakrise eher weniger betroffen sind. Die Paketdienste haben mehr zu tun durch die Zunahme der Onlinekäufe. Und auf den Baustellen ist das Ansteckungsrisiko eher niedrig, und zumindest vorerst laufen die Aufträge weiter.

Man kann davon ausgehen, dass in der Zeit nach der Pandemie die Nutzung der Homeoffice-Potenziale nicht wieder auf das Niveau vor der Krise zurückgehen wird. Einige Unternehmen haben bereits angekündigt, die Zahl ihrer Büros zu reduzieren. Viele Beschäftigte und Ihre Arbeitgeber haben Zeit und Geld in die Einrichtung von Heimarbeitsplätzen investiert. Homeoffice wird die Arbeitswelt verändern. Eine positive und direkte Auswirkung ist der Rückgang beim Pendeln zum Arbeitsplatz. Die Verstopfung von Straßen und die mit dem Pendeln verbundene Umweltbelastung wird zurückgehen. Verschiedene Studien kommen zu dem Ergebnis, dass die Produktivität der Beschäftigten durch Homeoffice-Arbeit steigt, vor allem dann, wenn sie selbst zwischen der Arbeit in der Firma oder zu Hause entscheiden können.[41] Mehr Flexibilität bei den Arbeitszeiten macht es leichter, Familie und Beruf zu vereinbaren.

Das Aufgeben des Arbeitstags im Büro hat allerdings auch negative Konsequenzen. Es wird schwieriger, Beruf und Privatleben zu trennen. Soziale Interaktion mit Kollegen, Geschäftspartnern und Kunden fehlt. E-Mails, Telefonate und Videokonferenzen sind kein perfekter Ersatz für das persönliche Gespräch und physische Treffen. Weniger direkte Interaktion mit Kollegen verändert die Zusammenarbeit nicht unbedingt zum Besseren. Viele Menschen gewinnen neue Freunde oder lernen ihren Partner im Büro kennen. Welche gesellschaftlichen und sozialen Folgen wir erwarten müssen, wenn die klassische

Arbeitswelt erheblich an Bedeutung verliert, ist nicht absehbar. Die Financial-Times-Kolumnistin Lucy Kellaway überschreibt ihren im Mai 2020 veröffentlichten Artikel zum Abschied von »normalen« Büros mit dem Titel: »Wir werden das Büro vermissen, wenn es stirbt«.[42]

Sterben wird das herkömmliche Büro nicht, aber die schon vor der Krise sinkende Bedeutung des festen Arbeitsplatzes und die Verlagerung des Arbeitsortes nach Hause beschleunigt sich in der Krise und wird danach nicht wieder verschwinden. Der Einsatz von digitalen Techniken und die Bedeutung von digitalen Kompetenzen nehmen zu. Eine Folge dieser Veränderungen wird darin bestehen, dass die Polarisierung am Arbeitsmarkt zunimmt. Hoch ausgebildeten Beschäftigten fällt es leichter, den digitalen Wandel zu bewältigen. Sie können damit rechnen, dass ihre Berufschancen und Einkommensperspektiven sich verbessern. Menschen mit weniger guter Ausbildung und einem Beruf mit einem starken Anteil von Routinetätigkeiten werden schlechtere Chancen haben.

Onlinehandel expandiert

Ein zweites Beispiel für die Beschleunigung der Digitalisierung in unserem Alltag ist die Auswirkung der Coronakrise auf den Einzelhandel. Da viele Geschäfte im März und April 2020 schließen mussten, haben Käufer sich verstärkt dem Onlinehandel zugewendet. Abbildung 5.1 illustriert den Anstieg der Einkäufe über das Internet anhand der Zahl der Kreditprüfungen, die bei

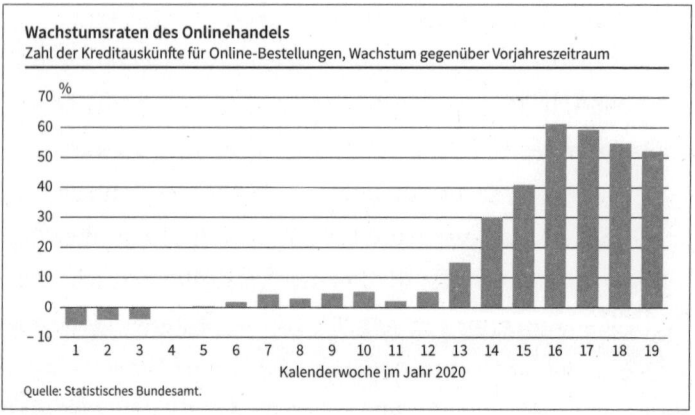

Abb. 5.1

Onlinebestellungen standardmäßig durchgeführt werden. Während die Zahl dieser Kreditprüfungen in den ersten Wochen des Jahres 2020 noch ungefähr auf dem Niveau der entsprechenden Woche im Jahr 2019 lag, stieg das Volumen mit dem Beginn der Shutdown-Maßnahmen dramatisch an. Das Wachstum betrug teilweise mehr als 60 Prozent gegenüber dem Vorjahr.

Man kann davon ausgehen, dass das Volumen des Onlinehandels nach Öffnung der Geschäfte und Aufhebung der Kontaktbeschränkungen und Maßnahmen zur sozialen Distanzierung wieder zurückgeht. Trotzdem haben viele Kunden sich nun daran gewöhnt, über das Internet einzukaufen. Viele werden dabeibleiben. Für den traditionellen Einzelhandel dürften die Umsätze entsprechend sinken. Geschäfte in teuren Innenstadtlagen werden den Kunden etwas bieten müssen, was der Onlinehandel nicht bietet – beispielsweise eine Mischung aus Unterhaltung, sozialen Kontakten und Einkaufen: das berüchtigte Event. Die bisherigen Geschäftsmodelle werden nicht mehr funktionieren.

Längst überfällige Digitalisierungsschritte kommen

Im gesamten öffentlichen Sektor wird seit langer Zeit darüber gesprochen, dass mehr Digitalisierung notwendig ist. Nun wird vieles davon umgesetzt: Die Schulen müssen unter hohem Druck Konzepte für das Unterrichten über das Internet und unter Einsatz digitaler Techniken entwickeln. An Universitäten werden ganze Vorlesungen und Semesterkurse nur noch online angeboten. Viele Behörden mussten schließen und haben damit auch ihre Dienstleistungen eingestellt. Nun wird offensichtlich, dass es nicht mehr zeitgemäß ist, wenn man ein neues Auto bei der Kfz-Zulassungsstelle nicht online anmelden kann. Auch freie Berufe überdenken ihre Arbeitsweise. So bringt die Ansteckungsgefahr Arztpraxen dazu, Sprechstunden über Videokonferenz anzubieten.

All diese Veränderungen steigern massiv die Nachfrage nach digitalen Dienstleistungen. Die Anforderungen an eine funktionierende, sichere digitale Infrastruktur mit hinreichender Kapazität wachsen. Hard- und Software werden in großem Umfang benötigt. Das hat vor allem die Konsequenz, dass der ohnehin vorhandene Trend zu einer wachsenden Dominanz der Internetwirtschaft verstärkt wird. Gleichzeitig sinkt die Nachfrage nach Transportmitteln, nach Raum für Büros und herkömmliche Geschäfte und viele damit verbundene Dienstleistungen. Die davon betroffenen Teile der Immobilienwirtschaft werden schrumpfen.

Die neue Dominanz der Internetwirtschaft

An den Reaktionen der Finanzmärkte im Laufe der Coronakrise ist bereits sichtbar, wo sich Kräfteverhältnisse verändern werden. Zu den Gewinnern zählen die Unternehmen der Digitalwirtschaft. Der Kurs der Aktien des Videokonferenz-Dienstleisters Zoom ist seit Jahresanfang beispielsweise um 150 Prozent gestiegen. Aus gesamtwirtschaftlicher Sicht ist es bedeutsam, dass die ohnehin dominierende Position der großen US-Internetkonzerne weiter gestärkt wird. Abbildung 5.2 illustriert, wie die Aktienkurse der Unternehmen Amazon, Microsoft und Alphabet (Google) sich seit Jahresbeginn im Vergleich zu Aktien anderer Unternehmen entwickelt haben. Während die Aktienkurse insgesamt deutlich eingebrochen sind – der Dow-Jones-Index lag im Mai rund 18 Prozent unter dem Niveau zu Jahresanfang – haben Amazon-Aktien um 24 Prozent zugelegt. Aktien von Microsoft sind um 12 Prozent gestiegen, und Alphabet-Aktien haben zumindest nicht an Wert verloren. In einem krassen Gegensatz dazu steht die Entwicklung bei herkömmlichen Industrieunternehmen. Bei den deutschen Konzernen Siemens und Daimler sind die Kurse um 28 beziehungsweise 44 Prozent eingebrochen. Schlechte Bewertungen gibt es aber nicht nur für deutsche Industrieunternehmen, die Aktien der US-Firma General Electric sind sogar um mehr als 50 Prozent gefallen.

Preise an den Finanzmärkten bilden Erwartungen der Marktteilnehmer über die künftige Gewinnentwicklung der Firmen ab. Die Aussichten der Digitalfirmen haben sich im Vergleich zu denen anderer Unternehmen verbessert. Aller-

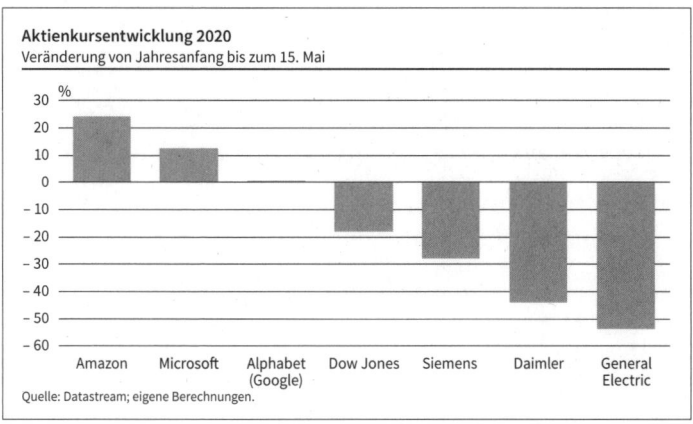

Abb. 5.2

dings sind auch Digitalunternehmen nicht alle gleich von der Krise betroffen, weil ihre Schnittstellen zur ›realen‹ Wirtschaft sehr verschieden ausgeprägt sind. Amazon profitiert deutlich von den verstärkten Onlinekäufen. Das Betreiben der für die Auslieferung der Waren erforderlichen Logistik verteuert sich, aber die Umsätze steigen. Ganz anders verhält es sich bei Unternehmen wie AirBnB und Uber. Die Geschäfte mit dem Teilen von Wohnungen oder Taxidienstleistungen sind von der Coronakrise massiv betroffen. Die Umsätze dieser Firmen sinken deutlich. Interessanterweise hat der Aktienkurs von Uber trotzdem kaum gelitten. Das hat zweifellos damit zu tun, dass ein großer Teil der Umsatzausfälle letztlich von den Fahrern getragen wird.

Das wirtschaftliche Gewicht der großen US-Digitalunternehmen war schon vor der Coronakrise frappierend. Durch die Krise hat die Dominanz dieser Unternehmen noch einmal deutlich zugenommen. Das reflektiert zum einen, dass diese Unternehmen Dienstleistungen anbieten, die von den Nachfragern sehr geschätzt werden. Die negativen Folgen der Coronakrise wären deutlich größer, wenn es nicht leistungsfähige Unternehmen gäbe, die es uns erlauben, auf digitale Dienstleistungen auszuweichen.

Zum anderen schafft die Dominanz der vornehmlich in den USA angesiedelten Digitalunternehmen Konfliktpotenziale. Vor allem in Europa wurde schon vor der Coronakrise bemängelt, dass diese Unternehmen wachsende Marktmacht entfalten, hohe Gewinne erzielen und kaum Steuern in Europa zahlen. Die europäischen Volkswirtschaften, die von traditionellen Industrieunternehmen geprägt sind, drohen zurückzufallen. Die europäischen Industriekonzerne sehen die Gefahr, dass sie von Internetunternehmen wie Alphabet aus lukrativen Märkten verdrängt und zu Zulieferern degradiert werden.

Auf den Digitalisierungsschub reagieren

Die Digitalisierung bringt für die Funktionsweise einer Marktwirtschaft neue Impulse und Wachstumspotenziale, aber auch neue Herausforderungen. Die wichtigste besteht darin, zu erreichen, dass möglichst viele Menschen von der wachsenden Wertschöpfung profitieren, die durch Digitalisierung entsteht. Das setzt voraus, dass es hinreichend viele Arbeitsplätze mit hoher Produktivität und entsprechend guter Bezahlung gibt. Die Wirkungen einer beschleunigten Digitalisierung sind hier ambivalent.

Einerseits wird menschliche Arbeitskraft ersetzt. Vor allem Routinetätigkeiten lassen sich durch Einsatz digitaler Techniken und künstlicher Intelligenz automatisieren. Im Jahr 2013 sorgten die an der Universität Oxford forschenden Wissenschaftler Carl Benedikt Frey und Michael Osborne mit einer Studie über die ›Zukunft der Beschäftigung‹ für Aufsehen:[43] Sie untersuchten, welche beruflichen Tätigkeiten, die heute von Menschen ausgeführt werden, bei den bestehenden und absehbaren technischen Möglichkeiten automatisiert werden können. Sie kommen zu dem Ergebnis, dass 47 Prozent aller beruflichen Tätigkeiten in den kommenden Jahren von Computern und Maschinen übernommen werden könnten. Das löst bei vielen Menschen Ängste um den eigenen Arbeitsplatz aus. Es ist aber zum einen zu bedenken, dass nicht alles, was technisch möglich erscheint, auch wirtschaftlich lohnend und machbar ist. Zum anderen entstehen durch Digitalisierung viele neue Tätigkeitsfelder.

Interessanterweise besteht zwischen der verbreiteten These, dass menschliche Arbeit immer mehr durch Maschinen ersetzt wird, und der tatsächlichen Arbeitsmarktentwicklung ein erstaunlicher Widerspruch. Wenn Menschen durch Maschinen ersetzt werden, sinkt die Zahl der Arbeitsplätze und die Produktivität der verbleibenden Beschäftigten wächst. Mit immer weniger Menschen wird immer mehr produziert. In der Realität ist dieser Effekt bisher nicht eingetreten. Tatsächlich ist das Gegenteil zu beobachten. Die Zahl der Beschäftigten ist in den meisten Ländern gestiegen. Die Arbeitsproduktivität hingegen entwickelt sich schleppend; das Produktivitätswachstum sinkt seit vielen Jahren. Wir brauchen nicht immer weniger Menschen, um die Wirtschaftsleistung aufrechtzuerhalten, sondern immer mehr. Es mag sein, dass sich das künftig ändert. Heute erscheint es aber plausibler, dass von Menschen ausgeübte Tätigkeiten sich im Rahmen der Digitalisierung verändern, dass menschliche Arbeit aber keineswegs überflüssig wird.

Diese Veränderungen sind dennoch eine Herausforderung. Sie erfordern Anpassungsbereitschaft und hohe Investitionen in Aus- und Weiterbildung. Es ist schon heute an den Arbeitsmärkten zu beobachten, dass Digitalisierung und technischer Wandel zwar nicht zu einer Verdrängung menschlicher Arbeit führen, aber doch zu einer gewissen Polarisierung. Hohe Qualifikationen sind ebenso stärker gefragt wie Tätigkeiten mit eher niedriger Qualifikation und Entlohnung. Letzteres wird durch einen wachsenden Dienstleistungssektor in der Freizeit-, Gesundheits- und Tourismusindustrie getrieben. Tätigkeiten mit mittlerem Qualifikationsniveau, wie sie beispielsweise Sachbearbeiter in Verwaltungen ausüben, werden dagegen weniger nachgefragt.

Diese Trends sind nicht neu, aber die Coronakrise beschleunigt den Wandel. Daraus folgt, dass auch die Umstellung der Beschäftigten schneller gehen muss. Die Volkswirtschaft insgesamt muss in die Lage versetzt werden, neue Wachstumschancen zu nutzen. Ohne qualifizierte Arbeitskräfte funktioniert das nicht. Darüber hinaus gilt es, möglichst viele Menschen in die Lage zu versetzen, an den Erträgen dieses Wachstums zu partizipieren. Es ist deshalb dringend notwendig, möglichst breit in die Aus- und Weiterbildung im Bereich der Digitalisierung zu investieren. Bei staatlichen Programmen zur Digitalisierung von Unternehmen sollten Förderbedingungen daraufhin ausgerichtet werden, dass die Qualifikation der Beschäftigten und die Schaffung neuer und produktiver Arbeitsplätze Priorität erhalten gegenüber Digitalisierungsinvestitionen, die ausschließlich die Wirkung haben, Arbeit zu ersetzen. Beides ist notwendig, aber Letzteres muss nicht noch gefördert werden.

Eine zweite Herausforderung für die Wirtschaftspolitik besteht darin, die mit der Digitalisierung einhergehende Ballung von Marktmacht und Einschränkung des Wettbewerbs einzudämmen. Vor allem internetbasierte Geschäftsmodelle haben Charakteristika, die eine Monopolisierung begünstigen.[44] Das ist im Fall von Plattformen unmittelbar einsichtig. Dienstleister für private Nachrichten wie WhatsApp zu nutzen, ist dann interessant, wenn Freunde und Familie ebenfalls bei WhatsApp aktiv sind. Diese Netzwerkeffekte führen dazu, dass sich einzelne Unternehmen am Markt durchsetzen und immer größer werden. Wenn sie einmal eine marktbeherrschende Stellung errungen haben, ist es für Konkurrenten kaum noch möglich, in den Markt einzudringen.

Neue Unternehmen, die das Potenzial haben könnten, den etablierten Internetgiganten Konkurrenz zu machen, werden meistens schon in einem frühen Stadium von Microsoft, Amazon oder Apple aufgekauft. Die Business-Pläne vieler Start-up-Firmen sehen den späteren Verkauf an diese Unternehmen oft von Beginn an vor. Wenn Konzerne wie Alphabet (Google) oder Facebook digitale Dienstleistungen anbieten, die täglich von Milliarden von Menschen genutzt werden, erhalten diese Firmen große Mengen an Daten über das Konsumverhalten ihrer Kunden. Das stärkt ihre Stellung nicht nur in den eigenen Märkten. Ihnen eröffnen sich darüber hinaus neue Geschäftsfelder. Konkurrenten, die diesen Datenzugang nicht haben, ziehen den Kürzeren.

Beispielsweise gilt Google schon heute als eine der Firmen, die in künftigen Märkten für autonomes Fahren eine Schlüsselrolle spielen werden. Google baut keine Autos und versteht auch nichts davon, aber die Firma hat große Datenmengen zum individuellen Mobilitätsverhalten und die Kompetenz, diese Daten zu analysieren und systematisch zu nutzen. Unternehmen, die Autos herstellen, könnten in den Mobilitätsmärkten der Zukunft deshalb zu austauschbaren Zulieferern von Hardware degradiert werden.

Wachsende Konzentration von Marktmacht kann für die gesamtwirtschaftliche Entwicklung sehr negative Folgen haben. Monopolanbieter reduzieren die Produktmengen, um Preise zu steigern. Das lähmt wirtschaftliche Dynamik und Wachstum, Beschäftigung wird abgebaut. Gleichzeitig wachsen Monopolgewinne, während Konsumenten durch hohe Preise geschädigt werden. Im Ergebnis sinkt das Wachstum, und die wirtschaftliche Ungleichheit nimmt zu.

Es ist deshalb essentiell, dass die Wettbewerbspolitik auf den Digitalisierungsschub infolge der Coronakrise mit einer beschleunigten Weiterentwicklung wettbewerbspolitischer Vorkehrungen gegen den Verfall des Wettbewerbs in der Digitalwirtschaft reagiert. Neue und strengere Kriterien für die Zulässigkeit von Übernahmen und Fusionen sowie die Verpflichtung zum Teilen von Daten gehören dazu.

KAPITEL 6

WIE ES NACH DER KRISE MIT DER KLIMAPOLITIK WEITERGEHT

Die Klimaerwärmung war vor der Coronakrise ein dominierendes Thema auf der Agenda der internationalen Politik. In der EU wurde 2019 der »European Green Deal« beschlossen. Er ist das zentrale politische Projekt der Europäischen Kommission unter der Präsidentschaft von Ursula von der Leyen und soll Europa bis 2050 zum ersten klimaneutralen Kontinent machen. Die von Schülern getragene Bewegung »Fridays for Future« erzielte hohe Aufmerksamkeit in den Medien. Kaum eine Woche verging, ohne dass Greta Thunberg irgendwo auf der Welt auftrat und die Regierenden für Untätigkeit beim Klimaschutz anklagte. Seit dem Ausbruch der Coronakrise hat sich das radikal geändert. Die Klimapolitik ist aus den Schlagzeilen verschwunden.

Es ist verständlich und bis zu einem gewissen Grade auch sinnvoll, dass Politik und Öffentlichkeit sich in der akuten Krise auf die Überwindung der Pandemie und ihrer gesellschaftlichen und wirtschaftlichen Folgen konzentrieren und andere Themen vorübergehend in den Hintergrund treten. Dennoch stellt sich die Frage, wie es nach der Krise mit der Klimapolitik weitergehen kann und soll. Dazu gibt es zwei einander entgegengesetzte Positionen.

Die eine Position betont die hohen wirtschaftlichen Lasten der Coronakrise und fordert, zusätzliche Kosten durch ehrgeizigen Klimaschutz zu vermeiden. In Europa liegen bereits erste Forderungen auf dem Tisch, geplante klimapolitische Maßnahmen zu verschieben. Andrej Babiš, Premierminister der Tschechischen Republik, forderte bereits im März 2020, Europa solle den »Green Deal« vergessen und sich stattdessen auf das Coronavirus konzentrieren. In die gleiche Richtung weist Janusz Kowalski, stellvertretender Minister für öffentliches Vermögen in der polnischen Regierung. Er setzt sich dafür ein, das europäische CO_2-Emissionshandelssystem (ETS) abzuschaffen oder Polen davon auszunehmen.[45]

Die Gegenposition verlangt, Maßnahmen für den Klimaschutz zu verstärken und den europäischen Green Deal in den Mittelpunkt der Strategie für die wirtschaftliche Erholung zu stellen. In einer gemeinsamen Stellungnahme von Umwelt- und Klimaschutzministern aus 17 europäischen Staaten heißt es: »Der Green Deal bildet eine neue Wachstumsstrategie für die EU, die den doppelten Vorteil liefert, Wachstum und Beschäftigung zu stimulieren und die grüne Transformation der Wirtschaft auf eine kosteneffiziente Weise zu beschleunigen.«[46] Welche dieser Positionen verdient Unterstützung, und welche wird sich durchsetzen?

Die Coronakrise ändert nichts daran, dass die Klimaerwärmung weltweit gewaltige Kosten verursacht und kaum kalkulierbare Risiken mit sich bringt. Gleichzeitig kann die Klimapolitik die Pandemie nicht ignorieren. Hohe Staatsschulden, schleppendes Wirtschaftswachstum und Arbeitslosigkeit werden die finanziellen Spielräume der Klimapolitik in den kommenden Jahren begrenzen. Gleichzeitig sollte das Interesse wachsen, wirtschaftspolitische Strategien zu entwickeln, die Wachstumsimpulse mit umwelt- und klimapolitischen Zielen verbinden. Europa allein kann die Klimaerwärmung allerdings nicht unter Kontrolle bringen, selbst wenn der Green Deal die Coronakrise überlebt. Hoffnung, die Erwärmung des Klimas spürbar zu verlangsamen, besteht nur dann, wenn weltweit genug Länder sich daran beteiligen, vor allem China und die USA. Ob internationale Zusammenarbeit in der Klimapolitik künftig besser funktionieren wird als bisher, erscheint allerdings zweifelhaft.

Der Shutdown senkt die CO_2-Emissionen nur vorübergehend

Die Einschränkung wirtschaftlicher Aktivität einschließlich des Verkehrs während der Shutdown-Maßnahmen hat eine positive Nebenwirkung: Die Umweltverschmutzung wird weltweit reduziert und die CO_2-Emissionen fallen. In China sinken die Kohlenstoffemissionen in den vier Wochen nach dem chinesischen Neujahrsfest verglichen mit den vier Wochen davor um ein Viertel.[47] Nach Prognosen könnten die weltweiten CO_2-Emissionen 2020 gegenüber dem Vorjahr um 5,5 Prozent zurückgehen. Dieser Rückgang schlägt sich in fallenden Preisen für die Emissionsrechte des ETS nieder. Ihr Preis sank seit dem Ausbruch der Coronakrise von 25 auf 16 Euro, erholte sich dann im April wieder auf ein Niveau von 21 Euro.[48] Gleichzeitig brach der Ölpreis wegen der kollabierenden Nachfrage spektakulär ein. Zu Jahresbeginn lag der Preis für ein Fass Öl

(Brent, die für Europa wichtigste Rohölsorte) noch bei 64 US-Dollar. Bis zum 22. April fiel der Preis auf 14 US-Dollar, um sich dann bei etwa 30 US-Dollar zu stabilisieren. Diese Effekte sind aus früheren Wirtschaftskrisen wie etwa der globalen Finanzkrise bekannt, auch wenn sie damals nicht das gleiche Ausmaß erreichten.

Es liegt auf der Hand, dass diese Wirkungen größtenteils vorübergehender Natur sind. Sie müssen es allerdings nicht vollständig sein. Es ist durchaus möglich, dass einige Verhaltensänderungen während der Coronakrise langfristige Auswirkungen haben. Beispielsweise erwarten Fluggesellschaften, dass die Zahl der Flüge von Geschäftsreisenden dauerhaft niedriger sein wird. Die Tendenz, physische Treffen mit langer Anreise durch Videokonferenzen zu ersetzen, könnte zumindest teilweise bestehen bleiben. Über die Umwelteffekte hinaus könnten dadurch erhebliche Effizienzgewinne entstehen, weil Zeit und Reisekosten gespart werden. Eine solche Umstellung würde CO_2-Emissionen des Flugverkehrs dauerhaft senken.

Nicht selbstverständlich ist allerdings, dass die CO_2-Emissionen dadurch insgesamt sinken. Das hat zwei Gründe. Erstens ist der Flugverkehr in Europa in das CO_2-Emissionshandelssystem eingebunden. Wenn weniger geflogen wird, erwerben die Fluggesellschaften weniger Emissionsrechte. Dadurch fällt der Preis. Folglich werden Unternehmen aus anderen Sektoren mehr Emissionsrechte kaufen und sie auch nutzen. Damit die Emissionen in Europa tatsächlich sinken, müssen Emissionszertifikate aus dem Markt genommen werden. Letztlich bestimmt die Menge dieser Zertifikate die Menge der Emissionen in den teilnehmenden Sektoren. Selbst in diesem Fall ist allerdings zu beachten, dass sinkender Treibstoffverbrauch durch den Flugverkehr zu sinkenden Treibstoffpreisen führt. Dadurch wird der Treibstoffverbrauch in anderen Sektoren oder außerhalb Europas in die Höhe getrieben. Der aktuelle Rückgang des Ölpreises belegt eindrucksvoll, wie ein Nachfragerückgang bei fossilen Brennstoffen zu massiven Preissenkungen führt. Wenn die Ölproduzenten derzeit darauf reagieren, indem sie dauerhaft ihre Förderung kürzen, dann nur deshalb, weil sie bald eine Erholung des Ölpreises erwarten. Bei dauerhaftem Nachfragerückgang wäre das nicht in gleicher Weise der Fall.[49]

Selbst wenn die CO_2-Emissionen in Europa und global dauerhaft niedriger wären – die Effekte der Krise würden nicht ausreichen, um Klimaschutzziele zu erreichen. Das wird deutlich, wenn man den aktuellen Rückgang am 1,5 °C-Ziel des Pariser Abkommens misst. Um dieses Ziel zu erreichen, müssten die globalen Emissionen nach aktuellen Schätzungen bis 2030 jährlich um 7,6 Prozent abnehmen. Wenn man den Temperaturanstieg lediglich auf 2 °C begrenzen will, müssen die Emissionen bis 2030 immer noch um jährlich 2,7 Prozent sinken.[50] Von diesen Größenordnungen sind die Effekte der Coronakrise weit entfernt.

Die künftige Klimapolitik kann die Coronakrise nicht ignorieren

Aus ökonomischer Sicht spricht wenig dafür, bei den Anstrengungen zur Eindämmung des Klimawandels nachzulassen. Wir sollten uns jedoch stärker darauf konzentrieren, Klimaziele kosteneffizient zu erreichen und das Verursacherprinzip in den Vordergrund zu stellen, das diejenigen, die den Klimawandel vorantreiben, finanziell in die Verantwortung nimmt.

Wirtschaftlich liegt die wichtigste Folge der Coronakrise darin, dass sie in allen betroffenen Ländern den Lebensstandard senkt. Die Folgen dieses Wohlstandsverlusts für den Klimaschutz kann man ökonomisch aus zwei Perspektiven betrachten. Die erste Perspektive betrachtet den Klimaschutz als ein Gut, das bei steigendem Einkommen zunehmend nachgefragt wird. Diese Überlegung führt zu dem Ergebnis, dass künftig eher weniger Ressourcen als bisher geplant für die Klimapolitik eingesetzt werden sollten, weil die Krise den Wohlstand reduziert hat. Die zweite Perspektive geht davon aus, dass die Klimaerwärmung Kosten verursacht. Es lohnt sich deshalb auch aus rein wirtschaftlicher Sicht, den Klimawandel einzudämmen. In diesem Fall hängt die richtige Höhe der klimapolitischen Investitionen nicht vom Wohlstandsniveau ab. Hier könnte man einwenden, dass die Erträge von Klimaschutzinvestitionen unsicher sind und die Bereitschaft zur Übernahme von Risiken bei sinkendem Einkommen abnimmt. Dem kann man aber entgegenhalten, dass Klimaschutz seinerseits Risiken reduziert, was wiederum für höhere Investitionen spricht. Aus alldem folgt, dass die These, angesichts der Kosten der Coronakrise sei der Klimaschutz weniger wichtig als vorher, aus ökonomischer Sicht nicht überzeugen kann.

Eine Konsequenz hat der Verlust an Wohlstand durch die Coronakrise allerdings schon. Es spricht alles dafür, stärker als bisher zu klimapolitischen Instrumenten zu greifen, die es erlauben, Klimaziele zu möglichst geringen Kosten zu erreichen. Von zentraler Bedeutung ist dabei das Konzept des einheitlichen CO_2-Preises. Statt einzelnen Sektoren direkt vorzuschreiben, welche Mengen an Emissionen zulässig sind, sollten möglichst alle Sektoren durch einen einheitlichen CO_2-Preis gekoppelt werden – und das, solange ein global koordinierter CO_2-Preis außer Reichweite bleibt, zumindest europaweit. Mit dem europäischen System für den Handel von Emissionszertifikaten besteht dafür bereits ein institutioneller Rahmen. In diesen Rahmen müssen alle Sektoren integriert werden, vor allem der Straßenverkehr und der Gebäudesektor.

Ein einheitlicher CO_2-Preis allein reicht als Instrument für die Klimapolitik nicht aus. Aber er sollte ihre Basis sein. Zusätzliche Eingriffe müssen wohl durchdacht und auf den CO_2-Preis abgestimmt sein.[51] Benötigt werden sie in Fällen, in denen der CO_2-Preis keine Wirkung entfaltet. Das kann in Märkten passieren, in denen Preismechanismen durch Regulierungen außer Kraft gesetzt sind. Ein Beispiel dafür ist der Mietmarkt, der in vielen Ländern stark reguliert ist. Bessere Wärmedämmung von Gebäuden bietet ein erhebliches Potenzial zur kosteneffizienten Senkung von CO_2-Emissionen. Ein höherer CO_2-Preis setzt im Prinzip die richtigen Anreize, Gebäude besser zu isolieren, sofern derjenige, der die Kosten für die Dämmungsmaßnahmen trägt, auch die Vorteile in Form niedrigerer Heizkosten hat. Wenn staatliche Regulierungen der Mieten aber bedeuten, dass Kosten der Gebäudedämmung nicht vollständig auf Mieter umgelegt werden dürfen, die Senkung der Heizkosten aber allein den Mietern zugute kommt, dann lohnt es sich für die Vermieter nicht. Wenn man die Regeln für die Umlage der Dämmungskosten nicht ändern will, kann es sinnvoll sein, zusätzlich zum CO_2-Preis finanzielle Anreize für Vermieter zu schaffen, damit sie in Wärmedämmung investieren.

Eine weitere Folge der Coronakrise für die Weiterentwicklung klimapolitischer Instrumente besteht darin, dass die höhere öffentliche Verschuldung finanzielle Spielräume des Staates einengt. Für die Klimapolitik folgt daraus, dass man sich die derzeit verbreitete Subventionsmentalität nicht mehr leisten kann. Sie sollte durch eine stärkere Betonung des Verursacherprinzips ersetzt werden. In der Klimapolitik werden derzeit vielfältige Subventionen vergeben: So unterstützt der Staat beispielsweise die Produktion erneuerbarer Energien oder den Verkauf von Fahrzeugen mit alternativen Antrieben. Mit dieser Politik bezahlt man Unternehmen und private Haushalte dafür, CO_2-Emissionen zu vermeiden. Das kostet die öffentliche Hand viel Geld. Dieses Geld muss durch Steuern eingetrieben werden. Diese Steuern verzerren die Ressourcenallokation und belasten Wachstum und Beschäftigung. Künftig sollte man stärker darauf setzen, das Verschmutzen der Umwelt finanziell zu belasten, statt die Unterlassung zu subventionieren. Das Instrument des einheitlichen CO_2-Preises ist eine Umsetzung des Verursacherprinzips. Mit der flächendeckenden Einführung dieses Instruments sollten alle klimapolitischen Subventionen auf den Prüfstand gestellt werden. Wenn nicht überzeugend darzulegen ist, dass sie Funktionsmängel des CO_2-Preises ausgleichen, sollten sie möglichst bald abgeschafft werden.

Konjunkturpakete, das Klimaproblem und die Tinbergen-Regel

Es wird immer wieder gefordert, staatliche Konjunkturprogramme nach der Coronakrise sollten ›grün‹ sein, also umweltpolitische Anliegen und insbesondere den Klimaschutz in den Mittelpunkt stellen. Ein Problem dieser Forderung liegt darin, dass sie gegen die sogenannte Tinbergen-Regel verstößt. Diese Regel besagt, dass es nicht gut funktionieren kann, mit einem Instrument zwei Ziele zu verfolgen.[52] Das gilt auch für den Versuch, mit der Klimapolitik Klimaschutz und Konjunkturbelebung gleichzeitig zu erreichen. Beispielsweise kann es aus klimapolitischen Erwägungen notwendig sein, den CO_2-Preis zu erhöhen. Für die konjunkturelle Erholung kann das aber negative Auswirkungen haben. Wenn in dieser Lage etwa eine geringere Erhöhung des CO_2-Preises gewählt wird, belastet das die Konjunktur immer noch, und das klimapolitische Ziel wird verfehlt. Die richtige wirtschaftspolitische Antwort auf diese Situation besteht in der Erhöhung der Zahl der Instrumente.[53] Der CO_2-Preis sollte auf das klimapolitische Ziel ausgerichtet werden. Das zweite Instrument sollte ganz auf das Konjunkturziel ausgerichtet sein. Es könnte zum Beispiel eine allgemeine Investitionszulage gewährt werden, um die Konjunktur zu stimulieren. Der Einsatz beider Instrumente erlaubt es, am Ende beide Ziele zu erreichen.

Nicht bei jedem Instrument entstehen Zielkonflikte. Bestimmte Investitionen beleben die Konjunktur und dienen zugleich dem Klimaschutz. Beispiele sind neue Bahnstrecken oder Ladesäulen für Elektrofahrzeuge. Ihre positive konjunkturpolitische Wirkung ist neben dem Beitrag zum Klimaschutz ein zusätzliches Argument dafür, sie durchzuführen. Trotzdem wäre es kontraproduktiv, ein Konjunkturprogramm ausschließlich mit umweltpolitischen Instrumenten zu konzipieren oder es auch nur vorrangig auf umweltpolitische Ziele auszurichten. Wenn hinreichend viele Instrumente zur Verfolgung beider Ziele vorhanden sind, ist mit der Verschränkung beider Politiken wenig gewonnen.

Die These, der Green Deal sei ideal geeignet, die konjunkturelle Erholung Europas nach der Coronakrise voranzubringen, gehört in den Bereich des politischen Marketings. Umweltziele und Konjunktur- und Wachstumsziele sind nicht deckungsgleich und stehen teilweise zueinander im Widerspruch. Tatsächlich geht es darum, diese Konflikte zu entschärfen und zu berücksichtigen, dass es bestimmte Maßnahmen gibt, die positive Konjunkturwirkungen haben und gleichzeitig umweltpolitischen Zielen dienen. Dazu gehören nicht nur Investitionen in Bahnstrecken oder Stromleitungen. Von zentraler Bedeutung für Umweltschutz und Wachstum ist beispielsweise eine verlässliche Planungsgrundlage, was die künftigen Rahmenbedingungen für die Energiewirtschaft und die energieintensive Industrie angeht. Klimapolitik sollte außerdem die Wettbewerbsfähigkeit energieintensiver Industrien in Europa nicht zerstören.

Denn dem Klima ist nicht geholfen, wenn energieintensive Industrien aus der EU in Nachbarländer abwandern, dort die gleiche Menge CO_2 oder mehr ausstoßen und weltweit die Märkte übernehmen, die vorher aus der EU beliefert wurden.

Gleichzeitig ist klar: Die verschiedenen Bereiche der Umweltpolitik, darunter die Klimapolitik sowie die Konjunktur- und Wachstumspolitik, müssen Wechselwirkungen untereinander berücksichtigen, aber jeweils unter Nutzung des gesamten Spektrums der verfügbaren Instrumente.

Für mehr internationale Kooperation in der Klimapolitik

Bei der allgemeinen Begeisterung für das ehrgeizige Ziel der EU, Europa bis zum Jahr 2050 zu einem klimaneutralen Kontinent zu machen, gerät gelegentlich in Vergessenheit, dass die Menge der CO_2-Emissionen in Europa für die globale Klimaerwärmung nur eine geringe und im Zeitablauf sinkende Bedeutung hat. Abbildung 6.1 illustriert, wie die globale Verteilung der CO_2-Emissionen sich im Zeitablauf geändert hat.

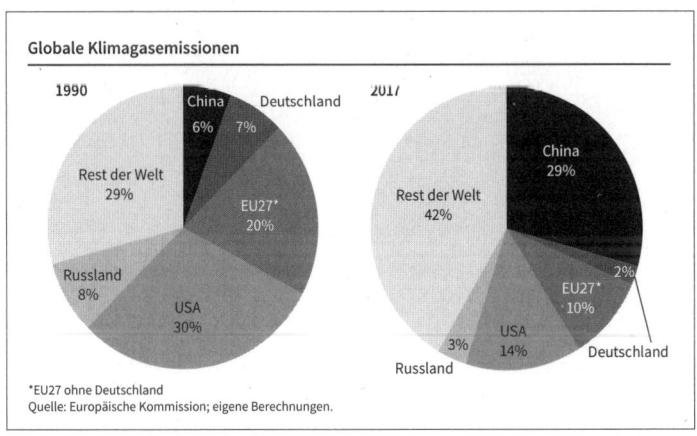

Abb. 6.1

Im Jahr 1990 kam noch etwa ein Drittel der Klimagasemissionen aus den Ländern, die heute die EU bilden, zuzüglich Großbritannien. Auf Deutschland entfielen immerhin 7 Prozent des globalen Ausstoßes. Im Jahr 2017 ist der Anteil der EU plus Großbritannien bereits auf 12 Prozent gefallen. In Kürze wird der Anteil unter 10 Prozent liegen. Man möchte gerne glauben, dass der Rückgang der Emissionen, die von der EU verursacht werden, eine wünschenswerte Folge der europäischen Klimapolitik ist. Tatsächlich ist es aber in erster Linie das Wachstum der Emissionen aus dem Rest der Welt, das den Anteil der EU schrumpfen lässt. Die Anstrengungen der EU beim Klimaschutz sind zweifellos bedeutsam. Angesichts der weltweiten Verteilung der Emissionen kann man jedoch die Augen nicht davor verschließen, dass die künftige Klimaerwärmung nur noch in geringem Umfang davon abhängt, wie die Emissionen in Europa sich entwickeln. Klimaerwärmung ist ein globales Problem. Deshalb muss Klimapolitik für die EU in erster Linie Außenpolitik sein.[54]

Ist es wichtig für das Weltklima, ob Europa, wie von der EU angekündigt, bis 2050 zu einem klimaneutralen Kontinent wird oder nicht? Der Abbau der CO_2-Emissionen in der EU kann nur dann maßgeblich zur Eindämmung des globalen Temperaturanstiegs beitragen, wenn dadurch andere Länder veranlasst werden, ebenfalls ihre Emissionen zu senken. Ob das so sein wird, ist heute unklar. Ein größerer Beitrag Europas zur Senkung der CO_2-Emissionen kann dazu führen, dass die Emissionen in anderen Staaten zunehmen. Dafür sprechen zwei Argumente. Erstens werden fossile Brennstoffe auf den Weltmärkten durch die sinkende Nachfrage aus Europa billiger. Das setzt Anreize, mehr davon zu verbrennen. Zweitens wird es durch den im globalen Maßstab kleinen, aber vielleicht doch spürbaren Beitrag der Europäer zum Schutz des Weltklimas für andere Staaten weniger dringlich, ihrerseits zur Eindämmung des Temperaturanstiegs beizutragen. Der Klimaschutz ist ein weltweites, öffentliches Gut. Wenn einzelne Länder dazu mehr beitragen, haben die anderen Länder Anreize, weniger zu tun.[55]

Dem könnte man die Hoffnung entgegenhalten, dass von Europa eine Art Vorbildeffekt ausgeht. Davon ist bislang allerdings wenig zu sehen. Europa könnte außerdem versuchen, seine wichtigsten Handelspartner unter Druck zu setzen, Maßnahmen für den Klimaschutz zu ergreifen, indem andernfalls mit Handelshemmnissen gedroht wird oder Handelsabkommen nicht abgeschlossen werden. Das würde allerdings voraussetzen, dass andere Länder und Wirtschaftsräume ein größeres Interesse am Handel mit der EU haben als umgekehrt. Das trifft jedoch nicht zu. Die EU und vor allem Deutschland haben großes Interesse an einem offenen internationalen Handel. Anderen über die Handelspolitik eigene klimapolitische Vorstellungen aufzuzwingen, wird deshalb nicht funktionieren.

Man könnte außerdem hoffen, dass die europäische Klimapolitik zur Entwicklung neuer, klimaschonender Techniken führt, die eine Umstellung der Wirtschaft auf Klimaneutralität zu sehr geringen Kosten ermöglichen.

Das wäre der Königsweg zur Lösung des Problems der globalen Klimaerwärmung. Technische und andere Innovationen werden bei der Bekämpfung der Klimaerwärmung eine Schlüsselrolle spielen. Aber auch dadurch wird die Umstellung auf Klimaneutralität nicht mühelos gelingen. Ähnlich fragwürdig ist die Idee, besonders strikte klimapolitische Interventionen in Europa würden europäischen Unternehmen auf den Weltmärkten einen Wettbewerbsvorteil erbringen, weil grüne Technologien auch in anderen Märkten gefragt sind. Beispielsweise wird oft behauptet, in China würden bald nur noch Autos mit Elektro- oder Wasserstoffantrieben zugelassen. Das mag sein, rechtfertigt aber keine Markteingriffe. Welche Produkte auf internationalen Märkten künftig gefragt sein werden, wissen die Unternehmen selbst am besten, und sie werden ihr Angebot darauf ausrichten. Lenkende Vorgaben der heimischen Politik benötigen sie dafür nicht.

Wird es nach der Coronakrise gelingen, bei der Senkung der weltweiten Treibhausgasemissionen Fortschritte zu machen? Das wird davon abhängen, wie gut internationale Kooperation in der Klimapolitik unter Einbeziehung Chinas und der USA, aber auch großer Schwellenländer wie Indien funktioniert. Wenn Europa diesen Prozess unterstützen will, ist es nicht ausreichend, sich auf das Ziel der innereuropäischen Klimaneutralität zu konzentrieren. Wichtiger ist es, die internationale Kooperation in der Klimapolitik voranzubringen. Ob die Coronakrise die Aussichten dafür verbessert oder verschlechtert, bleibt abzuwarten.

Die Klimapolitik der EU sollte daran festhalten, die im Rahmen internationaler Abkommen eingegangenen Verpflichtungen einzuhalten, und versuchen, künftige globale Klimaabkommen zu fördern. Das ist wichtiger als das Ziel, selbst

Klimaneutralität zu erreichen. Außerdem sollte die europäische Klimapolitik die Investitionen in die Anpassung an den Klimawandel nicht vernachlässigen. Dazu gehört der Schutz vor Überschwemmungen und extremen Wetterlagen, die Umrüstung von Gebäuden, Vorkehrungen für die Landwirtschaft, trotz veränderter Klimaverhältnisse produktiv zu bleiben. All das erfordert hohe Investitionen. Bei Investitionen in die Senkung von CO_2-Emissionen liegen die Kosten voll beim Investor, der Nutzen fällt weltweit an. Bei Investitionen in Anpassung an den Klimawandel fallen Kosten und Nutzen lokal an. Das Risiko ist nicht von der Hand zu weisen, dass andere Länder der Anpassung an den Klimawandel Vorrang gegenüber der Vermeidung geben werden.[56] Falls das zutrifft, sind Anpassungsinvestitionen in Europa umso wichtiger. Auch diese Investitionen können die erwünschte Nebenwirkung haben, zur Erholung der europäischen Wirtschaft nach der Coronakrise beizutragen.

KAPITEL 7

DIE NEUE UNGLEICHHEIT UND DIE ZUKUNFT DES SOZIALSTAATS

Die Coronakrise hat weitreichende Folgen für die Verteilung von Einkommen und Vermögen und für die Zukunft des Sozialstaats. In der Krise erleiden sowohl Vermögende als auch viele abhängig Beschäftigte Verluste. Verschiedene Gruppen sind sehr unterschiedlich betroffen. Schon während der Krise zeigt sich, dass Menschen mit hoher Berufsqualifikation besser vor Jobverlusten geschützt sind als andere. Nach der Coronakrise wird sich das Gefälle in den Berufs- und Einkommenschancen zwischen hoch und niedrig qualifizierten Erwerbstätigen voraussichtlich weiter vergrößern. Das hat zwei Gründe. Der erste liegt in der Beschleunigung der Digitalisierung und des Strukturwandels. Sie begünstigt höher qualifizierte Arbeit. Der zweite liegt in den Schulschließungen während der Krise. Sie werden Spuren in der Ausbildung der jungen Generation hinterlassen. Vor allem Kinder aus bildungsfernen Familien sind benachteiligt, denn ihnen fällt es besonders schwer, den Unterrichtsausfall durch Lernen zu Hause zu kompensieren.

Wie wird und wie sollte sich der Sozialstaat künftig entwickeln? Die Coronakrise unterstreicht den Wert des Sozialstaats als Versicherung. In Staaten mit gut ausgebautem Sozialstaat haben Millionen Menschen Unterstützung erhalten, die dazu beiträgt, den wirtschaftlichen Einbruch abzufedern. Die umfangreichen Hilfen werfen allerdings die Frage auf, wo dieser Sozialstaat an die Grenzen seiner Leistungsfähigkeit gerät. In Deutschland sind die Sozialleistungen schon vor der Krise deutlich ausgebaut worden. Hinzu kommt der demographische Wandel, der die Sozialsysteme in den kommenden Jahren stark belasten wird. Dem deutschen Sozialstaat droht die Überforderung. Nach der Krise sind Reformen erforderlich, die dafür sorgen, dass die sozialen Sicherungssysteme finanzierbar bleiben. Die Prinzipien der Äquivalenz, der Flexicurity, der Selbstbeteiligung und der Subsidiarität können als Leitlinien dienen, um den Sozialstaat vor Überforderung zu schützen.

Die Coronakrise und wirtschaftliche Ungleichheit

Wenn es in der Wirtschaftsgeschichte Phasen gegeben hat, in denen die Ungleichheit von Einkommen und Vermögen gesunken ist, dann waren es häufig schwere Krisen. Der Historiker Walter Scheidel nennt sie die vier (apokalyptischen) Reiter der Ungleichheitsreduktion: Kriege, Revolutionen, Zusammenbrüche von Staaten und die Pest (Scheidel, 2017).

Welche Folgen hat die Pest unserer Tage, die Corona-Pandemie, für die wirtschaftliche Ungleichheit? Hohe Einkommen und große Vermögen sinken in Wirtschaftskrisen häufig überproportional. Das liegt daran, dass sehr wohlhabende Menschen in der Regel einen erheblichen Anteil ihres Vermögens in Form von Unternehmensbeteiligungen halten. Unternehmensgewinne schwanken über den Konjunkturzyklus stärker als beispielsweise Lohneinkommen. Da Aktienkurse von der Gewinnentwicklung der Unternehmen abhängen, schwanken sie ebenfalls stark. Hinzu kommt, dass die Bereitschaft, Risiken zu übernehmen, in Krisen typischerweise drastisch fällt. Das verstärkt die Wertverluste bei eher riskanten Aktiva wie Aktien oder Anleihen von Unternehmen und Staaten mit schwacher Bonität. Die Flucht aus dem Risiko kann aber umgekehrt dazu führen, dass Inhaber als sicher angesehener Vermögensgüter profitieren. Gold, Staatsanleihen der USA und anderer Länder, die als sicherer Hafen angesehen werden, gewinnen in Krisen an Wert. Das kann auch für Immobilien gelten, sofern ihre Erträge nicht beeinträchtigt sind. In der Struktur sehr großer Vermögen spielen diese ›sicheren‹ Aktiva meistens eher eine Nebenrolle, bei Vermögen mittlerer Größe können sie aber wichtig sein.

Sind die Auswirkungen von Krisen auf hohe Vermögen und Spitzeneinkommen in Daten zur Vermögens- und Einkommensverteilung sichtbar? Ein einfaches Maß für Ungleichheit ist der Anteil des höchsten Perzentils der Haushalte, also der oberen ein Prozent, am gesamtwirtschaftlichen Vermögen oder Einkommen. Abbildung 7.1 illustriert, wie der Anteil der ›Top 1 Prozent‹ am Gesamtvermögen sich in Frankreich, dem Vereinigten Königreich und den USA entwickelt hat. Für Deutschland fehlt eine geeignete Datengrundlage. Betrachtet werden die vergangenen zwanzig Jahre. In diese Zeit fallen zwei größere Wirtschaftskrisen: das Platzen der Dotcom-Blase und die terroristischen Anschläge vom 11. September im Jahr 2001 sowie die globale Finanzkrise der Jahre 2008 und 2009.

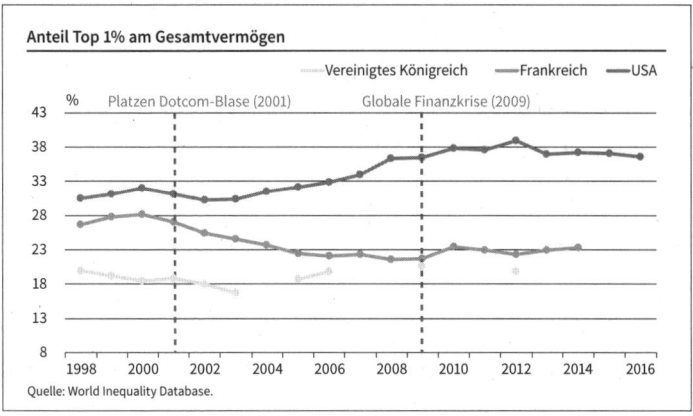

Abb. 7.1

Ein krisenbedingter Einbruch des Anteils der hohen Vermögen an den Gesamtvermögen geht aus den Daten, die Abbildung 7.1 zugrunde liegen, nicht zweifelsfrei hervor. Die Wirtschaftskrise nach dem Platzen der Dotcom-Blase 2001 geht zwar mit einem Rückgang des Vermögensanteils des reichsten Perzentils der Bevölkerung einher, der sich zumindest in Frankreich und dem Vereinigten Königreich in den Jahren nach der Krise fortsetzt. Im Fall der Finanzkrise der Jahre 2008 und 2009 ist dieser Effekt aber weniger eindeutig sichtbar. Ein Faktor, der vor allem in den USA eine Rolle gespielt hat, ist der Verfall der Hauspreise, der ein wichtiger Auslöser der Finanzkrise war. Für die obere Mittelschicht ist das eigene Haus in der Regel der mit Abstand größte Teil des Vermögens. Die Einbußen dieser Gruppe können erklären, warum das reichste Perzentil der Haushalte in den USA in der Finanzkrise offenbar nicht überproportional verloren hat.

In Debatten über wirtschaftliche Ungleichheit ist es wich-

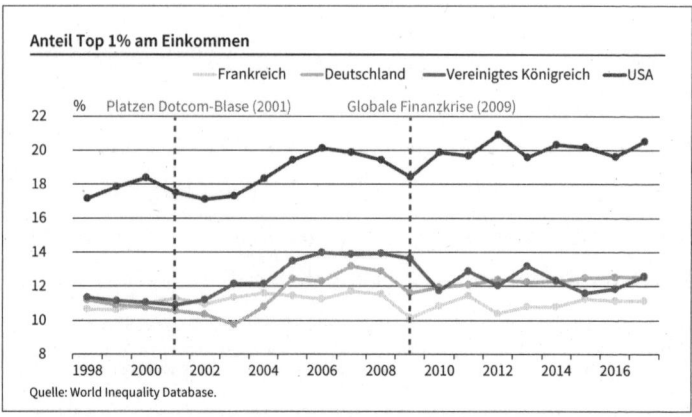

Abb. 7.2

tig, zu berücksichtigen, dass die verfügbaren Daten zur Vermögensverteilung in der Regel weniger präzise sind als die Daten zur Einkommensentwicklung. Das liegt daran, dass Vermögen schwer zu messen ist und es in Statistiken nur sehr unvollständig erfasst wird. Es ist schwer zu messen, weil für viele Vermögensgüter keine Marktpreise vorliegen. Immobilien werden selten gehandelt, Beteiligungen an nicht börsennotierten Unternehmen ebenfalls. Vermögenswerte werden gelegentlich für Zwecke der Besteuerung ermittelt. Da Erbschaften aber vergleichsweise selten vorkommen und die meisten Länder Nettovermögensteuern abgeschafft haben, liefern Steuerdaten keine hinreichende Basis für die statistische Erfassung von Vermögenswerten. Bei Einkommen ist das anders. Es wird in fast allen Ländern jährlich für Zwecke der Besteuerung ermittelt.

Wie verändern Wirtschaftskrisen die Einkommensungleichheit? Wir betrachten auch hier die Spitze der Einkommensverteilung. Abbildung 7.2 illustriert, wie der Anteil der ›Top 1 Prozent‹ am Gesamteinkommen sich in den letzten beiden Jahrzehnten entwickelt hat. Betrachtet werden die Bruttoeinkommen, also die Einkommen vor Steuern und Transfers.

Bei der Einkommensentwicklung ist der Einfluss der beiden Wirtschaftskrisen deutlicher zu erkennen. Die hohen Einkommen sinken überproportional, vor allem im Fall der globalen Finanzkrise. Dieser Rückgang ist allerdings nicht von Dauer. Mit dem nächsten Konjunkturaufschwung steigt der Anteil der höchsten Einkommen am Gesamteinkommen wieder an.

Nun kann man aus der Betrachtung von zwei größeren Wirtschaftskrisen mit sehr unterschiedlichen Ursachen und deren Auswirkungen auf sehr hohe Einkommen und Vermögen in vier Ländern nur begrenzte Schlüsse ziehen. In einer groß angelegten Studie untersuchen Atkinson und Morelli (2011) über einen Zeitraum von 100 Jahren und unter Berücksichtigung von 25 Ländern, wie sich Wirtschaftskrisen auf wirtschaftliche Ungleichheit ausgewirkt haben. Sie kommen zu dem Ergebnis, dass es kein einheitliches Muster gibt. Wirtschaftskrisen haben unterschiedliche Ursachen und Folgen. Nach Finanzkrisen finden sie in der Mehrheit der betrachteten Fälle wachsende Einkommensungleichheit, bei Krisen mit anderen Ursachen das Gegenteil.

Da größere Wirtschaftskrisen glücklicherweise seltene Ereignisse sind und sie sich in ihren Ursachen und Folgen erheblich unterscheiden, kann man aus bisherigen Erfahrungen mit den Verteilungswirkungen nur begrenzt Schlüsse für die Coronakrise ziehen. Trotzdem muss man damit rechnen, dass diese Krise Vermögen in großem Umfang zerstört. Das gilt nicht nur für Aktien[*] und andere Beteiligungen an Unternehmen, die in der Krise hohe Verluste machen oder sogar in die Insolvenz geraten. Es spricht viel dafür, dass viele Geschäftsmodelle nach dieser Krise nicht mehr funktionieren werden wie zuvor.

Beispielsweise muss man damit rechnen, dass, wie im vierten Kapitel beschrieben, der Onlinehandel dem traditionellen Einzelhandel dauerhaft Marktanteile abnehmen wird. Das bedeutet nicht nur für Inhaber von Einzelhandelsgeschäften Verluste. Auch wer in Gewerbeimmobilien investiert hat, wird mit sinkenden Mieten rechnen müssen. Wenn es richtig ist, dass nach der Coronakrise weiter vermehrt im Homeoffice gearbeitet wird, dann werden Inhaber von Büroimmobilien ebenfalls verlieren. Der damit verbundene Werteverfall von Gewerbeimmobilien wird viele große Vermögen treffen, aber auch breitere Gruppen von Sparern, die ihr Geld in Immobilienfonds angelegt haben.

Welche Gruppen wie stark von der Krise betroffen sind

Nicht nur Menschen mit sehr hohen Einkommen und Vermögen müssen in der Coronakrise Einbußen hinnehmen.

---

[*] Aktien sind in der Coronakrise zunächst stark gefallen, haben sich dann aber erstaunlich schnell erholt. Anfang Juni 2020 erreichten sowohl der deutsche Aktienindex Dax als auch der amerikanische Dow-Jones-Index Niveaus des Jahres 2019. Das ist sicherlich der sehr expansiven Geldpolitik geschuldet. Ob diese Erholung der Aktienkurse von Dauer ist, muss sich zeigen.

Breite Gruppen der Bevölkerung erleiden Verluste, allerdings auf sehr unterschiedliche Weise. Ältere Menschen sind anders betroffen als junge, Selbstständige anders als abhängig Beschäftigte. Das Ausbildungsniveau, der Sektor, in dem man arbeitet, all das spielt eine Rolle. Rentner und Pensionäre erleiden zumindest kurzfristig quasi keine Einkommensverluste. Allerdings haben ältere Menschen höhere Ersparnisse. Bei Unternehmern und Freiberuflern besteht die Altersversorgung oft ganz aus angespartem Kapital. In dieser Gruppe dürfte es durch die Coronakrise hohe Verluste geben, weil viele Vermögensanlagen an Wert verloren haben.

Unter denjenigen, die noch im Arbeitsleben stehen, ist die Betroffenheit ebenfalls sehr unterschiedlich. Ein wichtiger Unterschied zwischen Einkommen aus Vermögen und Arbeit liegt darin, dass man Vermögen in der Regel diversifizieren kann, um Risiken zu begrenzen. Wer seine Ersparnisse breit gestreut in Aktien und Anleihen angelegt hat, hat sicherlich Papiere im Depot, die in der Coronakrise zu den Verlierern zählen, aber vermutlich auch einige Gewinner. Bei Arbeitseinkommen funktioniert diese Risikostreuung nicht. Man kann kaum gleichzeitig in mehreren Sektoren der Wirtschaft arbeiten. Deshalb sind die Lasten unter den Beschäftigten sehr ungleich verteilt. Wer in Sektoren arbeitet, die im Shutdown nicht geschlossen werden – etwa der Lebensmittelhandel oder der Gesundheitssektor –, hat kaum Einkommenseinbußen. Das gilt auch für den öffentlichen Dienst. Die größten Einschnitte müssen Erwerbstätige und Unternehmer in den Sektoren des sozialen Konsums bewältigen, also der Gastronomie, der Reisebranche, im Einzelhandel sowie in Kultur und Unterhaltung. Teilweise gilt das auch für das Verarbeitende Gewerbe.

Die Auswirkungen der Krise auf die Erwerbstätigen hängen außerdem stark von den Institutionen des Arbeitsmarktes ab. In vielen europäischen Ländern, vor allem in Deutschland, setzen die Unternehmen zur Anpassung Kurzarbeit ein. In den USA und im Vereinigten Königreich reagieren die Unternehmen auf Schwankungen der Konjunktur stärker mit Entlassungen und Neueinstellungen.

Kurzarbeit hat für die Beschäftigten weniger drastische Folgen als eine Entlassung. Trotzdem ergeben sich Einkommensverluste, die je nach beruflicher Qualifikation sehr unterschiedlich ausfallen. Das verdeutlicht eine empirische Studie von Schröder et al. (2020) zu den Folgen der Krise in Deutschland. Grundlage der Studie sind Daten aus einer Haushaltsbefragung im April 2020.

In Deutschland sind im April 2020 rund 10 Millionen Menschen zur Kurzarbeit gemeldet. Abbildung 7.3 zeigt, dass Menschen mit niedrigem Ausbildungsniveau überproportional unter der Krise leiden. Über Kurzarbeit berichten in dieser Gruppe mehr als zwanzig Prozent. Unter den Menschen mit mittlerem und hohem Ausbildungsniveau ist der Anteil deutlich niedriger. Das hat zum einen mit unterschiedlichen Ausbildungsanforderungen verschiedener Sektoren zu tun. Zum Beispiel arbeiten viele Akademiker im öffentlichen Dienst. Schon deshalb sind sie weniger als andere von Kurzarbeit betroffen.

Zum anderen schützt die Möglichkeit, berufliche Aufgaben von zu Hause aus zu leisten. Hier haben Beschäftigte mit hö-

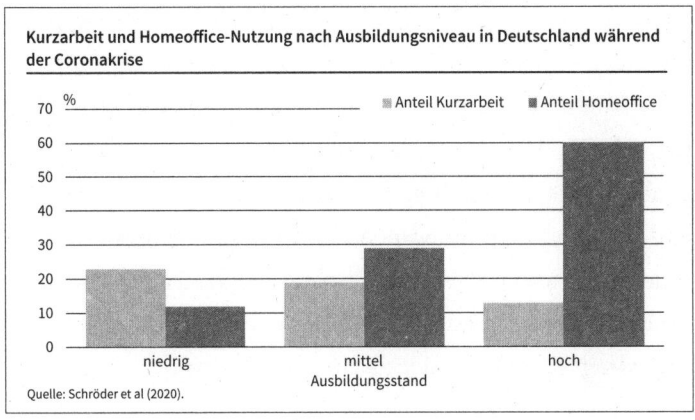

Abb. 7.3

herem Ausbildungsniveau ebenfalls Vorteile, wie Abbildung 7.3 zeigt. Unter den sehr gut Ausgebildeten sagen 60 Prozent der Befragten, dass sie von zu Hause aus arbeiten. Bei den Menschen mit niedriger Ausbildung sind es nur 10 Prozent.

Interessanterweise zeigt sich dieses Gefälle nicht bei den Einkommensverlusten. Der Anteil der Haushalte, die von krisenbedingten Einbußen berichten, liegt über die Ausbildungsniveaus hinweg durchgehend bei etwa 20 Prozent. Dabei dürfte eine wichtige Rolle spielen, dass die Selbstständigen in den Gruppen mit höherer Ausbildung stärker vertreten sind. Sie verlieren teilweise einen großen Teil ihrer Einnahmen. Bei abhängig Beschäftigten führen Umsatzrückgänge der Arbeitgeber meistens erst dann zu Einkommensverlusten, wenn bezahlte Überstunden abgebaut werden, Sonderzahlungen entfallen oder es zu Kurzarbeit kommt.

In anderen Ländern ist die Verteilung der Lasten unter den sozioökonomischen Gruppen ähnlich. Das gilt auch für die

USA und das Vereinigte Königreich, obwohl dort der Arbeitsmarkt anders funktioniert als in den meisten kontinentaleuropäischen Ländern. Adams-Prassl et al. (2020) untersuchen, wie verschiedene Gruppen von Erwerbstätigen in den USA und im Vereinigten Königreich von den wirtschaftlichen Folgen der Pandemie und den Shutdown-Maßnahmen betroffen sind und was sie für den weiteren Verlauf der Krise erwarten. Ihre Analyse stützt sich auf Daten aus repräsentativen Haushaltsbefragungen, die zwischen dem 24. und 26. März 2020 durchgeführt wurden. Es zeigt sich auch hier, dass verschiedene Gruppen sehr unterschiedlich betroffen sind. Unter den Selbstständigen berichten sowohl in den USA als auch im Vereinigten Königreich über 70 Prozent, dass sie Einkommensverluste zu verzeichnen haben. Bei den abhängig Beschäftigten (ohne Arbeitslose) sind es weniger als ein Viertel.

Unter allen Befragten, die vier Wochen vor der Befragung noch einen Arbeitsplatz hatten, berichten in den USA 11,6 Prozent und im Vereinigten Königreich 9,2 Prozent, dass sie wegen der Coronakrise arbeitslos geworden sind. Weniger gut bezahlte Arbeitsplätze gehen häufiger verloren. Im Vereinigten Königreich berichten 16 Prozent der Befragten mit einem Jahreseinkommen unter 10 000 Pfund (ca. 11 000 Euro), dass sie entlassen wurden. In den Einkommensbereichen über 70 000 Pfund (ca. 78 000 Euro) sind es nur 5 Prozent. In den USA ist das Bild uneinheitlicher. Dort sind die Jobverluste in den unteren Einkommensbereichen ähnlich hoch, aber unter den Besserverdienenden gibt es teilweise ebenfalls erhebliche Einbrüche. In der Gruppe der Befragten mit 60 000 bis 70 000 US-Dollar (ca. 53 000 bis 62 000 Euro) Jahreseinkommen liegt der Anteil derjenigen, die ihre Arbeit verloren haben, bei deutlich über 10 Prozent. Im Durchschnitt kommen aber auch in den USA Entlassungen in den niedrigen Einkommensbereichen häufiger vor. Man kann hier einwenden, dass auch in normalen Zeiten die Fluktuation unter den Beschäftigten in den höheren Einkommensbereichen niedriger ist. Trotzdem trifft die durch die Coronakrise bedingte Entlassungswelle Menschen mit geringeren Einkommen stärker.

Wie in Deutschland spielt auch im Vereinigten Königreich und in den USA die Möglichkeit, berufliche Aufgaben von zu Hause aus zu erledigen, in der Coronakrise eine wichtige Rolle. Dabei sind Beschäftigte mit höheren Einkommen im Vorteil. Im Vereinigten Königreich geben die Befragten mit über 50 000 Pfund (ca. 56 000 Euro) Jahreseinkommen im Durchschnitt an, dass sie rund 60 Prozent ihrer Aufgaben aus dem Homeoffice erledigen können. In der Gruppe mit weniger als 20 000 Pfund (ca. 22 400 Euro) Jahreseinkommen sind es nur 30 Prozent.

Unterschiede in der Betroffenheit von der Krise bestehen auch zwischen Altersgruppen. Menschen mit niedrigen Einkommen und instabilen Beschäftigungsverhältnissen sind häufig jünger. Entsprechend sind die Sorgen, die weitere Entwicklung betreffend, bei den Jüngeren größer. In beiden Ländern erwarten die unter 25-Jährigen, dass sie in näherer Zukunft die Hälfte ihres Einkommens verlieren werden. Am wenigsten gefährdet sehen sich die über 60-Jährigen. Bei ihnen ist der erwartete Verlust mit 30 Prozent in den USA und 20 Prozent im Vereinigten Königreich allerdings immer noch schmerzhaft.

Die Bildungsungleichheit wird wachsen

Man kann davon ausgehen, dass auch bei einer langwierigen wirtschaftlichen Erholung irgendwann wieder Normalität einkehrt. Trotzdem wird die Coronakrise Spuren hinterlassen, die in der Einkommensverteilung noch lange sichtbar sein werden. Wie im Kapitel 5 erläutert wurde, beschleunigt die Coronakrise den Strukturwandel und die Digitalisierung. Je besser Menschen ausgebildet sind, desto bessere Berufs- und Einkommenschancen haben sie in diesem Umfeld. Digitalisierung und technischer Wandel haben schon seit längerer Zeit das Lohngefälle zwischen hoch und niedrig qualifizierter Arbeit wachsen lassen. Die Nachfrage nach gut ausgebildeten Arbeitskräften wird weiter zunehmen, und ihr Einkommen wird schneller steigen als das anderer Gruppen. Weniger gut ausgebildete Arbeitskräfte, die Routinetätigkeiten ausüben, werden weniger gefragt sein. Ihre Entlohnung wird sich entsprechend unterdurchschnittlich entwickeln.

Wenn Qualifikation für den Berufserfolg immer wichtiger wird und dieser Prozess sich durch die Coronakrise beschleunigt, sollten die Bildungssysteme darauf reagieren, indem sie mehr Menschen als bisher gut ausbilden. Leider wird die Coronakrise zunächst eher das Gegenteil bewirken. Eine wachsende Zahl von Menschen verliert den Anschluss. Das liegt daran, dass während der Krise die Schulen monatelang schließen mussten. Darauf waren sie nicht vorbereitet. Viele haben Fernunterricht improvisiert. Lehrer konnten den Kontakt zu Schülern und Eltern oft nur per E-Mail aufrechterhalten. Dieser Schulausfall hat nicht nur die Familien belastet und dort besonders die Mütter, die häufig mehr Verantwortung bei der Kindererziehung tragen. Der Unterrichtsausfall führt auch dazu, dass die Kinder schlechter auf das Berufsleben vorbereitet werden. Der Rückstand infolge der Schulschließungen lässt sich später nicht wieder aufholen. Der Bildungsökonom Ludger Wößman schreibt dazu im Mai 2020:

»In der empirischen Wirtschaftsforschung gibt es kaum robustere Befunde als den positiven Einfluss von Schulbesuch und Kompetenzerwerb auf wirtschaftlichen Wohlstand. Geht etwa ein Drittel eines Schuljahres an Lernen verloren, so geht dies über das gesamte Berufsleben gerechnet im Durchschnitt mit rund 3–4 % geringerem Erwerbseinkommen einher.«[57]

Die Unterrichtsausfälle treffen Kinder aus bildungsfernen Familien deutlich härter als andere Kinder. Wenn die Schule schließt und das Lernen in der Klasse durch das Bearbeiten von Schulaufgaben zu Hause ersetzt werden muss, spielt der Bildungshintergrund der Eltern eine entscheidende Rolle. Die Schulschließungen während der Coronakrise verschärfen die Bildungsungleichheit. Die Chancengleichheit, um die es ohnehin nicht gut bestellt ist, nimmt weiter ab. Die Folgen werden lange spürbar sein und sich in größerer Ungleichheit bei beruflichen Perspektiven und beim Einkommen niederschlagen.

Man kann insgesamt damit rechnen, dass wirtschaftliche Ungleichheit sich nach der Corona-Pandemie verändern wird. Sie wird nicht in jeder Dimension zunehmen, weil viele Vermögen, auch große Vermögen, in der Krise zerstört werden. Die durch Bildungsunterschiede verursachte Ungleichheit der Chancen zur beruflichen Entwicklung wird aber wachsen. Der bereits seit Jahren bestehende Trend zu wachsenden Einkommensunterschieden zwischen hoch und niedrig qualifizierter Arbeit wird sich verschärfen. Eine wichtige Aufgabe für die Politik in den nächsten Jahren besteht darin, dieser Entwicklung durch Reformen des Bildungssystems und verstärkte Bildungsinvestitionen gerade für Kinder aus benachteiligten Gruppen entgegenzuwirken.

Die Bedeutung des Sozialstaats in der Krise

Es gehört zu den Errungenschaften moderner Wohlfahrtsstaaten, dass sie breite Schichten der Bevölkerung vor wirtschaftlichen Risiken wie Einkommensverlust durch Arbeitslosigkeit oder Krankheit schützen. In der Coronakrise wird diese Absicherung stark genutzt. Die erste Priorität liegt im Ausbau des Gesundheitswesens. Die Zahl der Betten in den Intensivstationen der Krankenhäuser wird stark erhöht, in Deutschland sogar verdoppelt, ausgehend von einem bereits hohen Niveau. Schutzkleidung, Atemmasken, Medikamente und Beatmungsgeräte werden in großen Mengen bestellt. Wenn die Lieferung ausbleibt, liegt es nicht am Geld, sondern an mangelnden Produktionskapazitäten oder Exportbeschränkungen anderer Länder für medizinische Güter.

Der Sozialstaat stemmt sich außerdem gegen die wirtschaftlichen Folgen der Krise. Menschen, die entlassen werden, erhalten Arbeitslosengeld, auch wenn diese Unterstützung in verschiedenen Ländern sehr unterschiedlich ausfällt. In Deutschland ist der Sozialstaat besonders stark ausgebaut.

Zwischenzeitlich wurde für mehr als zehn Millionen Menschen Kurzarbeitergeld beantragt. Normalerweise beträgt das Kurzarbeitergeld 60 Prozent des Nettoeinkommens, für Eltern 67 Prozent. In der Coronakrise wird es bei längerer Bezugsdauer auf bis zu 80 beziehungsweise 87 Prozent erhöht.

Kleine und mittlere Unternehmen erhalten Hilfen, damit sie angesichts stark sinkender Umsätze zumindest die laufenden Kosten wie etwa Mieten oder Leasingraten weiter bezahlen können. Solo-Selbstständige werden ebenfalls unterstützt. Außerdem wird in der Grundsicherung die Vermögensprüfung aufgehoben. Menschen, die wegen der Krise ihren Lebensunterhalt nicht mehr bestreiten können, sollen unbürokratisch Hilfe erhalten.

Angesichts all dieser Hilfen stellt sich die Frage, wie groß die Möglichkeiten des Sozialstaats zur Absicherung der Bürger sind und wo seine Grenzen liegen. Aus ökonomischer Sicht kann man den Sozialstaat als Versicherung betrachten. Das Versicherungsprinzip funktioniert vor allem dann, wenn nicht alle Bürger gleichzeitig von einem Schaden betroffen sind. Bei normaler Wirtschaftslage trifft das meistens zu. Ob einzelne Menschen in einem Jahr erkranken und im Beruf ausfallen oder nicht, ist schwer vorherzusagen, aber der Anfall an Krankheiten in der Bevölkerung insgesamt ist normalerweise einigermaßen stabil, zumindest, wenn nicht gerade eine Pandemie ein Land heimsucht. Das Versicherungsprinzip bedeutet, dass alle einen Versicherungsbeitrag leisten und die Einnahmen in die Behandlung derjenigen fließen, die das Pech haben, tatsächlich krank zu werden. Ähnlich ist es bei Risiken wie Arbeitslosigkeit. Auch ohne Krisen gehört es zur wirtschaftlichen Entwicklung, dass

Arbeitsplätze gelegentlich verloren gehen. Die Betroffenen benötigen dann eine gewisse Zeit, um einen neuen Arbeitsplatz zu finden. Die Arbeitslosenversicherung hilft, diese Zeit zu überbrücken. In Deutschland ist die Arbeitslosenversicherung allerdings beitragsfinanziert. Nur wer über einen Mindestzeitraum hinweg Beiträge eingezahlt hat, erhält Arbeitslosengeld.

Neben dieser beitragsbasierten Absicherung gibt es in Deutschland eine Grundsicherung. Sie soll dafür sorgen, dass niemand unter einen Mindestlebensstandard fällt. Diese Grundsicherung steht allen Bürgern offen, unabhängig von der Frage, ob vorher Beiträge eingezahlt wurden oder nicht. Darüber hinaus existiert in Deutschland eine große Zahl weiterer Sozialleistungen, darunter Kindergeld, Elterngeld, Wohngeld und vieles mehr.

In der Coronakrise greift die Versicherungsfunktion des Sozialstaats: Unterschiedliche Sektoren und Beschäftigte sind von der Krise sehr unterschiedlich betroffen. Die Coronakrise ist aber mehr als ein Schock für einen Teil der Wirtschaft, der durch den Rest gut aufgefangen werden kann. Die Verluste sind für die gesamte Volkswirtschaft so erheblich, dass sich die Frage aufdrängt, ob sie die Solidargemeinschaft des Sozialstaats überfordern.

Wie wir die Überforderung des Sozialstaats verhindern

Wo ist die Grenze der sozialstaatlichen Absicherung? Im Prinzip ist das gewählte Ausmaß an Absicherung eine politische Entscheidung. Die wirtschaftlichen Folgen und Lasten dieser Entscheidungen müssen aber tragbar sein.

Sozialstaatliche Absicherung kann an finanzielle Grenzen stoßen. Zur Finanzierung von Sozialleistungen müssen Steuern und Abgaben erhoben werden. Steuern zu erheben geht mit Kosten einher, die mit zunehmender Höhe der Besteuerung überproportional wachsen. Das sind nicht nur die Kosten der Ermittlung fälliger Steuern und ihrer Durchsetzung. Steuern führen zu Ausweichreaktionen, ökonomische Entscheidungen werden verzerrt. Die Bereitschaft, zu arbeiten oder zu investieren, sinkt mit wachsenden Steuerlasten. Unternehmen und Menschen mit hohen Einkommen oder Vermögen sind international zunehmend mobil und wandern ab, wenn die Steuerlasten in einem Land relativ zu anderen zu hoch werden.

In den letzten Jahren sind sozialstaatliche Leistungen in Deutschland immer mehr ausgebaut worden. Besonders ausgeprägt ist das im Bereich der Renten. Die Rente ab 63 Jahren, die Mütterrente und die kürzlich beschlossene Einführung der Grundrente gehören dazu. Um zu verhindern, dass die gesetzliche Rente künftig langsamer wächst als die Löhne wurde in der Rentenversicherung außerdem die sogenannte »Haltelinie« eingeführt. Sie verhindert bis zum Jahr 2025, dass die Rente unter 48 Prozent des Arbeitseinkommens fällt.* Eine zweite Haltelinie gilt für den Beitragssatz, der 20 Prozent nicht übersteigen soll. Man kann davon ausgehen, dass bald Forderungen aufkommen, diese Haltelinien über 2025 hinaus zu verlängern. Da die Zahl der Rentenempfänger durch den demographischen

---

* Es handelt sich dabei nicht um 48 Prozent des letzten Gehalts vor Renteneintritt, sondern um eine technische Größe, die als Rentenniveau bezeichnet wird.

Wandel im Zeitablauf steigt, ist klar, dass die Rentenversicherung unter diesen Bedingungen wachsende Zuschüsse brauchen wird, die aus Steuern finanziert werden. Schon heute erhält die Rentenversicherung einen jährlichen Zuschuss, der knapp einem Drittel des Bundeshaushalts entspricht.

Die Rentenversicherung ist aber nicht der einzige Ausgabenposten im Sozialhaushalt, der expandiert. Die Ausgaben der Kranken- und Pflegeversicherung werden mit der Alterung der Bevölkerung ebenfalls überproportional steigen. Die Pensionen für Beamte werden die öffentlichen Haushalte ebenfalls immer stärker belasten. Im Jahr 2018 betrugen die Sozialausgaben in Deutschland 996 Mrd. Euro, rund 30 Prozent des Bruttoinlandsprodukts. Dabei ist zu bedenken, dass 2018 in Deutschland quasi Vollbeschäftigung herrschte. Die Ausgaben zur Unterstützung von Arbeitslosen waren also sehr niedrig. Das könnte sich in den kommenden Jahren ändern.

Eine weitere Expansion der Sozialausgaben ist schon wegen der Alterung der Bevölkerung in Deutschland unausweichlich. Anderen europäischen Ländern geht es ähnlich. Durch die Kombination aus diesem Anstieg und den Lasten der Coronakrise droht eine Überforderung. Bereits heute wird zu Recht kritisiert, dass die Steuer- und Abgabenlasten in Deutschland und anderen europäischen Staaten im internationalen Vergleich hoch sind[58] und Wachstum und Wettbewerbsfähigkeit Europas beeinträchtigen. Trotz der hohen Steuern wird vergleichsweise wenig Geld für staatliche Kernaufgaben wie Verteidigung und innere Sicherheit oder öffentliche Infrastrukturinvestitionen bereitgestellt. In einer Studie aus dem Jahr 2018 dokumentieren die Ökonomen Ludger Schuknecht und Holger Zemanek einen internationalen Trend zu wachsenden Sozialausgaben und warnen davor, dass Sozialausgaben andere wichtige Staatsausgaben verdrängen. Sie bezeichnen diesen Verdrängungsprozess als »Soziale Dominanz«, in Analogie zum Begriff der »fiskalischen Dominanz«, mit dem die Beeinträchtigung der Geldpolitik durch fiskalpolitische Anliegen bezeichnet wird.[59]

In dieser Lage ist es unumgänglich, Vorkehrungen zu treffen, um eine Überforderung des Sozialstaats zu verhindern. In der Coronakrise entsteht gelegentlich der Eindruck, der Sozialstaat sei dafür verantwortlich, die Bürger mehr oder weniger vollständig vor Einkommensverlusten durch die Krise zu bewahren. Die Erhöhung des Kurzarbeitergeldes auf bis zu 80 Prozent des Nettoeinkommens geht in diese Richtung. Man kann dafür durchaus gute Argumente anführen, beispielsweise das Ziel, die Konsumnachfrage zu stabilisieren. Aber dass es Argumente für die Ausdehnung staatlicher Leistungen gibt, heißt noch nicht, dass die damit einhergehenden Kosten die Ausdehnung rechtfertigen.

Entsprechend kann man die Hilfen für Unternehmer und Selbstständige im Rahmen der Coronakrise durchaus kritisch sehen. Die Selbstständigen sind von der Sozialversicherungspflicht befreit, weil von ihnen erwartet wird, dass sie privat für Krisenfälle vorsorgen. Die Gewährung von Finanzhilfen in der Coronakrise passt dazu genau so wenig wie die Aufhebung der Vermögensprüfung in der Grundsicherung. Während abhängig Beschäftigte mit Kurzarbeiter- und Arbeitslosengeld eine Leistung erhalten, die sie selbst mit ihren Beiträgen finanzieren, erhalten Selbstständige Hilfen, obwohl sie keinerlei Beiträge entrichtet haben. Man kann darüber diskutieren, ob die Sondersituation der Coronakrise mit staatlichen Vorgaben für die Schließung bestimmter Sektoren derartige Hilfen rechtfertigt. Für die Zukunft ist es aber notwendig, dass Selbstständige entweder verpflichtet werden, für Notfälle vorzusorgen oder im Krisenfall an die Grundsicherung mit Fortbestand der Vermögensprüfung verwiesen werden.

Analoges gilt für Leistungen der Renten-, Kranken- und Pflegeversicherungen. Das Argument, es sei unzumutbar, wenn Menschen mit niedrigen Renten ergänzend auf Grundsicherung zurückgreifen müssen, ist mit dem Subsidiaritätsprinzip nicht vereinbar. Es ist richtig, dass durch die Grundsicherung Arbeits- und Sparanreize gestört werden können. Das lässt sich aber durch Anrechnungsregeln lösen, die dafür sorgen, dass eigene Ersparnisse in einem angemessenen Umfang nicht zu Kürzungen bei Leistungen der Grundsicherung führen. Eine generelle Ausdehnung von Leistungen der Rentenversicherung ist angesichts des vor uns liegenden demographischen Wandels nicht durchzuhalten.

Für die Sozialpolitik der kommenden Jahre sind Leitplanken erforderlich, die Kernbestand und Grenzen des Sozialstaats definieren. Vier Leitlinien sollten in den Vordergrund gestellt werden: das Äquivalenzprinzip, Flexicurity, Selbstbeteiligung und Subsidiarität. Das Äquivalenzprinzip bedeutet, dass Sozialleistungen und Sozialbeiträge miteinander einhergehen müssen. Dadurch werden Arbeits- und Leistungsanreize geschützt. Wenn der Zugang zu Leistungen der Sozialversicherungen immer mehr Empfängern ermöglicht wird, die keine Beiträge entrichtet haben, wirken Sozialversicherungsbeiträge zunehmend wie Steuern, denen keine direkte Gegenleistung gegenübersteht. Das zerstört Leistungsanreize.

Flexicurity zielt darauf ab, dass Regelungen des Sozialstaats nicht bestehende Beschäftigungsverhältnisse schützen, sondern die Beschäftigten selbst. Es geht darum, flexible Arbeitsmärkte mit sozialer Absicherung zu verbinden. Wenn es richtig ist, dass die Coronakrise den Strukturwandel beschleunigt, dann folgt daraus, dass sozialstaatliche Regelungen es Menschen erleichtern sollten, bei Verlust des Arbeitsplatzes schnell neue Beschäftigung zu finden. Dazu gehört neben dem Einkommensersatz durch Arbeitslosengeld eine sehr aktive Vermittlung von Arbeitslosen und Fort- und Weiterbildung, die allerdings praxisnah sein sollte.

Das Prinzip der Selbstbeteiligung bedeutet, dass der Sozialstaat keine Vollkasko-Mentalität entstehen lässt. Beispielsweise ersetzt das Arbeitslosengeld nicht das gesamte entgangene Einkommen, sondern nur einen Teil. Diese Selbstbeteiligung gibt es bei vielen Versicherungen in privaten Märkten. Sie hat eine wichtige Funktion. Selbstbeteiligung sorgt dafür, dass die Versicherten ein Interesse daran behalten, Schäden zu vermeiden.

Die vierte Leitplanke ist das Subsidiaritätsprinzip. Es besagt, dass jeder Bürger zunächst selbst für seine wirtschaftliche Existenz verantwortlich ist. Erst wenn das scheitert, springt der Sozialstaat ein. Zur Eigenverantwortung gehört, dass die Bürger sich gegen absehbare Risiken absichern. So lässt sich begründen, dass Arbeitnehmer verpflichtet werden, Beiträge an die Sozialversicherungen zu entrichten. Bei Selbstständigen und Unternehmern geht man davon aus, dass sie ohne gesetzliche Verpflichtung für Risiken vorsorgen. Den Bürgern steht darüber hinaus das soziale Netz der Grundsicherung zur Verfügung. Gemäß dem Subsidiaritätsprinzip wird jedoch erwartet, dass die Grundsicherung nur beansprucht, wer keine anderen Reserven hat, beispielsweise eigenes Vermögen.

Daraus folgt unter anderem, dass die populäre Idee eines bedingungslosen Grundeinkommens abzulehnen ist. In Deutschland und den meisten europäischen Ländern gibt es bereits ein Grundeinkommen, das vor Armut durch Erwerbslosigkeit schützt. Es ist aber nicht bedingungslos, steht also nur denen zur Verfügung, die es brauchen, weil eigenes Einkommen oder Vermögen fehlt. Das entspricht dem Subsidiaritätsprinzip. Ein bedingungsloses Grundeinkommen würde den Staat finanziell überfordern. Um den rund 80 Millionen Einwohnern in Deutschland ein bedingungsloses Grundeinkommen von beispielsweise 800 Euro im Monat zu zahlen, müsste man pro Jahr 768 Mrd. Euro aufbringen. Das gesamte Steueraufkommen in Deutschland betrug im Jahr 2019 799 Mrd. Euro. Darüber hinaus würde das bedingungslose Grundeinkommen einen Teil der Bevölkerung aus dem Erwerbsleben ausschließen. Das hätte höchst negative ökonomische und soziale Folgen. Ein bedingungsloses Grundeinkommen würde es vielen Menschen erlauben, weniger oder gar nicht zu arbeiten, ohne große Einkommensverluste zu erleiden. Es entlässt außerdem Entscheidungsträger in Politik und Wirtschaft aus der Pflicht, sich für die Schaffung von Arbeitsplätzen einzusetzen. Studien zu den Wirkungen des bedingungslosen Grundeinkommens bestätigen, dass die Beschäftigung sinken würde (Sachverständigenrat für die Begutachtung der gesamtwirtschaftlichen Entwicklung (2007)).

KAPITEL 8

DIE EU UND DER EURO: SPANNUNGEN WACHSEN

Die Coronakrise trifft die EU und die Europäische Währungsunion in einem verletzlichen Zustand. Die Folgen der Schuldenkrise im Euroraum sind nicht überwunden. Der Brexit hat die EU verunsichert und geschwächt. Zwischen Brüssel und einigen der mittel- und osteuropäischen Mitgliedstaaten, vor allem Polen und Ungarn, wachsen die Differenzen. Italien leidet unter einer chronischen Wachstumsschwäche und geriet kürzlich mit den europäischen Institutionen in einen harten Konflikt über die Einhaltung fiskalpolitischer Regeln. Der Konflikt hat einmal mehr gezeigt, dass es nicht möglich ist, Mitgliedstaaten zur Einhaltung finanzpolitischer Regeln zu zwingen, selbst wenn sie diesen Regeln vorher selbst zugestimmt haben.[60]

Ob eine wirtschaftlich geschwächte und uneinige Gemeinschaft eine Bewährungsprobe wie die Coronakrise bestehen kann, ist fraglich. Gleich zu Beginn der Krise ist ein Streit über die nötigen Antworten ausgebrochen. Forderungen nach finanzieller Unterstützung von einer Gruppe von Ländern lösen bei anderen Ablehnung und Sorgen vor Überlastung aus. Mittlerweile haben sich die Europäer zusammengerauft und erste gemeinsame Schritte zur Stabilisierung der Wirtschaft eingeleitet. Überwunden ist die Krise damit aber noch lange nicht. Die wirtschaftlichen und politischen Gräben in Europa könnten sich vertiefen. Die Bewährungsprobe hat gerade erst begonnen.

Die Gespenster der Eurokrise

Die wirtschaftlichen Folgen der Corona-Pandemie erinnern an die Eurokrise. Kehren die Gespenster von damals zurück? Die europäischen Regierungen behaupten gerne, dass die Eurozone durch die Reformen der letzten Jahre robuster geworden sei: Vor allem durch die Schaffung des permanenten Rettungsschirms ESM und die Einführung der europäischen Bankenunion. Nun besteht die Gelegenheit, das zu zeigen.

In der Corona-Pandemie müssen die Länder die Gesundheit ihrer Bürger schützen und die Wirtschaft stabilisieren. Auf beiden Gebieten ergeht es den Staaten der Eurozone sehr unterschiedlich. Die Muster der Euro-Schuldenkrise scheinen sich zu wiederholen. Griechenland steht dieses Mal nicht im Fokus. Italien und Spanien hingegen werden von der Pandemie hart getroffen. Wenig später folgt Frankreich. Das gilt zum einen für die Krise des Gesundheitssystems. In diesen Ländern breitet sich die Krankheit im Frühjahr sehr schnell aus. Bald sind die Intensivstationen der Krankenhäuser überlastet, es fehlt an Beatmungsgeräten und an Schutzkleidung. Aus den Nachbarländern kommt kaum Hilfe. Viele Länder schließen sogar ihre Grenzen und verbieten den Export medizinischer Ausrüstung. Erst mit Verzögerung beginnt Deutschland, Patienten aus Italien und Frankreich in deutsche Kliniken auszufliegen. Hier ist unnötiger Schaden entstanden, weil die nationalen Regierungen ihre Entscheidungen nicht mit den europäischen Partnern koordiniert haben.

In der Wirtschaftspolitik kommt es anfänglich ebenfalls zu Irritationen. Am 25. März 2020 schreiben neun Mitgliedstaaten der Eurozone einen offenen Brief an den Präsidenten des Europäischen Rates.[*] Sie fordern die Einführung gemeinsamer europäischer Anleihen, um die Kosten der Pandemie und ihrer wirtschaftlichen Folgen zu finanzieren und auf mehrere Schultern zu verteilen. Diese Anleihen werden später als »Coronabonds« bezeichnet. Diese Initiative erinnert an Forderungen nach Eurobonds während der Eurokrise. Entsprechend löst sie in Deutschland und anderen nordeuropäischen Staaten Abwehrreaktionen aus.

Tatsächlich sind Coronabonds und Eurobonds nicht dasselbe. Eurobonds sollten existierende nationale Staatsschulden durch europäische Anleihen refinanzieren. Für die neuen Anleihen sollten die Mitgliedstaaten der Eurozone gesamtschuldnerisch haften. Damit war beabsichtigt, Zinslasten für hoch verschuldete Mitgliedstaaten zu senken und die Aufnahme neuer Kredite zu erleichtern. Man hoffte, die europäischen Schuldenregeln würden verhindern, dass die einzelnen Mitgliedstaaten die gemeinsam garantierte Kreditaufnahme übermäßig nutzen. Dieser Plan ist vergleichbar mit der Idee,

---

[*] Es handelt sich um Belgien, Frankreich, Italien, Luxemburg, Spanien, Portugal, Griechenland, Slowenien und Irland.

im privaten Bereich in einer Gruppe von Freunden, von denen einige finanzielle Probleme haben, die Schulden zu vergemeinschaften, die Bankkonten zusammenzulegen und jedem Gruppenmitglied eine Kreditkarte auszuhändigen, das verspricht, nicht zu viel Geld von dem gemeinsamen Konto auszugeben. Das ist ein Rezept für ein finanzielles Desaster und die Zerstörung der Freundschaft.

Das Konzept der Coronabonds ist weniger radikal. Im Brief der neun Regierungen heißt es:

»Wir müssen ein gemeinsames Verschuldungsinstrument entwickeln, das von einer europäischen Institution ausgegeben wird, um Mittel auf dem Markt zu gleichen Bedingungen und zum Nutzen aller Mitgliedstaaten zu beschaffen und so eine stabile langfristige Finanzierung der politischen Maßnahmen sicherzustellen, die erforderlich sind, um den durch diese Pandemie verursachten Schäden entgegenzuwirken.«[61]

Es geht also nicht darum, bereits vorhandene Schulden zu vergemeinschaften. Vielmehr sollen einmalig gemeinsame Anleihen ausgegeben werden, die krisenbedingte Kosten für das Gesundheitswesen und für die Stabilisierung der Wirtschaft finanzieren. Die finanzstarken Mitgliedstaaten, die diese Finanzierung nicht brauchen, sollen so mit den weniger starken Solidarität zeigen.

Coronabonds und die populistische Erpressung

Es besteht zweifellos ein gemeinsames Interesse der Mitgliedstaaten daran, dass die am stärksten betroffenen Länder die

Ausbreitung des Virus eindämmen und ihre Wirtschaft stabilisieren. Die Idee der Coronabonds ist trotzdem problematisch. Zum einen ist unklar, welche europäische Institution die gemeinsamen Schulden aufnehmen soll. Der Brief nennt den ESM nicht. Eine neue Institution zu schaffen, würde Jahre dauern. Zum anderen bleibt offen, ob die Mitgliedstaaten gesamtschuldnerisch haften sollen und nach welchem Verfahren die aufgenommenen Mittel verteilt und eingesetzt werden.

Am Ende des Briefes folgt eine Passage, die für die weitere Entwicklung besondere Bedeutung hat:

»In diesem Sinne ... könnten wir auch andere Instrumente wie eine spezifische Finanzierung für coronabezogene Ausgaben im EU-Haushalt prüfen, zumindest für 2020 und 2021.«[62]

Die Unterzeichner des Briefes haben wohl nicht ernsthaft erwartet, kurzfristig die Ausgabe gemeinsamer Anleihen durchzusetzen, die an Eurobonds erinnern. Es ging wohl eher darum, öffentlichen Druck zu entfalten, um im Rahmen des EU-Budgets die Einrichtung eines schuldenfinanzierten Fonds zu erreichen, der den von der Krise betroffenen Volkswirtschaften und Sektoren hilft. Falls das der Plan war, hat er gut funktioniert, wie sich später zeigt.

In einem Interview mit der Financial Times am 16. April 2020[63] erhöht der französische Präsident Emmanuel Macron den Druck auf die nordeuropäischen Mitgliedstaaten. Seine Botschaft ist nicht sehr freundlich:

»Sie sind für Europa, wenn es darum geht, die von ihnen produzierten Güter zu exportieren. Sie sind für Europa, wenn es bedeutet, dass unsere Arbeitskräfte zu Ihnen kommen und die Autoteile produzieren, die wir zu Hause nicht mehr herstellen. Aber sie sind nicht für Europa, wenn das bedeutet, Lasten zu teilen ... Wir befinden uns in einem Moment der Wahrheit, in dem es darum geht, zu entscheiden, ob die Europäische Union ein politisches Projekt oder nur ein Marktprojekt ist. Ich glaube, es ist ein politisches Projekt. ... Wir brauchen Finanztransfers und Solidarität, und sei es nur, damit Europa durchhält.«[64]

Wenn man will, kann man diese Aussagen als ein kühles Ultimatum verstehen. Sofern die nordeuropäischen Staaten, vor allem Deutschland, auch künftig von den Vorteilen des europäischen Binnenmarktes profitieren wollen, müssen sie in der aktuellen Krise finanzielle Zugeständnisse machen. Andernfalls werden wir den europäischen Binnenmarkt schließen.

Für ein wirkliches Ultimatum fehlt allerdings die Glaubwürdigkeit der Drohung. Es ist schlicht falsch, dass allein die Staaten mit Exportüberschüssen von der Existenz des europäischen Binnenmarktes profitieren und die anderen Länder ihnen einen Gefallen tun, wenn sie ihre Märkte öffnen. Für die These, dass Länder mit Exportüberschüssen quasi Arbeitslosigkeit exportieren, gibt es keine überzeugenden Belege.[65] Der Binnenmarkt ist kein Nullsummenspiel, sonst gäbe es ihn nicht. Eine Auflösung des Binnenmarktes würde auch Ländern wie Frankreich und Spanien massiven Schaden zufügen. Es würde Emmanuel Macron nicht im Traum einfallen, den Binnenmarkt oder gar die EU aufzulösen, ganz unabhängig davon, ob ein Umverteilungsfonds zur Bewältigung der Coronakrise eingerichtet wird oder nicht.

Seine Aussagen sind eher ein Zeichen der Schwäche. Diese Schwäche kann Europa durchaus in Gefahr bringen. Sowohl in Frankreich als auch in Italien erstarken nationalistische und populistische politische Kräfte, die behaupten, die EU, andere Mitgliedstaaten oder die gemeinsame Währung seien die Ursache für hausgemachte wirtschaftliche und soziale Probleme. Ein europäischer Umverteilungsfonds allein wird den Aufstieg dieser Kräfte kaum aufhalten. Aber er könnte einen Beitrag leisten, unter anderem, indem er moderaten politischen Kräften Argumentationshilfen liefert.

Dass der drohende Aufstieg populistischer Parteien in Frankreich oder Italien ein guter Grund ist, die Einrichtung neuer europäischer Finanztöpfe zu rechtfertigen, kann man bezweifeln. Niemand lässt sich gerne erpressen, und Erpressungen nachzugeben, ist selten klug.[66] In jedem Fall wird deutlich, dass die aus der Euro-Verschuldungskrise bekannte Frontstellung wieder da ist: Eine Gruppe von Mitgliedstaaten verlangt finanzielle Hilfen, die andere fürchtet sich vor einer ›Transferunion‹.

Trotz dieses Konflikts sind die Aussichten für ein gemeinsames Handeln der Europäer dieses Mal besser. Die Coronakrise unterscheidet sich von der Eurokrise in einem wichtigen Punkt: Unterschiede in der Betroffenheit können heute schwerlich auf mangelnde Solidität der Wirtschaftspolitik oder übermäßiges Schuldenmachen vor der Krise zurückgeführt werden. In der Eurokrise war das anders: Kritiker der Hilfen an hoch verschuldete Länder konnten damals argumentieren, die Empfänger hätten ihre finanziellen Probleme durch unsolide Finanzpolitik und mangelnde Reformbereitschaft selbst verursacht. Hilfen würden nur dazu führen, dass dieses Fehlverhalten sich fortsetzt (›Moral Hazard‹). Andere hielten dem entgegen, ohne leichtsinnige Gläubiger wäre die Verschuldung gar nicht entstanden.

Für ein tieferes ökonomisches Verständnis der Verschuldungskrise im Euroraum war der Streit darüber, wer sich wann falsch verhalten hat, nie sonderlich hilfreich.[67] Er vergiftete lediglich die öffentliche Debatte über die Lastenverteilung bei der Bekämpfung der Krise und ließ nationalistische Vorurteile aufleben.

In der Coronakrise passiert das auch, aber in geringerem Umfang. Es dominiert der Eindruck, dass die Pandemie ein schicksalhaftes Ereignis ist, das über Europa hereingebrochen ist. Deshalb ist es überzeugend, zu fordern, dass Europa in dieser Bewährungsprobe zusammenstehen muss.

Erschöpfte Geldpolitik und beschränkte finanzpolitische Spielräume

Bei einem so tiefen und plötzlichen wirtschaftlichen Einbruch wie ihn die Coronakrise bringt, sollte die Politik alle Möglichkeiten nutzen, die Wirtschaft zu stabilisieren. Dazu gehören die Instrumente der Geld- und der Fiskalpolitik. Die Geldpolitik kann nur begrenzt zur Stabilisierung beitragen, weil so gut wie keine Spielräume für Zinssenkungen bestehen. Vor dem Ausbruch der globalen Finanzkrise war das anders. Im Juli des Jahres 2008 lag der Refinanzierungszins, zu dem die

EZB den Banken Geld leiht, noch bei 4,25 Prozent. In der Krise wurde er in mehreren Schritten bis zum Mai 2009 auf ein Prozent gesenkt. Diese Zinssenkung hat erheblich zur Stabilisierung der einbrechenden Konjunktur in Europa beigetragen. Im März 2020, als die Coronakrise ausbricht, liegt der Zins der EZB bereits bei Null Prozent. Die Geldpolitik hat ihr Pulver weitgehend verschossen.

Weitere geldpolitische Impulse müssen durch andere Instrumente erreicht werden. Im März 2020 beschließt die EZB ein Maßnahmenpaket unter der Bezeichnung PEPP (Pandemic Emergency Purchase Programme). Im Laufe des Jahres 2020 sollen zusätzlich Anleihen staatlicher und privater Emittenten in Höhe von 750 Mrd. Euro aufgekauft werden. Die EZB senkt ihre Anforderungen an die Qualität von Wertpapieren zur Besicherung ihrer Kredite an die Geschäftsbanken. Welche Wirkung dieses Programm entfaltet, außer dass es die Aktienkurse in die Höhe treibt, muss sich noch zeigen.

Da die Spielräume der Geldpolitik beschränkt sind, fällt der Fiskalpolitik und damit den Mitgliedstaaten der Eurozone die Hauptlast der Stabilisierung zu. Aber auch hier sind die Ausgangsbedingungen schwierig. In vielen Ländern ist die Staatsverschuldung im Jahr 2020 deutlich höher als vor der letzten Krise. Abbildung 8.1 vergleicht die Staatsschuldenquoten ausgewählter Länder der Eurozone in den Jahren 2008 und 2019. In Frankreich, Italien, Spanien und Portugal ist die öffentliche Verschuldung heute deutlich höher als vor der globalen Finanzkrise. Im Jahr 2008 betrug sie im Durchschnitt dieser vier Länder 70 Prozent, 2019 lag dieser Durchschnitt bei 117 Prozent. Nur in Deutschland und den Niederlanden ist es ge-

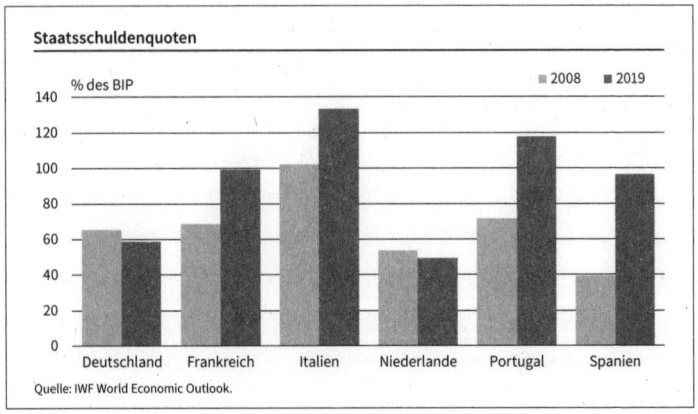

Abb. 8.1

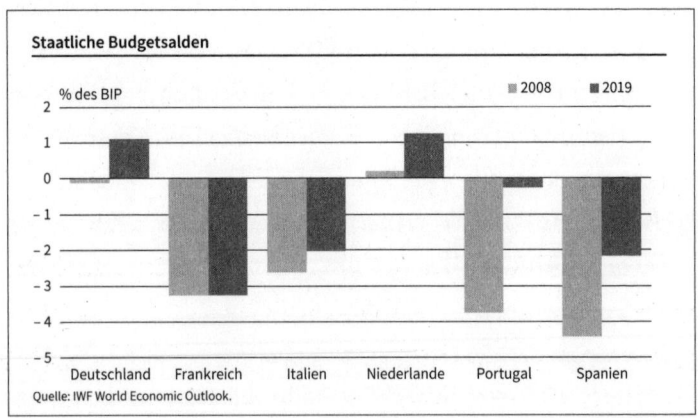

Abb. 8.2

lungen, die Schuldenquoten leicht unter das Niveau des Jahres 2008 zu senken.

Bei der laufenden Neuverschuldung ist das Bild differenzierter, wie Abbildung 8.2 zeigt. Deutschland und die Niederlande gehen mit deutlichen Budgetüberschüssen in die Coronakrise. Vor der globalen Finanzkrise waren ihre Staatshaushalte ungefähr ausgeglichen. Die Neuverschuldung Portugals liegt 2019 nahe Null. Damit ist die Ausgangssituation deutlich besser als 2008. Auch Spaniens Budgetdefizit ist 2019 niedriger als 2008. Allerdings war es 2008 sehr hoch, weil die spanische Wirtschaft bereits vom Platzen der Immobilienblase beeinträchtigt war. In Spanien ist das aktuelle Defizit im Staatshaushalt ungefähr so hoch wie in Frankreich und Italien, die mit ähnlicher Neuverschuldung wie 2008 in die Krise gehen.

Vor diesem Hintergrund stellt sich die Frage, ob die Spielräume der Fiskalpolitik groß genug sind, um die Wirtschaft zu stabilisieren. Vor allem im Fall Italiens erscheint das fraglich. Entlastend wirkt lediglich, dass die Zinsen auf Staatsschulden heute deutlich niedriger sind als vor der Finanzkrise. Im Jahr 2008 lagen die Zinsen auf italienische Staatsanleihen im Jahresdurchschnitt noch bei 4,8 Prozent, am 2. Juni 2020 waren es 1,5 Prozent, mit weiter fallender Tendenz. Allerdings ist dieser Zinsvorteil fragil, weil Zinskonditionen sich gerade in Krisen schnell ändern können. Für die höher verschuldeten Mitgliedstaaten der Eurozone ist diese Fragilität deutlich größer als für ähnlich hoch verschuldete Staaten mit eigener Währung, wie im nächsten Abschnitt erläutert wird.

Liquiditätsprobleme und die Fragilität des Investorenvertrauens

Genießen Staaten bei den Investoren an den internationalen Finanzmärkten hohes Vertrauen, lässt sich ihre Staatsverschuldung vergleichsweise leicht ausdehnen, um die Wirtschaft zu stabilisieren. Da die Investoren sichere Anlagemöglichkeiten suchen, sind die Zinskonditionen günstig. Die Rendite deutscher Staatsanleihen mit zehnjähriger Laufzeit beispielsweise betrug am 2. Juni 2020 –0,4 Prozent. Die Anleger verlangen also nicht nur keinerlei Zinsen. Sie sind sogar bereit, den deutschen Staat für die Aufbewahrung ihres Geldes zu bezahlen. Allerdings sollte man nicht vergessen, dass die Zinsen dann, wenn die Staatsanleihen auslaufen und refinanziert werden müssen, durchaus wieder positiv sein können.

Staaten, deren finanzielle Solidität infrage steht, sind in einer ganz anderen Lage. Bei ihnen können die Zinsen in Krisensituationen plötzlich ansteigen. Im Extremfall droht ein Käuferstreik. Das gilt insbesondere für Staaten, die Mitglied einer Währungsunion sind. Staaten mit nationaler Währung können sich in der Regel bei der eigenen Notenbank verschulden. Die Käufer von Staatsanleihen wissen, dass die nationale Notenbank im Fall eines Liquiditätsengpasses eingreifen und Staatsanleihen aufkaufen kann. Wenn das im Übermaß geschieht, kann die Geldwertstabilität gefährdet werden. Eine Zahlungsunfähigkeit aufgrund von Liquiditätsproblemen ist aber quasi ausgeschlossen. Die Zentralbank steht im Notfall immer als Kreditgeber, als ›Lender of Last Resort‹ zur Verfügung.

Wenn ein Land hingegen in einer Währung verschuldet ist, die es selbst nicht herstellen kann, ist die Gefahr einer plötzlichen Illiquidität größer. Es reicht, wenn einzelne Investoren erwarten, dass andere Investoren kurzfristig das Vertrauen verlieren. In diesem Fall ist es für den einzelnen Investor rational, sofort alle Staatsanleihen des Landes abzustoßen, unabhängig davon, ob das Schuldnerland tatsächlich ökonomische Probleme hat, welche die Fähigkeit zur Bedienung von Schulden mittel- oder langfristig infrage stellen.

In diesem Fall kann selbst ein Land in die Insolvenz geraten, das bei Aufrechterhaltung des Investorenvertrauens solvent bleiben würde. Ist das Vertrauen verloren, treiben Risikozuschläge die Zinskosten in die Höhe. Eigentlich besteht aus gesamtwirtschaftlicher Perspektive ein hohes Interesse daran, das Vertrauen aufrechtzuerhalten. Bei normalem Kapitalmarktgeschehen ist aber nicht gewährleistet, dass es auch so kommt.

In der Eurozone ist die EZB nicht als ›Lender of Last Resort‹ für die Mitgliedstaaten vorgesehen. Es ist ihr ausdrücklich verboten, Staatshaushalte zu finanzieren. Sie kann Staatsanleihen kaufen, auch in großer Menge, aber das sollte geldpolitisch begründet sein. Dass einzelne Mitgliedstaaten Probleme haben, Kredite zu erhalten, ist aus dieser Perspektive keine Rechtfertigung dafür, dass die EZB eingreift. Deshalb ist das Vertrauen der Investoren in einige der hoch verschuldeten Staaten der Eurozone tendenziell instabil.

Das zeigte sich deutlich im März 2020. Bei der monatlichen Pressekonferenz der Europäischen Zentralbank erklärte EZB-Präsidentin Christine Lagarde, die EZB sei nicht dafür zuständig, die Unterschiede in den Zinsen zwischen Anleihen verschiedener Staaten der Eurozone zu begrenzen. Das ist eigentlich eine Selbstverständlichkeit. Trotzdem wurde an den Finanzmärkten erwartet, dass die EZB diese Rolle übernehmen würde, wenn es notwendig erscheint. Sofort begannen die Investoren, italienische Staatsanleihen abzustoßen. Die Risikoprämien schossen in die Höhe und die Mailänder Börse brach um 17 Prozent ein. Das war der höchste Tagesverlust in ihrer Geschichte. Christine Lagarde nahm ihre Aussage schnell zurück. Nach kurzer Zeit ebbten die Turbulenzen an den Märkten ab und die Risikozuschläge auf italienische Staatsanleihen sanken wieder.[68] Die Episode zeigt aber, dass der Zugang hoch verschuldeter Staaten der Eurozone zum Kapitalmarkt fragil ist.

Maßnahmen der Eurozone zur Eindämmung der Krise

Um die Gefahr einer Vertrauenskrise an den internationalen Kapitalmärkten einzudämmen, beschlossen die Regierungen der Eurozone am 9. April ein Maßnahmenpaket im Umfang von 540 Mrd. Euro. Es enthält drei Elemente: Erstens erhalten alle Mitgliedstaaten Zugang zu einer vorsorglichen Kreditlinie des Europäischen Stabilitätsmechanismus ESM in Höhe von bis zu zwei Prozent ihres Bruttoinlandsprodukts, insgesamt 240 Mrd. Euro. Sie können darauf zurückgreifen, wenn sie Schwierigkeiten haben, sich an den Kapitalmärkten zu refinanzieren. Zweitens erhält die Europäische Investitionsbank EIB zusätzliche Mittel in Höhe von 25 Mrd. Euro. Das versetzt sie in die Lage, ergänzt durch zusätzliche Kreditaufnahme im Umfang von 175 Mrd. Euro, europaweit Investitionen im Umfang von bis zu 200 Mrd. Euro zu finanzieren. Drittens bietet die Europäische Kommission allen EU-Mitgliedstaaten, nicht nur Mitgliedern der Eurozone, im Rahmen des Programms SURE, Kredithilfen zur Finanzierung von Arbeitsmarktmaßnahmen, vor allem zur Zahlung von

Kurzarbeitergeld. Das Volumen des SURE-Programms beträgt 100 Mrd. Euro. Die Refinanzierung dieser Kredite wird durch Garantien der Mitgliedstaaten ermöglicht.

Um das Risiko einer Vertrauenskrise der Investoren zu senken, ist die ESM-Kreditlinie besonders wichtig. In vielen südeuropäischen Ländern ist der ESM unpopulär, weil er mit harten Sanierungsprogrammen während der Eurokrise in Verbindung gebracht wird. Dieses Mal sollen die Bedingungen aber milde sein: Die Staaten sollen sich lediglich verpflichten, die Mittel, die sie vom ESM erhalten, für die Bekämpfung der Pandemie und ihrer wirtschaftlichen Folgen einzusetzen.

Während der Verschuldungskrise im Euroraum hat die EZB außerdem das »Outright Monetary Transactions«-Programm (OMT) eingeführt. Das OMT-Programm ermöglicht es der EZB, Staatsanleihen eines Landes, das sich den Bedingungen eines ESM-Programms unterworfen hat, in notfalls unbegrenzter Höhe zu kaufen. Dieses Programm ist umstritten, weil das Mandat der EZB sich eigentlich auf die Geldpolitik beschränkt. Die EZB behauptet zwar, es handle sich um Geldpolitik, denn Liquiditätsprobleme in den Märkten für Staatsanleihen würden die Wirkung der Geldpolitik auf die Realwirtschaft beeinträchtigen. Der Europäische Gerichtshof ist dieser Auffassung gefolgt. Aus ökonomischer Sicht ist die These, es handle sich hier um Geldpolitik, dennoch fragwürdig. Die EZB nimmt hier eindeutig die Rolle eines ›Lender of Last Resort‹ ein. Sie hilft gezielt Staaten, die fiskalische Probleme haben.

Unabhängig von der Frage, ob die EZB sich hier noch im Rahmen ihres geldpolitischen Mandats bewegt, bildet die

Kombination aus ESM und EZB durchaus einen wirkungsvollen ›Lender of Last Resort‹. Dass es im bisherigen Verlauf der Coronakrise an den internationalen Kapitalmärkten nicht zu einer Vertrauenskrise gekommen ist, scheint das zu bestätigen. Dennoch kann auch ein noch so gut ausgestatteter ›Lender of Last Resort‹ nur sehr begrenzt helfen, wenn ein Land langfristig überschuldet ist. Im Fall der Eurozone ist sogar ausdrücklich geregelt, dass der ESM Kredite nur an Länder vergeben darf, die nicht überschuldet sind. Es ist nicht die Funktion des ESM, geschweige denn der EZB, überschuldeten Ländern die Schulden abzunehmen und sie auf andere Mitgliedstaaten zu übertragen.

Nun gibt es bei der Beurteilung der Frage, wann ein Land überschuldet ist, einen weiten Beurteilungsspielraum. Wie im Kapitel 4 erläutert wurde, kann ein Land als überschuldet betrachtet werden, wenn es seine Staatsschuldenquote nicht stabilisieren beziehungsweise sie auf ein langfristig tragbares Niveau senken kann. Mehrere Länder in der Eurozone haben hohe Staatsschulden. Vor allem im Fall Italiens ist die Gefahr nicht von der Hand zu weisen, dass es zu einer Überschuldung kommt. Die Stabilität der Eurozone nach der Coronakrise wird maßgeblich davon abhängen, ob es gelingt, die wirtschaftliche und finanzielle Lage Italiens zu stabilisieren. Um zu beurteilen, ob und wie das klappen kann, ist es erforderlich, die Entwicklung Italiens in den letzten Jahrzehnten näher zu betrachten.

Der italienische Patient

Der Fokus der europäischen Debatte über die wirtschaftliche Lage Italiens liegt in der Corona- ebenso wie in der Eurokrise auf der Staatsverschuldung, den Risikozuschlägen auf die zugehörigen Zinsen und den Folgen sinkender Kurse italienischer Staatsanleihen für die italienischen Banken, die einen großen Anteil dieser Staatsanleihen halten. Gelegentlich entsteht in dieser Debatte der Eindruck, Italien sei durch eine leichtfertige Verschuldungspolitik in finanzielle Bedrängnis geraten. Tatsächlich sind die Staatsschulden des Landes eher ein Symptom der ökonomischen Schwierigkeiten als deren Ursache. Wo die wirklichen Probleme liegen, wird deutlich, wenn man die Entwicklung des Wirtschaftswachstums in Italien in den vergangenen vier Jahrzehnten betrachtet.

Abbildung 8.3 vergleicht die Entwicklung des Wirtschaftswachstums in Frankreich, Deutschland, Italien und dem Vereinigten Königreich seit 1980. Bis zur Mitte der 1990er Jahre

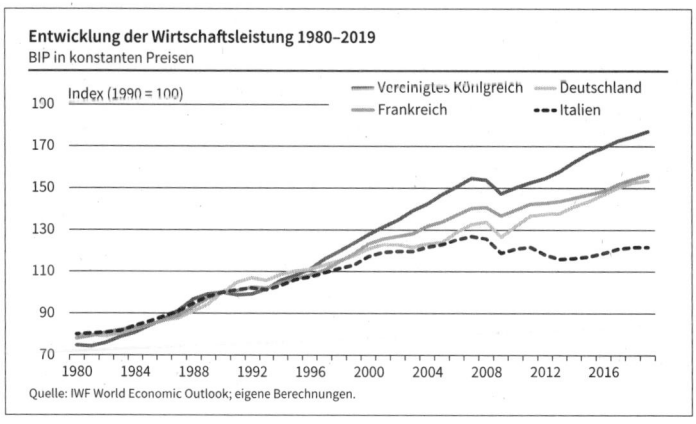

Abb. 8.3

verlief die Wirtschaftsentwicklung in diesen vier Ländern ähnlich. Danach hat sich das grundlegend geändert. In Deutschland ließ die Wachstumsdynamik zwischenzeitlich nach. Das Land musste die Lasten der Wiedervereinigung tragen. Zudem wurde Deutschland mit einer überbewerteten Währung in die europäische Währungsunion aufgenommen. In Italien ging das Wachstum noch etwas stärker zurück. Bis etwa 2005 folgte die italienische Wirtschaftsleistung ungefähr der Deutschlands. Vom Einbruch während der globalen Finanzkrise erholte sich Italien aber nicht mehr. Während die anderen hier betrachteten Länder in den letzten zehn Jahren wieder wuchsen, stagnierte die italienische Wirtschaft.

Über die Gründe für diese chronische Wachstumsschwäche wird seit langer Zeit diskutiert. Viele Faktoren werden hierfür angeführt. Häufig werden Bildungsreformen der siebziger und achtziger Jahre als Ursache für mangelnde Produktivität genannt. Die Auswanderung von Talenten belastet das Wachstum ebenfalls. Die Justiz arbeitet so langsam, dass Verträge oft nicht durchsetzbar sind. Der Eintritt Chinas in die Weltmärkte seit den neunziger Jahren hat italienische Produkte mehr als die anderer Volkswirtschaften unter Konkurrenzdruck gesetzt. Ineffiziente Entscheidungsprozesse in Familienunternehmen werden dafür verantwortlich gemacht, dass viele es nicht geschafft haben, erfolgreich auf den Strukturwandel zu reagieren. Arbeitsmarktregulierungen erschweren das Wachstum von Unternehmen über eine gewisse Größe hinaus. Manche machen den Eintritt in die Eurozone verantwortlich. Er hindere Italien daran, seine Währung regelmäßig abzuwerten, wie es vorher üblich war. Wieder andere verweisen auf mangelnde wirtschaftspolitische Reformen während der Regierungszeit von Silvio Berlusconi. Die Fiskalpolitik nach der Eurokrise, vor allem die durch den Druck der Finanzmärkte erzwungene schnelle Rückkehr zu restriktiver Finanzpolitik und die Vernachlässigung der öffentlichen Investitionen, hat die wirtschaftliche Erholung erschwert. Kurz vor der Coronakrise hat der Konflikt zwischen der Koalitionsregierung aus 5 Sterne und Lega Nord und der Europäischen Kommission über die Schuldenpolitik Italiens Investoren und Konsumenten verunsichert und die Konjunkturentwicklung belastet. Vermutlich haben all diese Faktoren zur Wachstumsmisere Italiens beigetragen. Es handelt sich um eine Mischung aus unglücklichen Umständen und Versäumnissen von Entscheidungsträgern in Politik und Wirtschaft.

Wie bringt man hohe Staatsschulden unter Kontrolle? Ein Vergleich zwischen Belgien und Italien

Das schwache Wirtschaftswachstum ist der wichtigste Grund dafür, dass es Italien nicht gelingt, seine Staatsverschuldung nachhaltig zu senken. Aber kann ein hoch verschuldetes Land wachsen, ohne seine Schulden noch weiter auszudehnen? Dass es möglich ist, Wachstum und die Senkung der Staatsschuldenquote zu verbinden, zeigt die Entwicklung Belgiens in den letzten Jahrzehnten. Belgien hatte im Jahr 1995 eine Schuldenquote in Höhe von 132 Prozent, deutlich höher als die Italiens mit 116 Prozent. Sowohl für Belgien als auch für Italien war klar, dass eine Senkung dieser Quote erforderlich ist.

Wie im Kapitel 4 erläutert wurde, kann der Primärsaldo (die Differenz zwischen Steuereinnahmen und Ausgaben ohne Zinsen) als Maß für die Belastung der Bevölkerung durch Konsolidierungspolitik betrachtet werden. Abbildung 8.4 zeigt, dass sowohl Belgien als auch Italien in der Zeit zwischen 1995 und der Einführung des Euro im Jahr 2000 sehr hohe Primärüberschüsse von bis zu sechs Prozent des Bruttoinlandsprodukts erwirtschaftet haben. Nachdem der Eintritt in die Währungsunion geschafft war, ließen die Anstrengungen in Italien nach. In Belgien blieben die Überschüsse hoch, bis die globale Finanzkrise ausbrach. Diese Anstrengungen trugen dazu bei, die belgische Schuldenquote bis 2007 auf 87 Prozent zu senken. In der Finanzkrise reagierte Belgien stark und reduzierte seinen Primärsaldo um sechs Prozent des BIP. Erst im Jahr 2017 erwirtschaftete Belgien wieder einen größeren Primärüberschuss. In den schwierigen Jahren der Eurokrise war die belgische Finanzpolitik also expansiv und hat die Wirtschaftsentwicklung gestützt. Die Spielräume dafür hatte das Land sich vor der Krise erarbeitet.

Italiens Finanzpolitik war anders. Dort sank die Schuldenquote zwischen 1995 und 2003 von 116 auf 100 Prozent, dann blieb sie bis 2007 konstant. Bei Ausbruch der globalen Finanzkrise reduzierte Italien seinen Primärüberschuss um vier Prozent des BIP, geriet dann aber in der europäischen Staatsschuldenkrise unter den Druck steigender Risikozuschläge an den Finanzmärkten und erhöhte den Überschuss bis 2012 wieder auf zwei Prozent. Danach fiel er etwas, blieb aber positiv. Die italienische Finanzpolitik hatte also kaum Spielräume, die Wirtschaft während der schwierigen Jahre nach der globalen

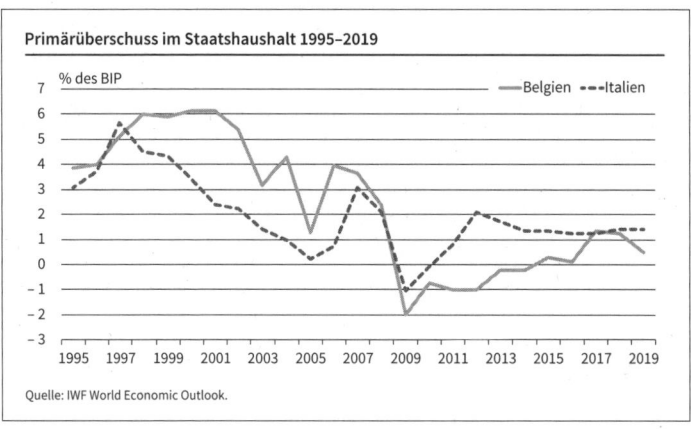

Abb. 8.4

Finanzkrise zu stützen. Heute werden der Europäischen Kommission und Staaten wie Deutschland, die damals auf finanzpolitische Disziplin drängten, Vorwürfe gemacht, man habe Italien zu einer übermäßig restriktiven Finanzpolitik gezwungen. Das ist im Rückblick nicht ganz von der Hand zu weisen. Gleichzeitig muss man sehen, dass Italien schlicht die fiskalischen Spielräume fehlten. Die Investoren an den Finanzmärkten waren nicht mehr bereit, weitere Schulden zu finanzieren.

Abbildung 8.4 zeigt den Unterschied zwischen der italienischen und der belgischen Finanzpolitik. Es wird deutlich, dass Belgien eine stark antizyklische Finanzpolitik verfolgt hat. In den wirtschaftlich guten Zeiten vor der Finanzkrise wurde die Schuldenquote stark reduziert. Während der Krise hat Belgien einen Rückgang der Budgetüberschüsse für längere Zeit hingenommen; die stark reduzierte Schuldenquote vor Ausbruch der Krise hat das erleichtert. In Italien war die Finanzpolitik dagegen stärker prozyklisch orientiert.

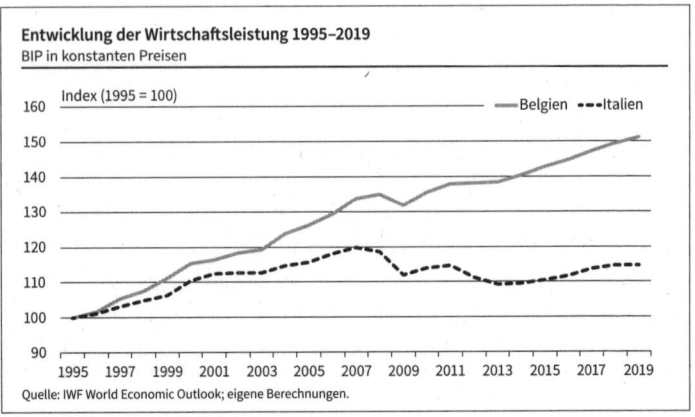

Abb. 8.5

Abbildung 8.5 illustriert die Entwicklung des Wirtschaftswachstums im betrachteten Zeitraum. Vor der globalen Finanzkrise war das Wachstum in Belgien etwas höher als in Italien. Das mag erklären, warum es für Belgien leichter war, mit hohen Primärüberschüssen die Schuldenquote zu drücken.

Nach der Krise hat Belgien sich schnell erholt, während Italien in eine schmerzhafte Phase der Stagnation geraten ist. Die Folgen dieser Wachstumsentwicklung sind frappierend. Belgien hat zwischen 1995 und 2019 seine Staatsschuldenquote von 132 auf 102 Prozent gesenkt. In Italien sind die Schulden dagegen von 116 Prozent auf 133 Prozent der Wirtschaftsleistung gestiegen. In diesem Zeitraum lag der Primärüberschuss Belgiens im Jahresdurchschnitt bei 2,3 Prozent seiner Wirtschaftsleistung, der Italiens bei 2,0 Prozent. Belgien hat früher die Staatsfinanzen konsolidiert, dennoch war die Belastung der Bürger im Durchschnitt kaum höher. Hauptursache für den Unterschied in der Veränderung der Schuldenquote ist das höhere Wirtschaftswachstum in Belgien. Dort ist die Wirtschaftsleistung heute um 50 Prozent höher als 1995. In Italien beträgt das Wachstum über den gesamten Zeitraum hinweg nur 15 Prozent. Seit 2007 ist das italienische Bruttoinlandsprodukt sogar geschrumpft.

Es ist also keineswegs so, dass die italienische Finanzpolitik den Bürgern keine Anstrengungen zur Konsolidierung der Staatsfinanzen abverlangt hätte. Die Anstrengungen kamen nur zum falschen Zeitpunkt, sie kamen zu spät. Hauptproblem Italiens ist nicht eine unsolide Finanzpolitik, sondern ein chronisch niedriges Wirtschaftswachstum seit der Mitte der neunziger Jahre.

Man soll den hier gezogenen schlichten Vergleich von zwei Ländern nicht überstrapazieren. Trotzdem sind zwei Schlussfolgerungen naheliegend. Erstens erhöht eine hohe Staatsschuldenquote die Anfälligkeit einer Volkswirtschaft in Krisenzeiten. Das wird durch die empirische Forschung zu den Folgen hoher Staatsverschuldung bestätigt, wie in Kapitel 4 erläutert wurde. Zweitens kann eine Konsolidierung der Staatsfinanzen kaum ohne hinreichendes Wirtschaftswachstum funktionieren.

Für die Zukunft Italiens und damit der Eurozone insgesamt bedeutet das nichts Gutes. Italien geht mit einer gegenüber dem letzten Konjunktureinbruch noch einmal deutlich erhöhten Staatsverschuldung in die Coronakrise. Es stellt sich die Frage, ob das Land in den kommenden Monaten und Jahren in der Lage sein wird, die Krise zu meistern und die wirtschaftliche und finanzielle Stabilität zu wahren.

Für die weitere Entwicklung der Staatsfinanzen in Italien erscheinen sechs Szenarien möglich:

1. Stabilisierung der Staatsschulden auf hohem Niveau und langsame Senkung der Staatsschuldenquote

Theoretisch wäre es denkbar, dass die italienische Finanzpolitik die Ausgaben in dieser Krise stark erhöht, um die Wirtschaft im Land zu stabilisieren, und gleichzeitig den krisenbedingten Rückgang der Steuereinnahmen hinnimmt. Das würde die Staatsschuldenquote nach aktuellen Prognosen auf etwa 155 Prozent des Bruttoinlandsprodukts steigern, wie in Kapitel 4 erläutert wurde. Solange die Zinsen auf italienische Staatsschulden niedrig bleiben und die Gläubiger bereit sind, auslaufende Staatsschulden zu refinanzieren, kann das Land auch mit hohen Staatsschulden leben. Um diese Schuldenquote rechtzeitig vor der nächsten Krise spürbar senken zu können, muss das Wirtschaftswachstum in Italien aber deutlich steigen. Damit bis 2030 die Staatsschuldenquote vor der Coronakrise erreicht wird, müsste bei realistischen Primärüberschüssen das Wirtschaftswachstum um zwei Prozentpunkte höher liegen als in den letzten Jahren. Das wäre ein sehr optimistisches Szenario. Es ist nur erreichbar, wenn das Land tiefgreifende Strukturreformen durchführt und in der Finanzpolitik Investitionen gegenüber Konsumausgaben priorisiert.

2. Schuldenschnitt

Es wäre riskant, aber denkbar, die Staatsschulden Italiens durch einen Schuldenschnitt zu senken. Um die Folgen eines Schuldenschnitts zu beurteilen, ist es wichtig, zu verstehen,

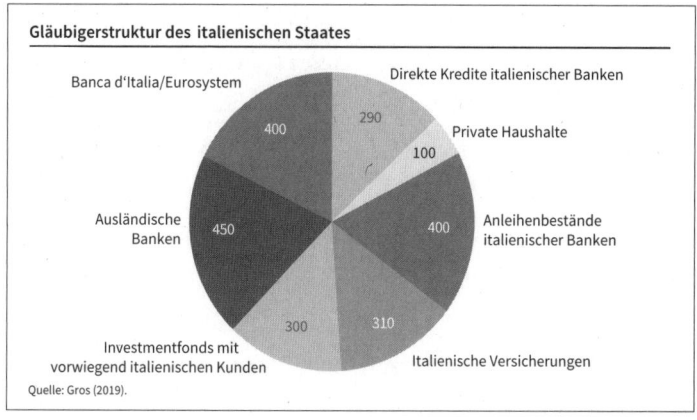

Abb. 8.6

wer die Gläubiger des italienischen Staates sind. Die italienischen privaten Haushalte haben hohe Ersparnisse. Daher gilt Italien als ein Land, dessen Staatsschulden vornehmlich von den eigenen Bürgern gehalten werden. Das gilt bei genauerem Hinsehen nur eingeschränkt. Die Gläubigerstruktur des italienischen Staates im Jahr 2019 wird in Gros (2019) analysiert. Seine Ergebnisse sind in Abbildung 8.6 zusammengefasst.

Im Jahr 2019 betrug die gesamte Staatsschuld Italiens rund 2250 Mrd. Euro. Die italienischen Banken sind der weitaus größte Gläubiger. Sie haben direkte Kredite an den italienischen Staat im Volumen von 290 Mrd. Euro vergeben, außerdem halten sie Staatsanleihen in Höhe von 400 Mrd. Euro. Private Haushalte in Italien besitzen Staatsanleihen im Umfang von 100 Mrd. Euro. Hinzu kommen Investmentfonds und Versicherungen mit vorwiegend italienischen Kunden. Von ausländischen Banken werden Staatsanleihen im Umfang von immerhin 450 Mrd. Euro gehalten. Weitere 400 Mrd. Euro hat die Banca d'Italia erworben, vor allem im Rahmen der

Anleihenkaufprogramme der EZB. Diese Anleihebestände werden in der Coronakrise weiter steigen. Für Ausfälle bei diesen Anleihen würde im Prinzip die Banca d'Italia haften. Allerdings entstehen bei ihr durch die Käufe italienischer Staatsanleihen wachsende Verbindlichkeiten beim Rest des Eurosystems in Form der sogenannten Target-Salden.[69] Insofern kann man davon ausgehen, dass bei diesen Anleihenbeständen die Risiken letztlich bei ausländischen Gläubigern liegen. Da für Target-Verbindlichkeiten derzeit ein Zins von Null gilt, bleiben die Erträge aus der Übernahme dieses Risikos aber in Italien.

Im Fall eines Schuldenschnitts um beispielsweise 50 Prozent müssten die meisten italienischen Geschäftsbanken rekapitalisiert werden, denn es würden Verluste in Höhe von 345 Mrd. Euro anfallen. Das könnte nur funktionieren, wenn ein erheblicher Teil der Spareinlagen der italienischen Bürger haftet. Inwiefern das mit den europäischen Regelungen zur Einlagensicherung vereinbar ist, sei dahingestellt. Durch Verluste aus direkt gehaltenen Staatsanleihen sowie Anteilen an Investmentfonds und Versicherungen würden die italienischen privaten Haushalte weitere 350 Mrd. Euro einbüßen. Es ist schwer vorstellbar, dass eine italienische Regierung zu einer solchen Schröpfung von Sparern bereit wäre. Ihre Wiederwahl wäre damit zweifellos ausgeschlossen.

Hinzu käme, dass es den europäischen Partnern kaum zu vermitteln wäre, die Target-Forderungen an die Banca d'Italia zur Hälfte abzuschreiben. Ausländischen Banken darüber hinaus Verluste in Höhe von 225 Mrd. Euro zuzumuten erscheint ebenfalls schwierig.

3. Eine einmalige Vermögensteuer in Italien

Es wird immer wieder gefordert, die italienischen Staatsschulden zu reduzieren, indem in Italien eine einmalige Vermögenssteuer erhoben wird. Die Deutsche Bundesbank brachte im Januar 2014 das Konzept einer einmaligen Nettovermögensabgabe in Italien als Instrument zur Abwendung eines Staatsbankrotts ins Spiel. Die mit Nettovermögensteuern verbundenen Nachteile und Risiken, vor allem das Risiko einer Kapitalflucht, sprechen im Normalfall gegen Vermögensteuern. Es seien aber Situationen denkbar, in denen es mangels besserer Alternativen sinnvoll sein könne, dieses Instrument einzusetzen: »In der Ausnahmesituation einer drohenden staatlichen Insolvenz könnte eine einmalige Vermögensabgabe aber günstiger abschneiden als die dann noch relevanten Optionen.«[70]

Eine solche Nettovermögensteuer würde viele Probleme aufwerfen. Wenn sie mobiles Vermögen einschließt, würde es zu einer Kapitalflucht kommen. Das würde die Wirtschaftskrise in Italien verschärfen. Da große Vermögen oft in Unternehmen gebunden sind, würde die Steuer Firmen belasten, die eigentlich investieren und Arbeitsplätze schaffen sollen. Um eine Kapitalflucht zu vermeiden, könnte man die Steuer auf Immobilien beschränken. Sie müsste dann allerdings entsprechend höher sein. Eine Entschuldung des Staates allein auf Kosten der Immobilieneigentümer wäre unter dem Aspekt einer fairen Lastenverteilung allerdings schwer zu vermitteln.

4. Abwälzung der Verschuldung auf andere Mitgliedstaaten

Es wäre theoretisch möglich, dass die anderen Mitgliedstaaten Italien einen Teil seiner Staatsschulden abnehmen. Eine direkte Umverteilung der Schulden würden die Bürger der anderen Eurostaaten nicht akzeptieren. Es wäre aber vorstellbar, dass die anderen Staaten der Eurozone Italien ähnlich wie Griechenland beispielsweise über den ESM sehr langlaufende Kredite zu Zinsen nahe Null gewähren. Solange diese Kredite zu Zinsen refinanziert werden können, die ebenfalls nahe Null liegen, wäre das unproblematisch. Spätestens in der nächsten Wirtschaftskrise könnten die Gläubigerstaaten allerdings zu spüren bekommen, dass ihnen Verschuldungsspielräume fehlen.

Generell spricht gegen eine Abwälzung der italienischen Staatsschulden auf andere Länder, dass die italienischen privaten Haushalte über vergleichsweise hohe Vermögen verfü-

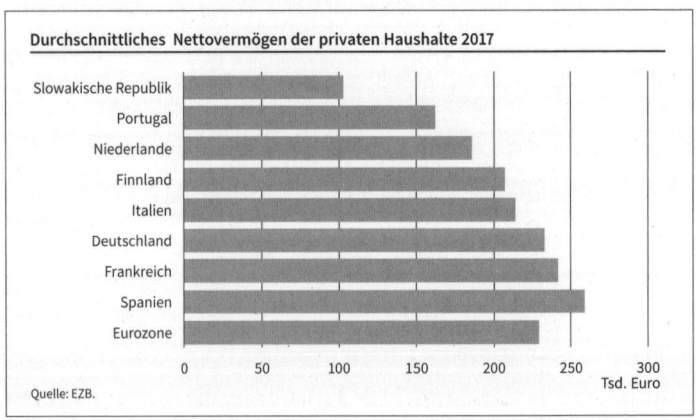

Abb. 8.7

gen. Abbildung 8.7 zeigt, dass ihr durchschnittliches Nettovermögen zwar leicht unter dem Durchschnitt des Euroraums liegt, aber das Niveau der Vermögen in den Niederlanden und in Finnland beispielsweise übersteigt. Es ist schwer vorstellbar, dass Länder, deren Haushalte über ein niedrigeres Vermögen verfügen, Länder von Staatsschulden entlasten, deren Bürger vermögender sind.

5. Entschuldung durch die EZB

Gelegentlich wird vorgeschlagen, das Problem der Staatsverschuldung zu lösen, indem die Notenbank einen großen Teil der Anleihen aufkauft und immer wieder refinanziert. Es gibt sogar die Forderung, die Notenbank sollte auf Zinszahlungen verzichten und die Anleihen vernichten. Das Ganze erinnert an den Baron von Münchhausen, der gerne erzählte, er habe sich einmal am eigenen Schopf aus dem Morast gezogen. Der Vorschlag zur Beseitigung der Staatsverschuldung durch Endlagerung von Anleihen bei der Notenbank ist ähnlich überzeugend wie die Geschichte des Lügenbarons. Es wird vergessen, dass die Gewinne der Notenbank ohnehin dem Staat zustehen. Wenn die italienische Notenbank mit Duldung der EZB Staatsanleihen aufkauft und dafür nicht verzinsliches Geld herausgibt, entsteht ein Notenbankgewinn, der dem italienischen Staat zufließt. Wenn die Notenbank mehr Staatsanleihen aufkauft, besteht bei insgesamt gegebener Geldmenge weniger Spielraum, beispielsweise Unternehmensanleihen zu kaufen. Entsprechend geringer sind die Einnahmen aus der Verzinsung dieser Unternehmensanleihen. Der Plan, die Staatsschulden in den tiefen Tresoren der Notenbanken quasi dem Vergessen anheimzustellen, funktioniert nur, wenn man glaubt, man könne die Geldmenge beliebig ausdehnen. Das geht aber nicht. Wer das versucht, provoziert inflationäre Geldentwertung.

6. Austritt aus dem Euro und Wiedereinführung einer nationalen Währung

Die Koalitionsregierung aus 5 Sterne und Lega Nord hat zu Beginn ihrer Regierungszeit offen über einen Austritt aus der Eurozone diskutiert. Damit einher ging die Vorstellung, Italien könnte auf diesem Wege einen großen Teil seiner Staatsschulden loswerden oder auf eine neue, italienische Währung umstellen. Die praktischen Folgen eines solchen Schrittes – eine politische und ökonomische Destabilisierung des Landes und unberechenbare rechtliche Auseinandersetzungen lassen diese Option jedoch hochgradig unattraktiv erscheinen. Das gilt sowohl für Italien als auch für den Rest Europas.

Diese kurze Diskussion möglicher Szenarien für die weitere Entwicklung Italiens und der italienischen Staatsfinanzen zeigt, dass es keine einfachen Lösungen für das Problem der hohen Staatsverschuldung des Landes gibt. Es ist sehr wahrscheinlich, dass Italien von der Gemeinschaft der Eurozone finanziell so weit gestützt wird, dass das Land den Kapitalmarktzugang zu guten Zinskonditionen behält. Die hohen Staatsschulden und die Folgen der Coronakrise für den Privatsektor werden die weitere Wirtschaftsentwicklung aber so belasten, dass ein Herauswachsen aus der Verschuldung schwierig erscheint. In der nächsten Wirtschaftskrise wäre eine Überschuldung dann kaum zu vermeiden. Politisch liegt ein fundamentales Problem darin, dass für amtierende Regierungen die Versuchung stets groß ist, Überschuldungsprobleme als lediglich vorübergehende Liquiditätsprobleme darzustellen und ihre Lösung durch die Vergabe von Hilfskrediten auf die lange Bank zu schieben. Mit den Konsequenzen können sich dann die Nachfolgerregierungen beschäftigten.

All das zeigt, dass für die kommenden Jahre mit erheblichen Spannungen in der Eurozone zu rechnen ist. Dabei ist Italien nicht das einzige Land, das mit finanziellen Herausforderungen zu kämpfen hat. Viel wird davon abhängen, ob es gelingt, in Europa insgesamt möglichst bald zu einer wirtschaftlichen Erholung zu kommen. Ob das zu schaffen ist, hängt in erster Linie vom weiteren Verlauf der Pandemie und den staatlichen Maßnahmen zu ihrer Eindämmung ab. Für die europäische Politik stellt sich außerdem die Frage, ob es auf europäischer Ebene Möglichkeiten gemeinsamen Handelns gibt, um die wirtschaftliche Erholung zu fördern.

Der Europäische Fonds für wirtschaftliche Erholung

Zu Beginn dieses Kapitels wurde die Initiative zur Einführung von Coronabonds diskutiert. Sie hat nicht zur Ausgabe gemeinsamer Staatsanleihen der Euro-Länder geführt. Sie hat aber immerhin die Einführung eines schuldenfinanzierten europäischen Fonds für die Förderung der wirtschaftlichen Erholung als Alternative zu Coronabonds ins Spiel gebracht. Mittlerweile ist die Einführung dieses Fonds quasi beschlossen. Nicht nur Mitglieder der Eurozone sollen daran beteiligt sein, sondern alle EU-Staaten.

Im EU-Haushalt ist eigentlich keine Verschuldung vorgesehen. Nun soll es eine Ausnahme geben. Es ist geplant, dass die EU-Mitgliedstaaten Garantien bereitstellen, die es der EU ermöglichen, Anleihen auszugeben, die den Europäischen Fonds für wirtschaftliche Erholung (EFWE) finanzieren. Die Lastenverteilung bei der Bereitstellung der Garantien soll dem Anteil der Länder am Bruttonationaleinkommen (BNE) entsprechen. Das ist der übliche Finanzierungsschlüssel für den größten Teil der EU-Haushaltsmittel. Für das Volumen des Fonds waren anfänglich 1500 Mrd. Euro (10,8 Prozent des BIP der EU) im Gespräch. Zwischenzeitlich haben Frankreich und Deutschland ein gemeinsames Konzept vorgelegt, das ein Volumen von 500 Mrd. Euro vorsieht, also etwa 3,6 Prozent des BIP der EU. Das entspricht etwas mehr als dem dreifachen des bisherigen jährlichen EU-Haushalts. Zuletzt hat die Europäische Kommission einen Plan für den Fonds veröffentlicht, der 750 Mrd. Euro vorsieht. Das Geld aus dem Fonds soll über mehrere Jahre hinweg bereitgestellt werden.

Es liegt auf der Hand, dass dieses Projekt vor allem politische Bedeutung hat. Die Staaten der EU wollen ein Signal der Handlungsfähigkeit und der Solidarität geben. Allerdings wird dabei leicht übersehen, dass Umverteilung zwischen Staaten auch leicht zu Konflikten führen kann. Insofern ist der politische Nutzen des Fonds davon abhängig, dass er allen Beteiligten hinreichende ökonomische Vorteile bringen kann.

Wie ist das Projekt des EFWE aus ökonomischer Sicht zu beurteilen? Gelegentlich wird behauptet, dieser Fonds erlaube es, zusätzliche Mittel zur Krisenbekämpfung zu beschaffen, ohne dass die nationalen Staatsschulden steigen. Vor allem für hoch verschuldete Länder sei das ein wichtiger Vorteil. Dieses Argument überzeugt nicht. Die Mitgliedstaaten müssen die neu aufgenommenen Schulden selbstverständlich bedienen, egal, ob die Schulden auf nationaler oder auf europäischer Ebene aufgenommen werden. Es ergibt sich lediglich ein Umverteilungseffekt. Man kann davon ausgehen, dass die Zinskonditionen, zu denen die EU sich verschulden kann, ungefähr dem Durchschnitt der Konditionen der beteiligten Staaten entsprechen. Angenommen, zehnjährige Anleihen zur Finanzierung des EFWE werden mit 0,5 Prozent verzinst. Für Deutschland entstünden im Vergleich zur Verschuldung auf nationaler Ebene Mehrkosten in Höhe von einem Prozent, Italien hätte einen Kostenvorteil in ungefähr gleicher Höhe. Gesamtwirtschaftliche Vorteile entstehen dabei unmittelbar nicht.

Wenn derartige Vorteile geschaffen werden können, dann müssen sie aus der Verwendung der Mittel resultieren. Auch hier entstehen Vorteile nur dann, wenn die Ausgaben des EFWE gegenüber Ausgaben der Mitgliedstaaten in gleicher Höhe einen Zusatznutzen erbringen, einen Mehrwert.

Zunächst ist entscheidend, ob die Mittel des Fonds ähnlich wie andere Gelder im EU-Haushalt ausgegeben werden oder ob sie in Form von Krediten an die Mitgliedstaaten gehen. In ihrem gemeinsamen Konzept schreiben Deutschland und Frankreich:

»Der Fonds zur wirtschaftlichen Erholung im Umfang von 500 Mrd. Euro wird EU-Haushaltsausgaben für die am stärksten betroffenen Sektoren und Regionen auf der Grundlage von EU-Haushaltsprogrammen und im Einklang mit europäischen Prioritäten bereitstellen. Er wird Resilienz, Konvergenz und Wettbewerbsfähigkeit der europäischen Wirtschaften steigern, Investitionen insbesondere in den digitalen und ökologischen Wandel erhöhen sowie Forschung und Innovationen stärken.«[71]

Nach diesem Vorschlag soll es offenbar um ›normale‹ Ausgabenprogramme gehen, nicht um Kredite. Einige EU-Mitgliedstaaten lehnen das ab. Am 23. Mai 2020, wenige Tage nach der Veröffentlichung des deutsch-französischen Vorschlags, präsentieren Österreich, Schweden, Dänemark und die Niederlande, die sich selbst als die »sparsamen Vier« bezeichnen, ein Gegenkonzept. Sie wollen das Geld des Fonds ausschließlich für Kredite einsetzen.

Am 27. Mai 2020 veröffentlicht die Europäische Kommission einen neuen Vorschlag. Das von ihr gewünschte Volumen von 750 Mrd. Euro teilt sich wie folgt auf unterschiedliche Verwendungen auf: 500 Mrd. Euro sind Ausgabenprogramme, 250 Mrd. Euro sollen als Kredite vergeben werden. 560 Mrd. Euro, darunter auch die 250 Mrd. Euro in Form von Krediten, will die Europäische Kommission einsetzen, um in den Mitgliedstaaten wirtschaftspolitische Reformen voranzubringen. Ausgangspunkt ist hier das sogenannte ›Europäische Semester‹. Das ist der Prozess der Koordination der Wirtschafts- und Finanzpolitik unter den EU-Mitgliedstaaten. Er erfolgt jedes Jahr nach einem festgelegten Terminplan und mündet in länderspezifische Reformempfehlungen. Staaten, die bereit sind, die im Rahmen des ›Europäischen Semesters‹ entwickelten Reformvorschläge umzusetzen und die dafür einen konkreten Plan vorlegen, sollen im Gegenzug finanzielle Mittel erhalten.

Eine Tranche von 55 Mrd. Euro soll nach der Betroffenheit der Länder von der Krise und unter Berücksichtigung von Jugendarbeitslosigkeit und dem relativen Wohlstandsniveau der Mitgliedstaaten verteilt werden. Weitere 40 Mrd. Euro sollen in Ausgabenprogramme fließen, die den Übergang zu einer klimaneutralen Wirtschaft unterstützen. 15 Mrd. Euro schließlich sind für die Förderung von Biodiversität in der Landwirtschaft vorgesehen.

Die Mitgliedstaaten werden diesen Vorschlag der Kommission sicherlich nicht unverändert übernehmen. Aber er ist insofern höchst bedeutsam, als er konkrete Hinweise dazu enthält, wie das Geld ausgegeben werden soll. Für die Wirkung des Fonds ist das entscheidend. Wenn der Fonds einen Nutzen erbringen soll, muss er einen europäischen Mehrwert erbringen. Dafür reicht es nicht, dass die Ausgaben einen Nutzen stiften, der die Kosten übersteigt. Es reicht auch nicht aus, wenn bei den Ausgaben Prioritäten der europäischen Politik wie der »European Green Deal« eine zentrale Rolle spielen. Die Differenz zwischen Nutzen und Kosten muss größer sein als bei entsprechenden Ausgaben auf nationaler Ebene.[72]

Wie immer die Mittel eingesetzt werden: Es wird dauern, bis Geld aus diesem Fonds fließt. Für die Stabilisierung der Wirtschaft in der akuten Phase der Coronakrise wird er also keine Rolle mehr spielen. Einen Mehrwert im Sinne einer makroökonomischen Stabilisierung kann der Fonds eher durch seine Auswirkungen auf die Erwartungen ausüben. Die Zinsen auf Staatsanleihen Italiens und Spaniens sind nach der Einigung zwischen Deutschland und Frankreich über den Fonds gesunken. Das kann man als einen Zuwachs an Vertrauen in die wirtschaftliche Zukunft dieser Länder interpretieren, aber auch als schlichte Reaktion auf die erwartete Umverteilung zu ihren Gunsten.

Ein Mehrwert könnte entstehen, wenn der Fonds eine Versicherungsfunktion übernimmt und den Mitgliedstaaten hilft, die durch die Coronakrise die höchsten wirtschaftlichen Verluste erleiden. Im Vorschlag der Kommission ist das angedeutet. Einen Versicherungsvertrag kann man nur abschließen, bevor der Schaden entstanden ist. Zwar ist absehbar, dass einige Staaten stärker als andere von der Coronakrise betroffen sind. Wie groß der Einbruch der Wirtschaftsleistung am Ende ausfallen wird, ist im Mai 2020 aber noch nicht klar. Heute wird erwartet, dass Länder wie Italien, Frankreich oder Spanien große Verluste erleiden, weil dort der Shutdown länger gedauert hat und der Einbruch des Wachstums im ersten Quartal 2020 tiefer war als beispielsweise in Deutschland. Allerdings ist zu bedenken, dass Länder wie Deutschland oder die Niederlande stärker als andere in den internationalen Handel eingebunden sind. Da der internationale Warenaustausch durch die Coronakrise massiv gestört ist, kann man nicht ausschließen, dass die volkswirtschaftlichen Kosten der Krise am Ende in diesen Ländern höher sind.

Welche Finanzströme bringt ein Fonds mit sich, der als reine Versicherung gestaltet ist? Dazu sei eine einfache Modellrechnung betrachtet. Man nehme an, das Volumen des Fonds belaufe sich auf 750 Mrd. Euro. Die Mitgliedstaaten tragen entsprechend ihrem Bruttonationaleinkommen* zur Bedienung der Schulden bei. Die Auszahlung aus dem Fonds erfolgt entsprechend dem Rückgang des Bruttoinlandsprodukts der EU-Staaten durch die Coronakrise. In der hier vorgelegten Berechnung wird dieser Rückgang für jedes Land schlicht als Differenz berechnet: zwischen dem im Oktober 2019 vom IWF in seinem World Economic Outlook prognostizierten Bruttoinlandsprodukt für 2020 und dem im April 2020 unter Berücksichtigung der Coronakrise vorhergesagten Wert. Man kann davon ausgehen, dass die tatsächliche Entwicklung im Jahr 2020 von der Prognose im April des Jahres abweichen wird. Aber um die Wirkungen des Fonds in dieser Variante einer reinen Versicherung zu verstehen, ist dieses Szenario hilfreich. Abbildung 8.8 gibt einen Überblick über die Nettosalden der einzelnen EU-Staaten gegenüber dem Fonds.

Es zeigt sich, dass Belgien, Frankreich, Deutschland und Schweden zu den Nettozahlern gehören würden. Das gilt allerdings auch für Bulgarien und Ungarn. Nettoempfänger wären Spanien und Italien, aber auch die Niederlande und Irland. Diese Finanzströme spiegeln wider, dass die Niederlande

---

* Der gebräuchlichste Indikator für die Wirtschaftskraft eines Landes ist das Bruttoinlandsprodukt. Zur Bestimmung der Beiträge zum EU-Haushalt wird mit dem Bruttonationaleinkommen ein weniger gebräuchliches Maß verwendet. Der Unterschied liegt darin, dass das Bruttonationaleinkommen die von den Inländern erstellte Wirtschaftsleistung erfasst, also beispielsweise Einkommen von hereinkommenden Grenzpendlern ausschließt, während das Bruttoinlandsprodukt die im Inland erbrachte Wirtschaftsleistung misst.

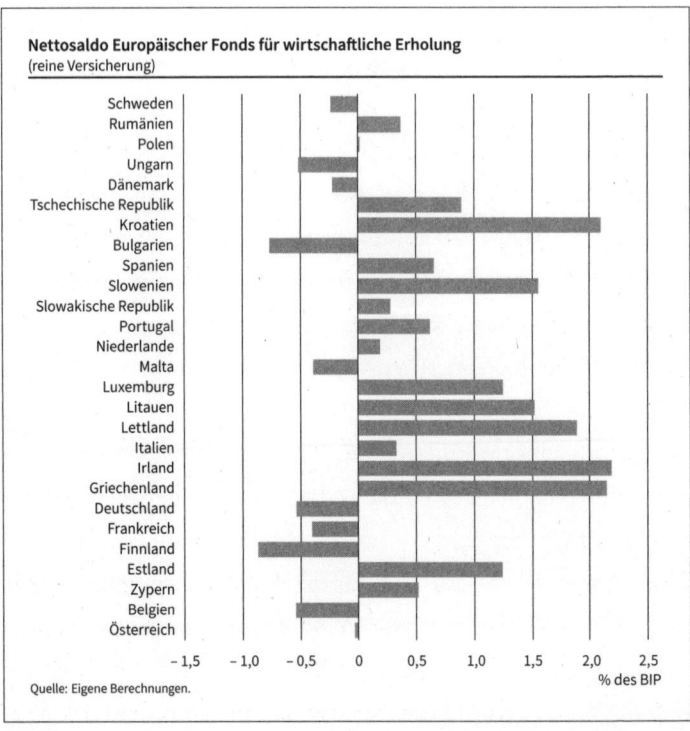

Abb. 8.8

und Irland durch die Krise einen größeren Verlust an Wirtschaftsleistung erleiden als der EU-Durchschnitt. Es ist aber kaum denkbar, dass sehr arme Mitgliedstaaten wie Bulgarien und Ungarn Transfers an deutlich wohlhabendere Mitgliedstaaten zahlen. Italien wäre Nettoempfänger, allerdings würde der Mittelzufluss per Saldo nur 0,33 Prozent des Bruttoinlandsprodukts betragen. Für die wirtschaftliche Entwicklung des Landes würde eine solche Summe keine spürbare Veränderung mit sich bringen. Man könnte hier einwenden, dass der Fonds Kredit-finanziert ist und dem Land zunächst hohe

Mittelzuflüsse bringt, während die Rückzahlungen später beginnen. Das Land könnte die Kredite jedoch auch selbst aufnehmen.

Angesichts dieser Ergebnisse kann man davon ausgehen, dass der Fonds, wenn er als eine reine Versicherung gegen Kosten der Coronakrise konzipiert wird, kaum auf Akzeptanz stoßen wird. Das mag erklären, warum der explizite »Versicherungsanteil« im Vorschlag der Europäischen Kommission mit 55 Mrd. Euro nur gut sieben Prozent des Fondsvolumens ausmacht.

Ein anderer Weg, mit diesem Fonds einen Mehrwert zu erzeugen, würde darin bestehen, die Mittel für Investitionen einzusetzen, die produktiv sind, von den Mitgliedstaaten aber nicht oder nicht in hinreichendem Ausmaß getätigt werden. Dieser Ansatz ist vielversprechender. Beispiele für derartige Investitionen sind grenzüberschreitende Verkehrs-, Energie- und Kommunikationsnetze wie Bahnstrecken, Autobahnen, Datennetze oder Stromleitungen. Investitionen in Cybersicherheit, europäische Forschungs- und Innovationsprogramme, große Technologieprojekte wie das Satellitennavigationssystem Galileo sind andere Beispiele für Ausgaben, die tatsächlich das Potenzial haben, einen europäischen Mehrwert zu erzeugen. Derartige Projekte würden sich auch positiv auf die europäische Konjunktur auswirken. Sie wären allerdings nicht speziell auf die Länder, Regionen oder Sektoren ausgerichtet, die von der Coronakrise besonders stark betroffen sind.

Man kann den Fonds allerdings auch als schlichtes Umverteilungsinstrument sehen, mit dem die Volkswirtschaften ge-

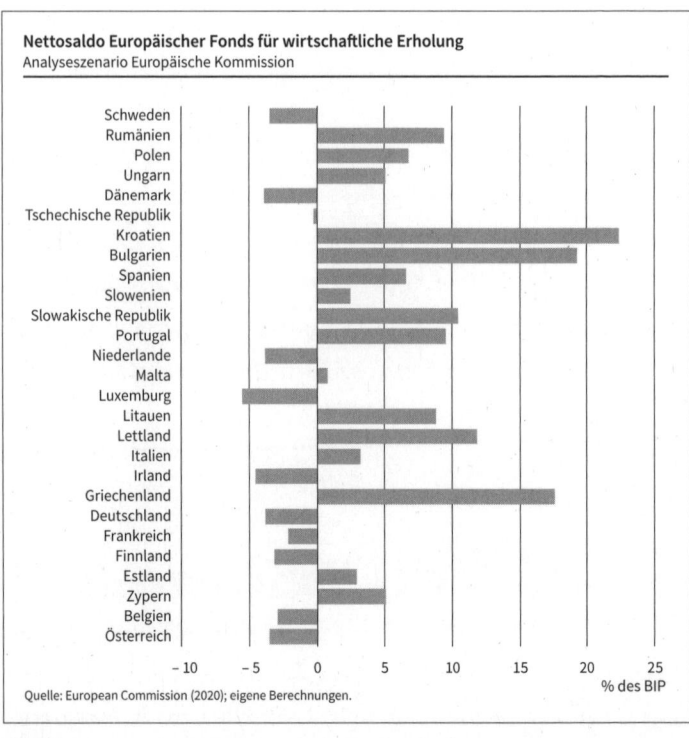

Abb. 8.9

stützt werden, die seit der Finanzkrise und der Verschuldungskrise im Euroraum in Schwierigkeiten sind, ganz unabhängig von den Lasten der Coronakrise. Die Europäische Kommission hat eine vorläufige Analyse mit einer hypothetischen Verteilung der Mittel über die Länder vorgelegt. Abbildung 8.9 gibt einen Überblick über die Nettosalden gegenüber dem Fonds. Die Zahlen legen nahe, dass es letztlich um die klassischen Muster geht: Deutschland, Frankreich, die Niederlande, Irland, Finnland, Luxemburg, Schweden und Dänemark sind Nettozahler, alle anderen Länder sind Nettoempfänger. Spanien und Italien sind in absoluten Zahlen gemessen die größten Nettoempfänger, sie erhalten nach dem Kommissionsszenario Nettozuflüsse von 82,2 bzw. 56,7 Mrd. Euro. Für Spanien sind das 6,6 Prozent des Bruttoinlandsprodukts oder 1760 Euro pro Einwohner, für Italien 3,2 Prozent oder pro Einwohner 939 Euro.

Auf den in Euro gemessen größten Nettozahler Deutschland entfällt ein Nettoabfluss von 133,3 Mrd. Euro, das sind 3,9 Prozent des Bruttoinlandsprodukts beziehungsweise 1600 Euro pro Einwohner. Frankreich bezahlt 52,3 Mrd. Euro, also 2,2 Prozent seines Bruttoinlandsprodukts oder rund 800 Euro pro Einwohner.

Wird die EU zu einer dauerhaften Transferunion?

Bei Kritikern löst die Idee einer Schuldenfinanzierung auf europäischer Ebene Sorgen aus. Es wird befürchtet, dass damit der Weg in Richtung weiter steigender Staatsverschuldung in Europa eingeschlagen wird und es sich nicht wirklich um eine einmalige Finanzierung handelt. Die Abhängigkeit der Empfänger von Transfers könnte eher zu- als abnehmen, weil ein Großteil des Geldes letztlich doch für Konsum verwendet wird oder versickert.

Diese Bedenken sind nicht von der Hand zu weisen. Dass der Fonds derzeit die Staatsverschuldung in der EU steigert, ist beabsichtigt. Nicht beabsichtigt ist allerdings, die Staatsverschuldung in Europa dauerhaft in die Höhe zu treiben und die Nachhaltigkeit der Staatsfinanzen zu gefährden oder die EZB zu nötigen, Staatsschulden durch das Drucken von Geld zu finanzieren. Der deutsch-französische Vorschlag betont, dass der Fonds im EU-Eigenmittelbeschluss verankert und an einen »verbindlichen Rückzahlungsplan« gebunden wird. Das ist durchaus eine starke Verpflichtung auf den einmaligen Charakter der Schuldenaufnahme. Spätestens in der nächsten Krise ist allerdings mit politischem Druck zu rechnen, dieses Instrument erneut zu nutzen. Es kann aber kein Mitgliedstaat gezwungen werden, sich daran zu beteiligen. Insofern handelt es sich hier nicht um die Einführung eines europäischen Verschuldungsrechts, das die Kontrolle der Mitgliedstaaten über ihre Schulden infrage stellt.

Es wird darüber hinaus moniert, dieser Schulden-finanzierte Fonds entspreche der Zustimmung zur Einführung von Eurobonds durch die Hintertür. Derartige Schritte habe vor allem Deutschland während der Eurokrise noch entrüstet von sich gewiesen. Dieser Vergleich ist überzogen. Bei Eurobonds ging es um die Vergemeinschaftung bestehender Schulden, und es bestand die Gefahr, dass die Mitgliedstaaten für Schulden haften müssen, ohne die Höhe der Schulden kontrollieren zu können. Dieses Auseinanderfallen von Haftung und Kontrolle ist nicht akzeptabel, findet im Rahmen des geplanten EFWE aber auch nicht statt. Dort haftet jeder Mitgliedstaat jedenfalls nach den vorliegenden Konzepten nur im Rahmen der zugesagten Garantie. Eine verbindliche Tilgung der Schulden ist vorgesehen. Künftige Schuldenaufnahme ist nicht geplant und ohne Zustimmung jedes einzelnen beteiligten Mitgliedstaats auch nicht möglich.

Wie kann verhindert werden, dass die Fondsmittel die Abhängigkeit dieser Länder von Hilfen nur zementieren, statt die Wirtschaftskraft der Empfänger zu steigern? Selbst wenn das Geld aus dem Fonds ausschließlich investiv verwendet wird, kann es dazu kommen, dass die Empfängerstaaten ihre eigenen Investitionsanstrengungen reduzieren und die Mittel in den Konsum lenken. Es ist schwierig, das durch Beaufsichtigung von außen zu verhindern. Trotzdem sollte alles dafür getan werden, dass die Mittel tatsächlich zu einer Steigerung von Produktivität und Wirtschaftskraft beitragen. Die Mitgliedstaaten könnten auf der Basis von Reformvorschlägen aus dem ›Europäischen Semester‹ eigene Pläne für Reformen zur Steigerung des Wirtschaftswachstums vorlegen und sich damit um Mittel aus dem Fonds bewerben. Damit ließen sich Anreizprobleme mildern, ohne sie freilich ganz aus der Welt zu schaffen. Konzepte zur Umsetzung dieses Ansatzes liegen vor.[73] Dabei sollte man sich auf die Förderung von Reformen konzentrieren, die positive Wirkungen auf andere Mitgliedstaaten haben. Reformen, deren Kosten und Nutzen nur im Inland anfallen, benötigen eigentlich keine Anreize von außen.

Damit dieser Weg funktionieren kann, muss ausgeschlossen sein, dass einzelne Mitgliedstaaten vorab bindende Zusagen über Mittelzuteilungen aus dem Fonds erhalten. Es muss außerdem gewährleistet sein, dass zumindest ein Teil der Mittel erst dann fließt, wenn Reformen nicht nur umgesetzt sind, sondern auch wirken, wenn also Wachstumserfolge nachgewiesen werden.

Die zwei Seiten der Solidarität

Die Coronakrise stellt die Eurozone und die EU insgesamt vor eine Bewährungsprobe. Vor allem für die Eurozone bringen der wirtschaftliche Abschwung und der massive Anstieg der Staatsverschuldung hohe Risiken und Spannungen. Es spricht vieles dafür, mit Schritten der Solidarität auf die Herausforderungen der Krise zu antworten. Dabei hat Solidarität zwei Seiten. Von den wirtschaftlich stärkeren Ländern wird finanzielle Unterstützung erwartet. Die wirtschaftlich schwächeren Länder, die diese Unterstützung erhalten, sind verpflichtet, das Geld produktiv einzusetzen, so dass sie von Hilfen unabhängig werden.

Insofern ist die Einigung auf einen großen Fonds für die wirtschaftliche Erholung noch kein Durchbruch bei der Überwindung der Krise. Es ist ein wichtiger erster Schritt. Die schwierigere Aufgabe besteht nun darin, bei den Empfängerländern einen Mitteleinsatz zu erreichen, der sie künftig von Hilfen unabhängig macht. Wenn das misslingt, könnte die Ausdehnung der Umverteilung und der gemeinsamen Haftung in der Coronakrise zum Sprengsatz für die EU werden, statt sie zu stabilisieren.

KAPITEL 9

DIE GLOBALISIERUNG WIRD NICHT ABGESCHAFFT, SONDERN VERBESSERT

Bringt das Coronavirus das Ende der Globalisierung, wie wir sie kennen? Viele Kommentatoren behaupten, dass sie zumindest einen deutlichen Rückschlag erleiden wird. Globalisierung ist ein Prozess, in dem die Länder der Welt durch politischen, wirtschaftlichen und kulturellen Austausch zunehmend verbunden sind und sich damit gegenseitig immer mehr beeinflussen.[74] Die Pandemie selbst ist das beste Beispiel dafür, wie sehr die Welt durch Globalisierung verbunden ist – leider im negativen Sinne. Der Flügelschlag einer Fledermaus in China hat die Weltwirtschaft in die Knie gezwungen.

Warum sollte es künftig weniger Globalisierung geben? Dafür werden vier Gründe vorgebracht. Erstens ist das Virus weltweit verbreitet worden, weil Geschäftsleute und Touristen in großer Zahl und über Kontinente hinweg reisen. Zweitens fehlte plötzlich in vielen Ländern dringend benötigte medizinische Ausrüstung wie Masken, Schutzanzüge, Atemgeräte und Medikamente, weil sie nicht mehr im eigenen Land produziert wurden. Drittens ist es durch die grenzüberschreitenden Wertschöpfungsketten während der Krise zu erheblichen Störungen der Industrieproduktion gekommen. Als chinesische Unternehmen wegen der Epidemie ihre Produktion einstellten, fehlten der Industrie in Europa und den USA plötzlich Zwischenprodukte und Abnehmer. Daraus schließen viele Kommentatoren, es sei sicherer, wichtige Zulieferer im eigenen Land zu haben. Viertens wird kritisiert, dass die Globalisierung in Form internationaler politischer Zusammenarbeit in der Corona-Pandemie schlecht funktioniert hat. Sowohl China als auch der Weltgesundheitsorganisation wird vorgeworfen, zu zögerlich gehandelt und den Rest der Welt zu spät vor dem Virus gewarnt zu haben.[75] In der EU wurden nationale Grenzen geschlossen und Exportverbote für medizinische Güter verhängt, ohne Rücksicht auf den Geist des Europäischen Binnenmarktes und die Interessen anderer Mitgliedstaaten.

Was ist von diesen Argumenten zu halten? Zunächst muss man unterscheiden zwischen den Problemen während der Krise und den Perspektiven für die Globalisierung danach. Dass viele Länder zum Schutz vor Ansteckung die Grenzen geschlossen haben, heißt nicht, dass sie diese Beschränkungen aufrechterhalten werden, wenn die Pandemie überwunden ist. Dass während der Krise der Welthandel unterbrochen wurde, heißt nicht, dass er auch künftig gestört sein wird oder dass es sinnvoll ist, ihn einzuschränken. Gleichzeitig ist es gerechtfertigt zu fragen, wie man sich auf künftige Pandemien besser vorbereiten kann und welche Lehren für internationale wirtschaftliche und politische Beziehungen zu ziehen sind.

Indessen sollten wir nicht vergessen, welche Vorteile die Globalisierung bis heute gebracht hat: Der weltweite Wohlstand ist in den letzten Jahrzehnten deutlich gestiegen, und große

Teile der Menschheit konnten sich aus Armut und Elend befreien. Die Coronakrise macht noch einmal sehr deutlich, dass die Gestaltung der Globalisierung sich nicht auf die Öffnung von Märkten für Handel, Migration und Kapital- und Datenströme beschränken darf. Es gibt weltweite öffentliche Güter, die mehr internationale politische Kooperation erfordern als wir sie heute haben. Dazu gehört neben dem Schutz vor Pandemien beispielsweise die Vermeidung bewaffneter Konflikte und die Eindämmung der Klimaerwärmung oder der Schutz der Weltmeere vor Überfischung. Dass die internationale Kooperation in der aktuellen Krise versagt hat, heißt nicht, dass wir globale politische Institutionen wie die Weltgesundheitsorganisation aufgeben sollten. Wir müssen sie verbessern.

Die Globalisierung geriet schon vor der Coronakrise ins Stocken

Die Globalisierung von Wirtschaft, Gesellschaft, Politik und Kultur gehört zu den prägenden Entwicklungen der vergangenen Jahrzehnte. Dennoch ist die Vertiefung der internationalen Beziehungen kein Naturgesetz. Schon vor der Corona-Pandemie ist sie ins Stocken geraten. Da Globalisierung viele Facetten hat, ist sie schwer an einzelnen ökonomischen Größen wie dem internationalen Handel, grenzüberschreitenden Investitionen oder der grenzüberschreitenden Migration festzumachen. Der Globalisierungsindex, den die Konjunkturforschungsstelle der ETH Zürich (KOF) regelmäßig ermittelt, bietet ein Maß für Globalisierung. Er fasst eine Vielzahl von Indikatoren zusammen.[76] Dabei wird unterschieden zwischen De-jure- und De-facto-Globalisierung. Der De-jure-Index misst gesetzliche und institutionelle Regelungen wie etwa Zölle oder Kapitalverkehrskontrollen. Es werden aber auch kulturelle, politische und informationelle Aspekte der Globalisierung berücksichtigt wie Pressefreiheit, die Achtung von Bürgerrechten oder der Zugang zum weltweiten Internet. Der De-facto-Index konzentriert sich auf die tatsächliche Globalisierung. Dazu gehören das Volumen des Außenhandels und der internationalen Direktinvestitionen, aber auch die Präsenz von Botschaften und Vertretungen internationaler Organisationen sowie Nichtregierungsorganisationen, die Zahl der Filialen von Ikea oder McDonald's, der Tourismus sowie die Anzahl der internationalen Studierenden, die in einem Land die Universität besuchen. Beide Indizes werden dann zum allgemeinen Globalisierungsindex zusammengefasst. Abbildung 9.1 illustriert die Entwicklung dieser Indikatoren für den Zeitraum zwischen 1970 und 2017.

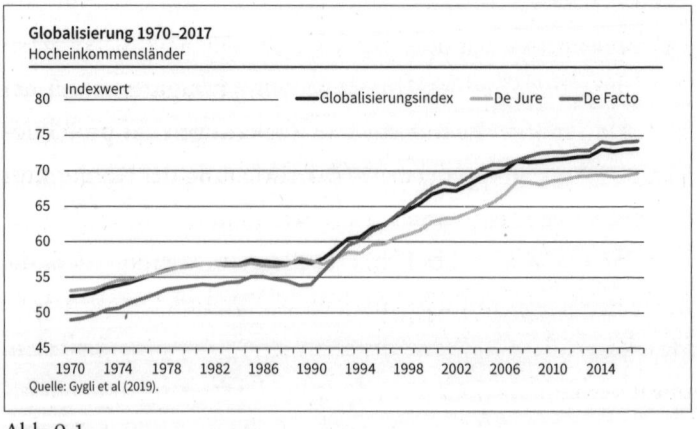

Abb. 9.1

Eine Beschleunigung der Globalisierung ist vor allem im Zeitraum zwischen 1990 und 2008 zu beobachten, also dem Ende des Kalten Krieges und dem Ausbruch der globalen Finanzkrise. In diese Zeit fielen die schrittweise Öffnung und die marktwirtschaftlichen Reformen Chinas, die Transformation der ehemals kommunistischen Staaten Osteuropas und der wirtschaftliche Aufstieg von Schwellenländern, darunter Indien, Brasilien und die Türkei. Diese Phase wird häufig kritisch als Zeit der Turbo- oder Hyper-Globalisierung bezeichnet. Es war aber auch eine Zeit weltweit wachsenden Wohlstands und sinkender Armut.

Nach der globalen Finanzkrise hat sich etwas verändert, wie vor allem der De-jure-Globalisierungsindex erkennen lässt. Der Globalisierungsprozess ist nicht zum Stillstand gekommen, aber er hat sich verlangsamt. Die britische Zeitschrift *The Economist* bezeichnet dieses Phänomen als ›Slowbalisation‹. Die wichtigste Ursache für diese Verlangsamung liegt in politischen Entscheidungen. Die Doha-Runde der Welthandelsorganisation, die den Abbau von Zöllen und anderen Handelshemmnissen vorantreiben sollte, endet nach siebenjährigen Verhandlungen im Jahr 2008 ohne Einigung. Nach der globalen Finanzkrise setzten viele Regierungen auf protektionistische Politik, um bei der Wiederbelebung der Konjunktur heimischen Firmen Vorteile zu verschaffen. Ein Beispiel ist der ›Buy American Act‹ des Jahres 2009, ein Gesetz, mit dem die US-Regierung heimische Anbieter bei öffentlichen Aufträgen privilegiert. Die EU setzt vermehrt Anti-Dumping-Zölle ein. Zwar verhandeln die EU und die USA jahrelang über ein gemeinsames Handels- und Investitionsabkommen (TTIP), aber die Widerstände sind groß. Selbst in einem so exportabhängigen Land wie Deutschland ist TTIP unbeliebt. Im Jahr 2016 entscheidet die britische Bevölkerung sich in einer Volksabstimmung dafür, die EU zu verlassen. Im gleichen Jahr wird Donald Trump mit einem protektionistischen Wahlprogramm zum US-Präsidenten gewählt. Er bricht Handelskonflikte mit der EU und vor allem mit China vom Zaun, die den Welthandel zunehmend belasten.

Der zunehmende Protektionismus behindert den Handel mit Gütern sichtbar. Im Jahr 2019 schrumpft sein weltweites Volumen bereits um 0,1 Prozent. Andere Dimensionen der Globalisierung sind davon weniger betroffen. Der globale Dienstleistungshandel expandiert 2019 noch um 2 Prozent.[77] Globale Kommunikation, Datenströme, der Dienstleistungshandel und vor allem der Tourismus wachsen ebenfalls weiter.

Das Virus unterbricht den internationalen Austausch

Die Corona-Pandemie veranlasst viele Länder, ihre Grenzen für den Personenverkehr zu schließen. Das gilt sowohl für Geschäftsreisende als auch für Touristen. Der internationale Handel bricht ebenfalls ein, teils, weil Länder den Güterverkehr beschränken, teils, weil Unternehmen die Produktion einstellen. Besonders betroffen sind die grenzüberschreitenden Wertschöpfungsketten, bei denen Unternehmen Vorprodukte von Zulieferern erhalten, die über viele Länder verstreut sind. In normalen Zeiten sind diese Wertschöpfungsketten hocheffizient. Vorprodukte werden dort produziert, wo das Verhältnis aus Preis und Qualität am besten ist. Sie werden außerdem ›just in time‹ geliefert, um Lagerkosten zu minimieren. Der Preis dieser Effizienz: Die Produktion ist sehr anfällig für Störungen. Wenn ein wichtiger Zulieferer schließen muss, sei es wegen gesetzlicher Beschränkungen, sei es, um die Beschäftigten vor Ansteckung zu schützen, dann ist die gesamte Wertschöpfungskette beeinträchtigt. Wenn in Norditalien Automobilzulieferer die Produktion einstellen, dann stehen kurze Zeit später auch in München bei BMW die Bänder still.

In welchem Ausmaß die Coronakrise den internationalen Warenaustausch behindern wird, ist noch nicht absehbar. Die Welthandelsorganisation WTO erwartet, dass der weltweite Güterhandel im Jahr 2020 je nach Verlauf der Pandemie und der Maßnahmen zu ihrer Eindämmung um 12,9 bis 31,9 Prozent schrumpfen wird.[78] Abbildung 9.2 gibt einen Überblick über den von der WTO prognostizierten Einbruch der Ex-

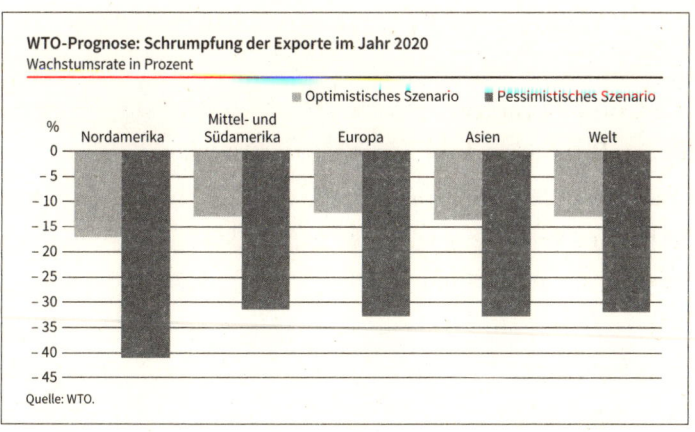

Abb. 9.2

porte nach Weltregionen, jeweils in einem optimistischen und einem pessimistischen Szenario. Der stärkste Rückgang wird in Nordamerika erwartet, mit einer Schrumpfung der Exporte um bis zu 40 Prozent. Die anderen Regionen der Welt sind aber ebenfalls hart getroffen. Im pessimistischen Szenario ergibt sich auch für Europa ein Rückgang der Exporte um etwa ein Drittel. Selbst im positiven Szenario droht eine Schrumpfung in der Größenordnung zwischen 10 und 20 Prozent.

Wenn die Corona-Pandemie im Jahr 2021 überwunden sein sollte, wird der Welthandel sich erholen. Es wird allerdings dauern, bis das Niveau des Jahres 2019 wieder erreicht ist. Offen ist die Frage, ob die Coronakrise sich dauerhaft auf den Welthandel auswirken wird.

Wird der internationale Handel dauerhaft zurückgehen?

Wenn wir wissen wollen, wie es mit der Globalisierung nach der Pandemie weitergeht, sollten wir zwei Dimensionen unterscheiden: Erstens Marktreaktionen, also Verhaltensänderungen der Unternehmen und der Verbraucher. Zweitens: Reaktionen der Politik wie etwa eine verstärkte Neigung zu Protektionismus.

Werden die Unternehmen ihre Wertschöpfungsketten nach der Krise verändern? Man kann damit rechnen, dass international agierende Firmen neu darüber nachdenken werden, welche Produkte sie selbst herstellen und welche sie zukaufen. Beides ist mit Risiken verbunden. Es kann durchaus sein, dass eigene Produktion durch eine Epidemie, eine Naturkatastrophe oder einen Unfall lahmgelegt wird, während Zulieferer davon nicht betroffen sind. Wenn man sich für ›Outsourcing‹ entscheidet, können die Zulieferer aus dem Inland oder dem Ausland kommen. Auch dabei ist a priori unklar, welche Lösung störungsanfälliger ist. Das Ausmaß an Just-in-Time-Produktion wird man ebenfalls auf den Prüfstand stellen. Unternehmen müssen entscheiden, wie sie die Kosten höherer Lagerhaltung im Vergleich zum Risiko eines Lieferungsausfalls bewerten.

Dass Unternehmen die Risiken von Ereignissen kalkulieren müssen, die selten eintreten, dann aber großen Schaden anrichten, ist nicht erst seit der Coronakrise bekannt. Man kann allerdings davon ausgehen, dass diese Risiken künftig neu bewertet werden. Diese Neubewertung kann durchaus dazu führen, dass Unternehmen sich häufiger für Eigenproduktion oder Zulieferer aus Deutschland oder dem europäischen Ausland statt aus Südafrika oder China entscheiden werden.

Es ist aber nicht zu erwarten, dass internationale Wertschöpfungsketten in großem Stil aufgelöst werden oder die schwerfällige Lagerhaltung aus den Zeiten vor der Just-in-Time-Produktion zurückkehrt. Die Kosten würden erheblich steigen. Dass die Produktion dadurch weniger störanfällig würde, ist keineswegs sicher. Um besser für Störungen gewappnet zu sein, kann es sogar notwendig sein, internationale Produktionsnetzwerke auszudehnen. Riskant sind weniger internationale Wertschöpfungsketten per se, sondern die Abhängigkeit von einzelnen Firmen oder Standorten. Absicherung gegen Störungen kann erreicht werden, indem Zulieferer aus mehreren Ländern, deren Leistungen einander ersetzen können, in die Wertschöpfungsketten eingebunden werden. Auch das wird die Produktionskosten steigern, weil das Hinzufügen von Lieferanten und die Senkung der von jedem Zulieferer abgenommenen Menge die Nutzung von Größenvorteilen in der Produktion beschränkt. Dieser Kostenerhöhung steht ein Gewinn an Versorgungssicherheit durch Diversifizierung gegenüber.

Unternehmen könnten also künftig die Resilienz ihrer Produktionsprozesse – die Anpassungsfähigkeit und Robustheit bei Störungen von außen – stärker in ihre Entscheidungen einbeziehen. Das kann dann unter Umständen zu mehr Globalisierung führen, nicht zu weniger. Veränderungen der Wertschöpfungsketten werden allerdings auch von politischen Entscheidungen beeinflusst. Wenn die Neigung zu protektionistischer Politik, die sich in den letzten Jahren ausbreitete, nach der Coronakrise zurückkehrt oder sogar verschärft wird, werden internationale Wertschöpfungsketten in der Tat an Bedeutung verlieren, mit der Folge steigender Kosten und sinkenden Wohlstands.

Störanfälligkeit zu verringern erfordert mehr Globalisierung

Wie wird die Außenhandelspolitik sich nach der Coronakrise entwickeln? Verschiedene Politiker haben in den letzten Monaten verkündet, dass sie Abhängigkeiten vom Ausland reduzieren wollen. Als EU-Binnenmarktkommissar Thierry Breton die Industriestrategie der EU vorstellte, sagte er: »Angesichts eines neuen geopolitischen Umfelds Abhängigkeiten vom Ausland zu vermeiden, erfordert radikalen Wandel – und der muss jetzt beginnen.«[79]

Es gibt sehr unterschiedliche Formen der Abhängigkeit. Im Bereich der Versorgung mit medizinischen Gütern kann Abhängigkeit vom Ausland, vor allem von einzelnen Lieferanten, in der Tat problematisch sein. Bei Masken und Schutzkleidung ist das in den letzten Monaten deutlich geworden, bei Medikamenten sind ähnliche Engpässe nicht auszuschließen. Um für künftige medizinische Notfälle besser vorbereitet zu sein, sollte eine gewisse Vorratshaltung gewährleistet werden. Man kann nicht davon ausgehen, dass private Märkte allein dafür sorgen. Insofern ist hier politisches Handeln erforderlich.

In der EU stellt sich allerdings die Frage, ob die einzelnen Mitgliedstaaten dafür die richtige Ebene sind. Grundsätzlich verursacht es weniger Kosten, wenn die medizinische Vorsorge europäisch koordiniert ist: Das gilt für das Bevorraten medizinischer Ausrüstung bis hin zum Vorhalten von Krankenhausbetten für Intensivbehandlungen. Beispielsweise waren in Europa in der Coronakrise zumindest bislang stets freie Krankenhauskapazitäten verfügbar. Man hat nur zu spät damit begonnen, Patienten aus den am stärksten betroffenen Mitgliedstaaten dorthin auszufliegen, wo freie Kapazitäten waren. Sich bei der Krisenvorsorge auf andere EU-Staaten zu verlassen, erfordert freilich Vertrauen darauf, dass medizinische Ressourcen im Krisenfall tatsächlich geteilt werden. Die Versorgung mit medizinischen Gütern sicherzustellen, kann es erfordern, bestimmte Produktionskapazitäten im Inland oder in der EU anzusiedeln, ähnlich wie in militärischen und anderen sicherheitsrelevanten Bereichen. Dabei ist allerdings zu bedenken, dass auch bei medizinischen Gütern Versorgungssicherheit nicht allein inländische Produktion verlangt, sondern eine internationale Diversifizierung der Bezugsquellen. Bei Notfällen wie Naturkatastrophen kann inländische Produktion leicht ausfallen.

Gibt es aus gesamtwirtschaftlicher Perspektive Gründe dafür, in anderen Sektoren der Wirtschaft eine Verkürzung von Wertschöpfungsketten und verringerte Abhängigkeit von ausländischen Lieferungen und ausländischen Abnehmern anzustreben? Gerade in Deutschland wird immer wieder gefordert, das Land müsse seine Abhängigkeit von Exporten verringern, weil Krisen in anderen Ländern sich auf die heimische Volkswirtschaft übertragen. Dem steht entgegen, dass der Außenhandel eine wichtige Grundlage des Wohlstands bildet. Er ermöglicht es, Spezialisierungsvorteile und damit verbundene Effizienzgewinne zu nutzen. Wenn diese Effizienzgewinne allerdings nur um den Preis höherer Unsicherheit und Anfälligkeit für Krisen erreichbar wären, könnte es sinnvoll sein, teilweise auf sie zu verzichten. Nach dieser Logik würde das Ziel darin bestehen, höhere Produktionskosten in Kauf zu nehmen, um mehr Resilienz der Volkswirtschaft zu erreichen. Es lässt sich jedoch zeigen, dass diese Überlegung nicht trägt.

Ob die Einbindung einer Volkswirtschaft in den internationalen Handel und die damit verbundene Spezialisierung zu mehr oder weniger Risiken führt, hängt davon ab, ob Krisen eher länder- oder sektorspezifisch sind. Es liegt auf der Hand, dass die Risiken der Spezialisierung wachsen, wenn Schocks vor allem sektorspezifischer Natur sind. Wenn ein

Land wie Deutschland sich auf die Produktion von Kraftfahrzeugen spezialisiert und die Nachfrage nach Autos stark schwankt, erhöht die Spezialisierung die Risiken. Wenn die Schocks dagegen typischerweise länderspezifisch sind, dann führen internationaler Handel und Spezialisierung zum Abbau von Risiken und zu mehr Resilienz.[80]

Die europäische Verschuldungskrise der Jahre 2009–2013 ist ein Beispiel für einen länderspezifischen Schock. Hier profitierte Deutschland davon, dass seine Autos nicht nur in Europa, sondern weltweit gefragt waren, vor allem in China und den USA. Bei einer stärkeren Konzentration auf die heimischen Märkte hätte der Abschwung der europäischen Märkte Deutschland stärker getroffen. Eine aktuelle Studie von Caselli et al. (2020) zeigt, dass länderspezifische Schocks deutlich häufiger vorkommen. Größere Resilienz erfordert demnach mehr Globalisierung, nicht weniger.

Protektionismus, Populismus und seriöse Globalisierungskritik

Aus der Beobachtung, dass eine Einschränkung der internationalen Wirtschaftsbeziehungen eher zu weniger als mehr Resilienz führen würde, folgt noch nicht, dass eine weitere Liberalisierung des Handels zwingend wünschenswert ist, und es folgt schon gar nicht, dass die Politik eine solche Liberalisierung auch umsetzt.

Handelsliberalisierung steigert den weltweiten Wohlstand und nützt wohl auch den meisten Ländern, die daran beteiligt sind. Innerhalb dieser Länder gibt es aber Gewinner und

Verlierer. Die protektionistischen Tendenzen der Außenhandelspolitik in den letzten zehn Jahren waren zumindest teilweise von dem Ärger der Globalisierungsverlierer getrieben.

Populistische Parteien und Politiker versuchen, aus diesem Ärger politisches Kapital zu schlagen. Sie stellen Globalisierung gerne als einen Prozess dar, bei dem nur eine kleine Elite profitiert, große Teile der Bevölkerung aber verlieren. Das fällt zusammen mit dem Vorwurf, der Bevölkerung würde durch scheinbare Experten vorgegaukelt, dass Freihandel allen zugute kommt.[81] Typisch für diese Angriffe ist die folgende Aussage, die einer Wahlkampfrede von Donald Trump vom September 2016 entnommen ist:

»Es ist kein großes Geheimnis, dass viele Interessengruppen, welche die Kampagne meiner Gegnerin finanzieren, dieselben Leute sind, die von diesen schrecklichen Handelsabkommen profitieren. Die sogenannten Experten, die Hillary Clinton beraten, sind genau die Leute, die uns NAFTA, Chinas Beitritt zur Welthandelsorganisation, den Jobs vernichtenden Handelsvertrag mit Südkorea gegeben haben und jetzt die transatlantische Partnerschaft.«[82]

In öffentlichen Debatten, die von derartigen Angriffen geprägt sind, kommen komplizierte Überlegungen etwa zu der Frage, ob Globalisierung Resilienz stärkt oder schwächt, nicht zur Geltung. Zu populistischer Wirtschaftspolitik gehört es stattdessen, zu versprechen, dass Protektionismus verlorene Arbeitsplätze in abgewanderten Industrien zurückbringt. Die Erfahrung zeigt, dass dieses Versprechen nicht zu halten ist. Trotzdem steigt nach Wirtschaftskrisen die Neigung zu Protektionismus. Der hohe Druck, die heimische Wirtschaft zu stützen, lässt die Diskriminierung ausländischer Produzenten leicht als gebotenes Mittel zum Schutz inländischer Firmen und Arbeitsplätze erscheinen. Das ist freilich kurzsichtig, denn die Abschottung der eigenen Märkte löst bei den Handelspartnern Gegenreaktionen aus. Daraus entsteht leicht ein Handelskrieg, wie er in den letzten Jahren zwischen den USA und China zu beobachten war.

Nach dem Ausbruch der globalen Finanzkrise, am 15. November 2008, trafen sich die Staaten der G20-Gruppe in Washington und vereinbarten, für ein Jahr keine protektionistischen Maßnahmen zu ergreifen. Zwar haben die beteiligten Regierungen sich nur teilweise an diese Zusage gehalten. Evenett (2009) dokumentiert, dass es in den zwölf Monaten nach der Vereinbarung 179 neue protektionistische Maßnahmen gab. Das heißt, an jedem zweiten Tag hat irgendeine Regierung gegen die Vereinbarung verstoßen. Jedoch hätte es vermutlich ohne die gemeinsame Absichtserklärung mehr Protektionismus gegeben. Bei dem wegen der Coronakrise einberufenen außerordentlichen G20-Gipfel am 26. März 2020 gab es keine derartige Vereinbarung. Das Klima der Außenhandelspolitik hat sich erkennbar verschlechtert. Sollte es in den nächsten Monaten zu einer Verschärfung der weltweiten Handelskonflikte kommen, würde das die wirtschaftliche Erholung nach der Coronakrise erheblich belasten.

Wie kann die Globalisierung nach der Coronakrise weitergehen?

Für die wirtschaftliche Erholung ist es von zentraler Bedeutung, neue Handelskonflikte zu vermeiden. Da die geopolitische Konkurrenz zwischen den USA und China sich in den kommenden Jahren voraussichtlich weiter verschärfen wird, ist eine Entspannung des Handelskonflikts zwischen diesen beiden Ländern eher unwahrscheinlich. Die EU ist und bleibt ein enger Verbündeter der USA, hat aber kein Interesse, sich in diesen Handelskonflikt hineinziehen zu lassen und sollte sich auch nicht zwingen lassen, sich für die eine oder andere Seite »zu entscheiden«. Damit europäische Interessen in diesem Konflikt gewahrt werden können, muss die EU Einigkeit wahren. Die Kontrolle über den Zugang zum europäischen Binnenmarkt verleiht der EU auf globaler Ebene erhebliches Gewicht. Dass Donald Trump davon abgesehen hat, die hohen Strafzölle auf europäische Autos einzuführen, mit denen er im Wahlkampf gedroht hatte, dürfte daran liegen, dass die EU glaubwürdig mit Gegenmaßnahmen drohen konnte. Auch in den Beziehungen zu China ist es wichtig, eine Spaltung der EU-Mitgliedstaaten zu vermeiden.

Mit der Öffnung von Märkten ist es also nicht getan, das hat der zunehmende Populismus und Protektionismus gezeigt. Die Öffnung muss flankiert werden von der Einrichtung geeigneter Institutionen und politischer Maßnahmen. Diese dienen dazu, Anpassungslasten aufzufangen, vor allem den mit der Globalisierung einhergehenden Strukturwandel. Es wird nicht möglich sein, Globalisierungsverlierer voll zu kompensieren. Aber sie müssen Perspektiven haben.

Darüber hinaus gibt es weltweite öffentliche Güter. Dazu gehört der Schutz vor Pandemien ebenso wie die Bekämpfung der Klimaerwärmung. Man kann bei diesen Gütern nicht erwarten, dass Entscheidungen einzelner Staaten die Auswirkungen auf den Rest der Welt automatisch angemessen berücksichtigen. Defizite der internationalen Koordination während der Coronakrise sollten Anlass sein, diese Koordination zu verbessern.

Dabei ist zu bedenken, dass globale Koordination in der Gesundheitspolitik und vielen anderen Gebieten sich nicht darin erschöpfen sollte, Entscheidungen auf internationale Gremien oder Institutionen zu verlagern oder sie weltweit zu vereinheitlichen. Die Coronakrise hat gezeigt, dass es wichtig ist, mit unterschiedlichen Wegen zur Eindämmung der Krankheit zu experimentieren, weil man daraus etwas lernen kann. Wenn globale Koordination dazu führt, dass alle den gleichen Fehler machen, ist das Ergebnis unter Umständen schlechter als ganz ohne Koordination. Hinzu kommt, dass Legitimität und demokratische Kontrolle bei politischen Entscheidungen mindestens ebenso wichtig sind wie Berücksichtigung grenzüberschreitender Folgen nationaler Politiken.[83] Wenn Menschen den Eindruck haben, dass Entscheidungen, die für ihr Leben wichtig sind, von internationalen technokratischen Institutionen gefällt werden, die niemandem rechenschaftspflichtig erscheinen, werden sie sich wehren. Eine funktionierende, den Menschen dienende Globalisierung muss beide Anliegen – Politikgestaltung auf internationaler Ebene und die Wahrung von demokratischer Kontrolle, Bürgernähe und Legitimität – angemessen abwägen.

KAPITEL 10

DER WEG AUS DER CORONAKRISE

Die Politik hat viel dafür getan, die Wirtschaft mit Konjunkturstützen kurzfristig zu stabilisieren. Der nächste Schritt besteht darin, die wirtschaftlichen Folgen der Coronakrise nachhaltig zu überwinden und zu selbsttragendem Wachstum zurückzukehren. Das ist eine große Herausforderung. Die Krise bringt Belastungen mit sich, die in Kombination mit bereits vorher vorhandenen Schwierigkeiten lähmende Wirkung entfalten können. Es droht eine Entwicklung, die man als Coronasklerose bezeichnen könnte – eine wirtschaftliche Stagnation als Folge der Pandemie, die über Jahre anhält.[84]

Hohe Staatsschulden wecken bei Investoren und Konsumenten die Befürchtung, dass bald Steuern angehoben und staatliche Leistungen gekürzt werden könnten, vor allem öffentliche Investitionen. Hohe Verschuldung privater Unternehmen und Haushalte schwächen die Bereitschaft, neues Kapital einzubringen und zu investieren. Viele Vermögen sind zerstört und Ersparnisse aufgezehrt worden. Das schwächt die Neigung, neue unternehmerische Risiken einzugehen.

Die Krise beschleunigt die Digitalisierung der Wirtschaft und den Strukturwandel. Wer gut ausgebildet ist, kann sich anpassen und neue Chancen nutzen. Die Corona-Pandemie hat die Bemühungen um Bildung und Ausbildung vor allem junger Menschen aber erheblich beeinträchtigt. Kitas und Schulen waren monatelang geschlossen. Wie lange der Unterricht auf Sparflamme laufen wird, ist noch unklar, aber es kann dauern, bevor Normalität einkehrt. Gerade Kinder und Jugendliche aus bildungsfernen Familien werden dadurch zurückgeworfen.

Wettbewerb und freier Marktzutritt sind zentrale Voraussetzungen für Innovationen und Wachstum. Da viele kleine und mittlere Unternehmen in der Krise Eigenkapital verloren haben, das sie nur schwer ersetzen können, besteht die Gefahr, dass die Dominanz einzelner großer Firmen weiter wächst und der Wettbewerb verfällt. Das würde einen Trend verstärken, der in vielen Ländern bereits vor der Krise Probleme bereitete.[85] Wachsende Marktmacht führt zu weniger Innovationen, sinkendem Wirtschaftswachstum und wachsender Ungleichheit, weil Monopolgewinne nur wenigen zugute kommen und die Mehrheit belasten.

Risiken ergeben sich auch aus politischen Veränderungen. Viele Unternehmen erhalten in der Krise Kredite und Eigenkapitalhilfen vom Staat. Das ist notwendig, weil private Kapitalmärkte kurzfristig gestört sind. Es gilt aber, zu verhindern, dass es zu einer Welle von Verstaatlichungen kommt, die nach der Krise Wettbewerb und unternehmerisches Handeln blockieren. Verstaatlichte Unternehmen unterliegen immer dem Risiko, dass ihre Geschäftspolitik von politischen Interessen beeinflusst wird. Gleichzeitig wächst für die Politik die Versuchung, staatseigene Firmen vom Wettbewerb abzuschirmen. Notwendiger Strukturwandel wird so gelähmt.

Der exportorientierten deutschen Wirtschaft wird es zu schaffen machen, dass viele Schwellenländer besonders hart von der Coronakrise getroffen sind. Sie werden als Kunden für deutsche Exportgüter nicht mehr die Rolle einnehmen, die sie vor der Krise hatten. Hinzu kommt die wachsende Neigung zu Protektionismus, besonders der schwelende Handelskrieg zwischen den USA und China. Wenn protektionistische Politik die Unternehmen zwingt, Wertschöpfungsketten zu verkürzen und internationale Arbeitsteilung einzuschränken, werden Kosten und Preise steigen, während das Wachstum sinkt.

Ein nicht zu unterschätzendes Risiko für die wirtschaftliche Entwicklung liegt in einer veränderten Haltung der Bürger gegenüber dem Staat. In der Krise erscheint der Staat vielen als allmächtige Institution, die wirtschaftliche Probleme jeder Art ausgleichen kann. Der Privatsektor wirkt demgegenüber schwach und anfällig. Deshalb steigen die Erwartungen, vom Staat versorgt zu werden, während die Kritik an der marktwirtschaftlichen Ordnung wächst. Dabei wird leicht übersehen, dass der Staat nur verteilen kann, was Unternehmen und ihre Beschäftigten erwirtschaftet haben. Wohlstand entsteht durch Erfindungsgeist und die Bereitschaft, zu arbeiten, zu investieren, und unternehmerische Risiken einzugehen. Es ist deshalb wichtig, die Grenzen staatlichen Handelns in der Wirtschaft im Blick zu behalten.

Um den Weg aus der Coronakrise erfolgreich zu bestreiten, ist es erforderlich, den Blick wieder stärker auf die mittel- bis langfristigen Voraussetzungen für Wachstum und Beschäftigung zu richten, ohne die Folgen der Krise zu vergessen. Wie das funktionieren kann, lässt sich in zehn Empfehlungen für die Wirtschafts- und Finanzpolitik zusammenfassen:

1. Zuständigkeiten von Staat und Privatsektor klar abgrenzen

Es gehört zu den Traditionen der Sozialen Marktwirtschaft, aber auch zu einer erfolgreichen Wirtschaftsordnung der Zukunft, dass die Aufgaben des Staates und des Privatsektors möglichst klar voneinander abgegrenzt sind. In einer freiheitlichen Gesellschaft sollte der Staat ökonomische Entscheidungen des privaten Sektors nicht ersetzen oder steuern. Seine Aufgaben beschränken sich allerdings auch nicht auf die des Nachtwächterstaates. Ludwig Erhard hat die Rollenverteilung zwischen Privatsektor und Politik in der Sozialen Marktwirtschaft im Jahr 1957 so beschrieben:

»Der Unternehmer soll ebenso wie der Arbeiter und jeder andere Staatsbürger im Bereich seines persönlichen Tuns und Lassens frei sein, [aber] ... anstatt des Verzichts auf jeglichen Eingriff ist die Wirtschaftspolitik heute von der Absicht getragen, die ihr an die Hand gegebenen Instrumente der Wirtschaftspolitik zu benutzen, um ständig neue Energien auszulösen, neue Chancen zu eröffnen, aber auch, um unfruchtbare Wege zu verbauen.«[86]

Diese Formulierungen werfen die Frage auf, wann es gerechtfertigt ist, dass der Staat anfängt, »unfruchtbare Wege zu verbauen«. Die Welt hat sich seit der Zeit Ludwig Erhards verändert. Trotzdem ist die Frage, wie weit staatliche Eingriffe gehen sollten, unverändert aktuell. Die moderne Wirtschaftsforschung hat zur Beantwortung dieser Frage zwei Theorien entwickelt: die Theorie des Marktversagens und die Public-Choice-Theorie. Die Theorie des Marktversagens beginnt mit der Idee, dass private Märkte unter bestimmten Bedingungen sehr effizient arbeiten und größtmöglichen Wohlstand erzeugen. Diese Bedingungen sind im realen Leben allerdings nicht immer erfüllt. In diesem Fall können staatliche Interventionen die Ergebnisse verbessern. Ob das wirklich erreicht wird, ist allerdings offen. Der Staat ist kein benevolenter, allwissender Diktator. Er besteht aus Institutionen, in denen Menschen – Politiker, Lobbygruppen, Wähler – jeweils ihre eigenen Interessen verfolgen. Es kann sein, dass staatliche Interventionen Marktergebnisse verbessern. Es kann aber auch passieren, dass sie alles noch schlimmer machen.

Wirtschaftspolitik ist oft ein Abwägen zwischen Markt- und Staatsversagen. Die Aufgabe besteht darin, staatliche oder administrative und marktwirtschaftliche Entscheidungsmechanismen so geschickt zu kombinieren, dass die Stärken beider Institutionen zum Tragen kommen. Oft muss der Staat dafür Rahmenbedingungen setzen, innerhalb derer individuelle und unternehmerische Freiheit sich entfalten können. Staatliche Interventionen systematisch auf Bereiche zu begrenzen, in denen Marktversagen vorliegt und Aussicht auf Besserung durch den staatlichen Eingriff besteht, schützt vor einer Wirtschaftspolitik, die von Lobbyinteressen oder Willkür geleitet ist.

Wohlstand entsteht in der Sozialen Marktwirtschaft durch privatwirtschaftliche Initiative. Im Mittelpunkt der Wirtschaftspolitik sollte deshalb das Ziel stehen, möglichst gute Bedingungen für Unternehmertum, Investitionen, Innovationen und das Entstehen hochwertiger Arbeitsplätze zu schaffen.

2. Mit dem Coronavirus leben und arbeiten lernen

Gesundheit und Wirtschaft in einer Pandemie gegeneinander auszuspielen, wird der Problemlage nicht gerecht. Staatlich verordnete Beschränkungen aufzuheben, ist wirtschaftlich nicht sinnvoll, wenn das Virus sich dadurch wieder ungehemmt ausbreitet. Ebenso ist es gesundheitspolitisch wie wirtschaftlich nicht zielführend, den Shutdown zu verlängern, bis das Virus verschwindet oder durch Impfstoffe oder neue Medikamente beherrschbar erscheint. Es ist richtig, Beschränkungen schrittweise und unter Berücksichtigung der Gefährdungslage aufzuheben und das wirtschaftliche und gesellschaftliche Leben so zu organisieren, dass die Ansteckungsgefahr niedrig bleibt.

Dabei ist es zu begrüßen, wenn auf internationaler Ebene verschiedene Staaten und innerhalb Deutschlands die Bundesländer verschiedene Wege gehen. Das verfügbare Wissen über die Interaktion zwischen verschiedenen Öffnungsschritten, der Verbreitung des Virus und den daraus resultierenden ökonomischen Folgen ist beschränkt. Da niemand den optimalen Öffnungspfad kennt, ist es sinnvoll, unterschiedliche Wege zu testen. Aus den Wirkungen verschiedener Strategien können alle lernen.

Während des Jahres 2020, vielleicht auch darüber hinaus, werden die Vorkehrungen zum Schutz vor Ansteckungen viele wirtschaftliche Aktivitäten belasten und die Produktivität beeinträchtigen. Kreative Lösungen und Innovationen sind gefragt, um die negativen Produktivitätseffekte in Grenzen zu halten. Es werden zunehmend kostengünstige und schnelle Testverfahren verfügbar – sowohl, um Infektionen, als auch, um Immunität festzustellen. Vermehrtes Testen erlaubt es, andere Beschränkungen, beispielsweise zur Besetzung von personalintensiven Produktionsanlagen oder bezüglich der Größe von Gruppen in Kindertagesstätten und Schulen, zu lockern. Der Öffnungsprozess in Deutschland könnte schneller verlaufen, wenn mehr getestet würde und regional differenzierte, repräsentative Daten über die Verbreitung von Infektionen und Immunität in der Bevölkerung verfügbar wären.

3. Steuer- und Ausgabenpolitik auf Wachstum, Beschäftigung und Wettbewerbsfähigkeit ausrichten

Die Steuerpolitik der kommenden Jahre sollte auf Reformen setzen, die das Wirtschaftswachstum steigern.[87] Was heißt das? Steuern auf Unternehmensgewinne und Einkommensteuern belasten das Wirtschaftswachstum stärker als Konsumsteuern oder Grundsteuern.[88] Das Ziel sollte darin bestehen, das Steuersystem stärker als bisher auf Beschäftigungs- und Investitionsfreundlichkeit auszurichten.

Steuern und Abgaben auf Arbeitseinkommen sollten gesenkt werden. Vor allem mittlere Einkommen sind durch Einkommensteuern und Sozialversicherungsbeiträge stark belastet. Im

Einkommensteuertarif sollte der sogenannte Mittelstandsbauch abgeflacht werden, um Leistungsanreize zu verbessern. Zur Stärkung des Arbeitsangebotes sollte außerdem die Familienbesteuerung reformiert werden. Das Hauptproblem des Ehegattensplittings liegt, anders als oft behauptet, nicht darin, dass es eine ungerechte Subvention für Einverdienerehen darstellt.[89] Es ist mit einer Besteuerung nach dem Leistungsfähigkeitsprinzip durchaus vereinbar.[90] Es hat aber den Nachteil, das Arbeitsangebot des Zweitverdieners mit hohen Grenzsteuersätzen zu belasten. Die Einführung von Realsplitting, bei dem ein begrenzter Betrag für Zwecke der Einkommensbesteuerung auf den Partner übertragbar ist, könnte einen Beitrag dazu leisten, Arbeitsangebotsanreize der Zweitverdiener in Ehen zu verbessern. Entscheidend für eine breite Erwerbsbeteiligung der Zweitverdiener ist außerdem eine gute Betreuungsstruktur für Kinder, also stark ausgebaute Kindertagesstätten und Ganztagsschulen.

Hindernisse für Beschäftigung bestehen darüber hinaus im Bereich des Übergangs zwischen Transferleistungen und selbst erzieltem Einkommen. Dort führt das Zusammenspiel verschiedener Abgaben und Sozialleistungen dazu, dass mehr Arbeitsleistung zu sinkendem Nettoeinkommen führen kann. Das führt in eine »Niedrigeinkommensfalle«, die beseitigt werden sollte.[91]

Um Investitionen und Beschäftigung zu stärken, sollte die steuerliche Belastung von einbehaltenen Unternehmensgewinnen in Deutschland von derzeit gut 30 Prozent in den kommenden Jahren schrittweise auf 25 Prozent gesenkt werden. Das würde die durch die Krise geschwächte Eigenkapitalbasis der Unternehmen stärken. Die Steuersenkung ist auch deshalb sinnvoll, weil viele andere europäische Staaten in den letzten Jahren Unternehmenssteuern reduziert haben. Deutschland ist im internationalen Steuerwettbewerb deutlich zurückgefallen.[92] Wenn Deutschland sich international als Hochsteuerland positioniert, verlagern Unternehmen Investitionen ins Ausland und weisen dort eher ihre steuerpflichtigen Gewinne aus. Das führt nicht nur zum Verlust von Arbeitsplätzen in Deutschland, sondern auch zu sinkenden Steuereinnahmen.

Die Senkung der Unternehmensbesteuerung sollte mit einer Reform der Kommunalfinanzen verbunden werden, bei der die Gewerbesteuer abgeschafft und ersetzt wird. In der Coronakrise wurde einmal mehr deutlich, dass die Gewerbesteuer eine schlechte Kommunalsteuer ist, weil ihr Aufkommen im Konjunkturzyklus stark schwankt. Die Städte und Gemeinden sollten stetigere Steuerquellen bekommen. Die Abschaffung der Gewerbesteuer würde das deutsche Steuersystem außerdem erheblich vereinfachen.

Zur Gegenfinanzierung der steuerlichen Entlastungen gibt es verschiedene Wege. Zum einen sollten die Staatsausgaben nach Überwindung der Krise auf den Prüfstand gestellt werden. Dabei sollten öffentliche Investitionen, die Wachstum und Beschäftigung fördern, geschützt werden. Kürzungspotenziale bieten vor allem die Subventionen. Wenn Steuererhöhungen notwendig sind, sollten sie im Bereich der Konsumsteuern und der Steuern auf Grund und Boden erfolgen.*

---

* Sofern Haushalte mit niedrigen Einkommen durch höhere Konsumsteuern überproportional belastet werden, kann ein Ausgleich geschaffen werden, beispielsweise durch höhere Transfers.

4. Solidität der Staatsfinanzen nicht aufs Spiel setzen

Um die Nachhaltigkeit der deutschen Staatsfinanzen zu wahren, sollte die deutsche Finanzpolitik sich das Ziel setzen, auf mittlere Sicht wieder die Schuldenquote von 60 Prozent zu erreichen, die durch die europäischen Schuldenregeln vorgegeben ist.* Der Grund dafür liegt nicht darin, dass eine Schuldenquote von 60 Prozent notwendigerweise besser ist als 50 oder 70 Prozent. Das Ziel besteht vielmehr darin, bis zur nächsten größeren Wirtschaftskrise die Schuldenquote wieder so weit zu reduzieren, dass hinreichende Spielräume zur Stabilisierung der Wirtschaft bestehen. Die mittelfristige Orientierung an diesem Ziel stärkt außerdem das Vertrauen der Investoren an den internationalen Kapitalmärkten. Dieses Vertrauen zu wahren, ist essentiell, um die Zinsen auf Staatsschulden niedrig zu halten.

Eine mittelfristige Senkung der Verschuldungsquote anzustreben heißt nicht, dass kurzfristig Ausgaben gekürzt oder Steuern erhöht werden sollten. Derartige Konsolidierungsschritte sollten erst erwogen werden, wenn die Wirtschaft sich von der Coronarezession erholt hat. Zu nachhaltigen Staatsfinanzen gehört darüber hinaus, Staatsausgaben mit investivem Charakter wie etwa für Infrastruktur oder Bildung nicht zu vernachlässigen. Sofern derartige Ausgaben das Wirtschafts-

---

* Man könnte hier einwenden, dass es mindestens ebenso wichtig ist, die impliziten Schulden in den Sozialversicherungssystemen zu begrenzen. Das ist nicht falsch, aber im Unterschied zu expliziten können implizite Schulden, wenn sie als zu hoch angesehen werden, durch Gesetzesänderungen, beispielsweise Anpassungen der Rentenformel, gesenkt werden.

wachstum steigern, können sie sogar dazu beitragen, die Verschuldungsquote zu senken.

5. Digitalisierung: Die Beschäftigten in den Mittelpunkt stellen

Die Digitalisierungspolitik sollte sich auf das Ziel konzentrieren, dass die Erwerbstätigen die Chancen der Digitalisierung nutzen können. Investitionen in Aus- und Weiterbildung sind dazu der Schlüssel. Digitalisierung kann dazu führen, dass bestimmte Tätigkeiten, die bislang von Menschen ausgeübt werden, automatisiert werden. Das hat positive Seiten, denn damit werden Ressourcen frei, die bislang oft für Routinetätigkeiten eingesetzt sind. In Zeiten wachsender Fachkräfteknappheit ist das hilfreich. Gleichzeitig führt das Ersetzen menschlicher Arbeit durch Computer oder künstliche Intelligenz aber zu der Sorge, dass ein Teil der Erwerbstätigen abgehängt wird und ihre Chancen zur Einkommenserzielung schwinden.

Häufig wird deswegen die Einführung eines bedingungslosen Grundeinkommens gefordert. Das ist ein Irrweg. In Deutschland und den meisten europäischen Ländern gibt es bereits ein Grundeinkommen, das vor Armut durch Erwerbslosigkeit schützt. Es ist aber nicht bedingungslos, steht also nur denen zur Verfügung, die es brauchen, weil eigenes Einkommen oder Vermögen fehlt. Ein bedingungsloses Grundeinkommen würde nicht nur den Staat finanziell überfordern. Es würde einen Teil der Bevölkerung aus dem Erwerbsleben ausschließen.

Benötigt wird im Gegenteil eine Politik, mit der möglichst viele Menschen darin unterstützt werden, Beschäftigung mit möglichst hoher Produktivität und entsprechend hohem Einkommen zu finden. Das erfordert neben Bildungsanstrengungen die Bereitschaft, den mit der Digitalisierung verbundenen Strukturwandel zuzulassen, auch in hoch regulierten Sektoren wie etwa dem Gesundheitswesen. Die vermehrte Nutzung digitaler Techniken während der Coronakrise kann hier produktive Anstöße geben.

Reformbedarf bringt die Digitalisierung auch in der Steuerpolitik. Vor der einseitigen Einführung von Digitalsteuern sollte man sich allerdings hüten, wenn man Handelskriege vermeiden will. Es ist wichtiger, sicherzustellen, dass die Umsatzsteuer auf digitale Dienstleistungen durchgesetzt und die internationale Gewinnverlagerung eingedämmt wird.[93]

Zu den dringenden Aufgaben gehören außerdem die Digitalisierung der öffentlichen Verwaltung und der Ausbau der digitalen Infrastruktur. Die Konjunkturpakete zur Bekämpfung der Coronarezession sehen hier bereits erhebliche Investitionen vor. Die Herausforderung besteht nun darin, diese Vorhaben zügig umzusetzen.

6. Bildung ist der Schlüssel zu Wohlstand und Chancengerechtigkeit

Der Strukturwandel, der mit Digitalisierung und technischem Fortschritt einhergeht, stellt hohe Anforderungen an die Lern- und Anpassungsfähigkeit und -bereitschaft der Erwerbstätigen. Welche Fertigkeiten und Fähigkeiten an den künftigen Arbeitsmärkten gefragt sein werden, ist heute noch nicht absehbar. Dass der Umgang mit digitalen Techniken dazugehört, liegt auf der Hand. Aber was das konkret bedeutet, wird sich erst künftig zeigen. Um darauf bestmöglich vorbereitet zu sein, sollte grundlegender Bildung, die in Kindergärten, Schulen und Hochschulen vermittelt wird, größere Bedeutung als bisher beigemessen werden.

Die Coronakrise wirft viele junge Menschen in ihrer Bildung und Ausbildung zurück. Das gilt vor allem für Menschen aus sozial schwächeren und bildungsfernen Familien. Deshalb sollte umgehend ein längerfristig angelegtes Programm zur Stärkung der Schulbildung insbesondere für Kinder aus benachteiligten Gruppen aufgelegt werden. Das sollte zum einen gezielte Hilfen für die Zeit beinhalten, in der wegen der Ansteckungsgefahr noch ein Teil des Unterrichts als Fernunterricht durchgeführt wird oder ganz ausfällt. Zum anderen sollten Förderungen für die Zeit nach der Normalisierung des Schulbetriebs vorgesehen sein.

Möglichst vielen Menschen Chancen auf eine erfolgreiche berufliche Entwicklung zu eröffnen, ist ein weithin geteiltes Anliegen einer gerechten Gesellschaft. Aber eine gute Bildung breiter Bevölkerungsschichten ist auch unabhängig von Verteilungsfragen eine Voraussetzung für die allgemeine Steigerung des Wohlstands.

7. Mit smarter Umwelt- und Klimapolitik Wirtschaftswachstum und den Schutz der natürlichen Lebensgrundlagen vereinbaren

Konjunkturpolitik und Umweltschutz sollten nicht vermischt werden. Beide Politikbereiche haben ihre Ziele und sollten sie mit den jeweils am besten geeigneten Instrumenten verfolgen, gemäß der »Tinbergen-Regel«. Dem steht nicht entgegen, dass sinnvolle Investitionen im Umweltschutzbereich positive Konjunktureffekte entfalten können.

Da der Klimawandel ein globales Problem ist, kann Erfolg in der Klimapolitik nicht allein darin gesucht werden, dass Europa sich ehrgeizige Klimaziele setzt. Erfolg in der Klimapolitik erfordert eine Senkung der globalen Emissionen an Klimagasen. Ob die einseitige Verpflichtung der Europäischen Union, bis 2050 Klimaneutralität zu erreichen, im Rest der Welt zu mehr oder weniger Klimaschutz führt, ist eine offene Frage. Der Fokus der europäischen Klimapolitik sollte darin bestehen, auf globaler Ebene gemeinsame Klimaziele zu vereinbaren und deren Einhaltung zu fördern.

Unabhängig von den Wirkungen auf die globale Klimaerwärmung ist es für die europäische Klimapolitik wichtig, die festgelegten Ziele für Emissionsreduktionen zu möglichst niedrigen Kosten zu erreichen. Das wird nur möglich sein, wenn die vielfältigen Instrumente und Ansatzpunkte der Klimapolitik in ein konsistentes Gesamtkonzept eingebettet sind. Das Ziel sollte darin bestehen, möglichst über alle Sektoren und alle EU-Mitgliedstaaten hinweg einen einheitlichen CO_2-Preis zu erreichen. Das sollte umgesetzt werden, indem das bereits bestehende europaweite System der Emissionshandelsrechte ausgebaut wird. Dieses sollte um einen flexiblen Preiskorridor ergänzt werden, damit konjunkturbedingte Schwankungen des CO_2-Preises begrenzt werden.[94]

In einem System einheitlicher CO_2-Preise, das alle relevanten Sektoren einschließt, kann der Einsatz weiterer klimapolitischer Instrumente leicht zu höheren Kosten des Klimaschutzes führen, ohne zur Erreichung der Emissionsziele selbst einen Beitrag zu leisten. Es kommt dann zu einer Übersteuerung. Eine Überflutung aller Wirtschaftsbereiche mit unkoordinierten umwelt- und klimapolitischen Interventionen, wie sie in Teilen der deutschen und europäischen Politik um sich greift, kann erheblichen Schaden anrichten. Angesichts der Lasten der Coronakrise kommt der kosteneffektiven Erreichung von Klimazielen besondere Bedeutung zu.

Gebraucht wird eine »smarte« Klimapolitik, der es gelingt, die Kreativität und Innovationskraft der Wirtschaft durch die Nutzung von Marktmechanismen in den Dienst des Klimaschutzes zu stellen. Sie sollte das Verursacherprinzip betonen, also den Verursachern von Emissionen die Kosten anlasten statt die Vermeidung von Emissionen zu subventionieren. Gleichzeitig sollten Investitionen in die Anpassung an den Klimawandel nicht vernachlässigt werden.

8. Den Sozialstaat vor Überforderung schützen

Die hohen Kosten der Coronakrise bedeuten, dass die finanziellen Spielräume des Sozialstaats in Deutschland an Grenzen stoßen. Der in den letzten Jahren erfolgte Ausbau vor allem der

Leistungen in der Rentenversicherung wird in Verbindung mit dem demographischen Wandel zu kaum tragbaren finanziellen Belastungen führen. Für diese Leistungen mehr Steuerfinanzierung zu fordern, ist keine überzeugende Lösung.[95] Schon heute fließt fast ein Drittel des Bundeshaushalts als Zuschuss an die Rentenversicherung. Die Sozialpolitik wird nicht darum herumkommen, ihre Leistungen auf den Prüfstand zu stellen und Prioritäten zu definieren. Der Sozialstaat muss vor finanzieller Überforderung bewahrt werden.

Die Coronakrise hat verdeutlicht, wie wichtig es ist, dass Menschen bei Verlust des Arbeitsplatzes oder bei Krankheit abgesichert sind. Der deutsche Sozialstaat ist einer der am stärksten ausgebauten der Welt. Die Krise hat allerdings gezeigt, dass er dennoch eine wichtige Lücke hat. Sie betrifft die Selbstständigen. In der Krise haben viele unter ihnen ihr Einkommen verloren. Prinzipiell wird von Selbstständigen erwartet, dass sie eigenständig für Notfälle vorsorgen. Falls das nicht reicht, steht die Grundsicherung zur Verfügung. Leistungen aus der Grundsicherung werden allerdings nur nach einer Vermögensprüfung gewährt. In der Coronakrise wurden diese Regelungen durchbrochen. Die Selbstständigen erhielten staatliche Hilfen, gleichzeitig wurde die Vermögensprüfung in der Grundsicherung vorübergehend aufgehoben. Es wurde also kurzfristig ein aus dem allgemeinen Steueraufkommen finanziertes soziales Netz aufgespannt. Die abhängig Beschäftigten wurden dagegen auf das von ihnen und ihren Arbeitgebern mit Beiträgen finanzierte Kurzarbeiter- und Arbeitslosengeld verwiesen. Das spricht dafür, künftig auch Selbstständige zu verpflichten, in größerem Umfang für Einkommensschwankungen vorzusorgen, um zu vermeiden, dass steuerfinanzierte Hilfen gebraucht werden. Die soziale Sicherung der Selbstständigen gehört auf die sozialpolitische Agenda nach der Krise. Das bedeutet nicht, dass die Selbstständigen in die Sozialversicherungen für abhängig Beschäftigte integriert werden müssen. Aber sie sollten nachweisen, dass sie in einem Mindestumfang für Einkommensausfälle oder Krankheit vorsorgen.

Die Unterrichtsausfälle in Schulen und die Beschleunigung der Digitalisierung durch die Coronakrise bergen die Gefahr, dass sich Bildungs- und Einkommensunterschiede verstärken. Das könnte dazu führen, dass Teile der Bevölkerung stärker vom Sozialstaat abhängig werden, als sie es bisher sind. Auch das würde den Sozialstaat zusätzlich belasten. Das ist ein weiterer Grund, Investitionen in Bildung gerade bei sozial benachteiligten Gruppen zu verstärken.

9. Globalisierung nicht aufgeben, sondern weiterentwickeln

Ein Land mit international stark verflochtener Wirtschaft wie Deutschland hat ein großes Interesse daran, dass Märkte weltweit offen sind und Protektionismus abgebaut wird. Aus dem Umstand, dass das Virus in einer weniger globalisierten Welt weniger schnell verbreitet worden wäre, folgt nicht, dass es sinnvoll ist, die Globalisierung selbst abzuschaffen oder einzuschränken. Dass die Coronakrise den internationalen Handel unterbrochen hat, heißt keineswegs, dass es empfehlenswert ist, diese Unterbrechung fortzusetzen. Der Vorwurf, dass mehr Globalisierung mit höheren Risiken oder größeren Konjunkturschwankungen einhergeht, überzeugt nicht. Der globale Handel und internationale Kapitalbewegungen erlauben es, Risiken zu diversifizieren und abzufedern.

Globalisierung ist allerdings nur dann nachhaltig, wenn Anpassungslasten des mit ihr einhergehenden Strukturwandels abgefedert werden. Wenn in bestimmten Sektoren oder Regionen infolge der Globalisierung in großem Umfang Arbeitsplätze verloren gehen, brauchen die Betroffenen Alternativen. Die können letztlich nur in Arbeitsplätzen liegen, die von vorhandenen oder neu entstehenden Unternehmen geschaffen werden. Die Wirtschaftspolitik kann dazu einen Beitrag leisten, indem sie gute Bedingungen für Gründung und Wachstum neuer Unternehmen schafft und die Beschäftigten dabei unterstützt, sich weiterzubilden und neue Arbeitsplätze zu finden.

Eine erfolgreiche Globalisierung erfordert außerdem Engagement für die Bereitstellung weltweiter öffentlicher Güter. Der Schutz vor Pandemien gehört ebenso dazu wie die Grundlagenforschung, die Bekämpfung der Klimaerwärmung oder der Schutz der Weltmeere vor Überfischung. Defizite der globalen Zusammenarbeit beim Gesundheitsschutz während der Coronakrise sollten Anlass sein, diese Koordination zu verbessern, nicht, sie aufzugeben.

10. Europa: Öffentliche Güter bereitstellen und die Eurozone reformieren

Europa hat sich unter dem Druck der Coronakrise als handlungsfähig erwiesen. Die Staaten der Eurozone haben gemeinsam verhindert, dass es an den internationalen Kapitalmärkten zu einer Vertrauenskrise kommt und die aus der Euro-Schuldenkrise bekannten Erschütterungen zurückkehren. Die EU hat den »Europäischen Fonds für wirtschaftliche Erholung nach der Coronakrise« (EFWE) auf den Weg gebracht und damit ein deutliches Zeichen der Solidarität gesetzt.

Daraus folgt allerdings noch nicht, dass Europa die Krise gut überwinden oder sogar gestärkt daraus hervorgehen wird. Die Anleihenkäufe der EZB und die Bereitstellung von Liquiditätshilfen durch den ESM können die Tatsache nicht aus der Welt schaffen, dass einige Staaten der Eurozone mit einer gegenüber den Zeiten der Verschuldungskrise noch einmal deutlich erhöhten Staatsverschuldung und einer geschwächten Wirtschaft konfrontiert sind.

Der EU-Fonds für die wirtschaftliche Erholung soll diesen Ländern helfen, ihre wirtschaftlichen Schwierigkeiten zu überwinden. Ob das funktioniert, ist jedoch offen. Dafür wäre es erforderlich, dass die Mittel des Fonds für produktive Investitionen eingesetzt werden, welche die Wirtschaftskraft der Empfängerstaaten dauerhaft steigern. Der Schlüssel zu einer nachhaltigen Erhöhung des Wirtschaftswachstums in den hoch verschuldeten Mitgliedstaaten liegt vorrangig in Reformen der nationalen Wirtschafts- und Finanzpolitik. Europäische Politiken sollten hier positive Anstöße geben. Es wäre fatal, wenn die Hilfen seitens der EU dazu führen, dass selbstfinanzierte Investitionen gekürzt oder Reformen auf die lange Bank geschoben werden.

Gleichzeitig sollte nicht in Vergessenheit geraten, dass in der Eurozone und der EU weiterer Reformbedarf besteht. In der Eurozone gilt es, Stabilität und wirtschaftliche Resilienz weiter zu verbessern. Außerdem ist es wichtig, die Eigenverantwortung der Mitgliedstaaten zu betonen und Anreize für solides Wirtschaften zu verbessern. Dafür ist es entscheidend, harte Budgetrestriktionen zu bewahren und die No-Bailout-Klausel zu stärken.[96] Der neue Europäische Fonds für wirtschaftliche Erholung (EFWE) soll nach dem Konzept der Europäischen Kommission unter anderem hohe Verschuldung als ein Kriterium für Finanzhilfen zugrunde legen. Das kann man damit rechtfertigen, dass die wirtschaftliche Erholung für Länder mit hoher Verschuldung schwieriger ist als für andere. Es sollte jedoch nicht vergessen werden, dass davon ein Signal für die künftige Finanzpolitik ausgeht. Je mehr Hilfen einem Land gewährt werden, wenn es hohe Staatsschulden aufweist, desto mehr werden Anreize geschwächt, künftig für solide Staatsfinanzen zu sorgen. Es besteht die Gefahr, dass es jedem einzelnen Mitgliedstaat der Eurozone und der EU künftig strategisch attraktiv erscheinen könnte, hohe Schulden zu haben, weil man dann nicht dazu herangezogen wird, anderen zu helfen, sondern selbst auf finanzielle Hilfen hoffen kann. Soweit sollte man es nicht kommen lassen.

Das größte Potenzial zur Steigerung des Wohlstands in Europa liegt darin, den Binnenmarkt weiter zu vertiefen. Das betrifft nicht nur den Handel, sondern auch die Kapitalmärkte. Nach der Coronakrise benötigen viele Unternehmen in Europa neues Kapital, vor allem neues Eigenkapital. Eine tiefere Integration der europäischen Kapitalmärkte würde es ermöglichen, die Eigenkapitalbasis der europäischen Unternehmen zu verbessern. Die EU bietet darüber hinaus Spielräume, die

Effektivität staatlichen Handelns durch die Bereitstellung europaweiter öffentlicher Güter zu erhöhen. Dazu gehören die Außen- und Sicherheitspolitik, die Entwicklungshilfe, die Forschungsförderung, und nicht zuletzt die Vorsorge für künftige Pandemien. Mehr europäische Kompetenzen in diesen Politikbereichen könnten die Staatshaushalte der Mitgliedstaaten entlasten und eine effektivere Vertretung europäischer Interessen in der Welt gewährleisten.[97] Die hohen Kosten der Coronakrise machen es um so dringender, diese Potenziale zu nutzen.

LITERATUR

Abele-Brehm, Andrea, Horst Dreier, Clemens Fuest, Veronika Grimm, Hans-Georg Kräusslich, Gérard Krause, Matthias Leonhard, Ansgar W. Lohse, Martin J. Lohse, Thomas Mansky Andreas Peichl, Roland M. Schmid, Günther Wess und Christiane Woopen (2020), Die Bekämpfung der Coronavirus-Pandemie tragfähig gestalten: Empfehlungen für eine flexible, risikoadaptierte Strategie, 2. April 2020.

Adams-Prassl, Abigail, Teodora Boneva, Marta Golin und Christopher Rauh (2020), The large and unequal impact of COVID-19 on workers, Vox EU, 8 April 2020, https://voxeu.org/article/large-and-unequal-impact-covid-19-workers.

Alipour, Jean-Victor, Oliver Falck und Simone Schüller (2020), Germany's Capacities to Work from Home, CESifo Working Paper 8227.

Arnold, Jens M., Bert Brys, Chris J. Heady, Åsa Johansson, Cyrille Schwellnus und Laura Vartia (2011), Tax Policy for Economic Recovery and Growth, The Economic Journal 121 (550), S. F59-F80.

Atkinson, Anthony B. und Salvatore Morelli (2011), Economic crises and Inequality, Human Development Research Paper 2011/06.

Barro, Robert, José F. Ursúa und Joanna Weng (2020), The Coronavirus and the Great Influenza Pandemic: Lessons from the ›Spanish Flu‹ for the Coronavirus's Potential Effects on Mortality and Economic Activity, NBER Working Paper 26866.

Becker, Johannes und Clemens Fuest (2017), Der Odysseus-Komplex, München.

Bekkers, Eddy, Alexander Keck, Robert Koopman und Coleman Nee

(2020), Trade and COVID-19: The WTO's 2020 and 2021 trade forecast, VoxEU, 24. April 2020, https://voxeu.org/article/trade-and-covid-19-wto-s-2020-and-2021-trade-forecast.

Bénassy-Quéré, Agnès, Markus K. Brunnermeier, Henrik Enderlein, Emmanuel Farhi, Marcel Fratzscher, Clemens Fuest, Pierre-Olivier Gourinchas, Philippe Martin, Jean Pisani-Ferry, Hélène Rey, Isabel Schnabel, Nicolas Véron, Beatrice Weder di Mauro und Jeromin Zettelmeyer (2018), Reconciling risk sharing with market discipline: A constructive approach to euro area reform, CEPR Policy Insight No. 91, January 2018.

Benzarti, Youssef und Dorian Carloni (2019), Who Really Benefits from Consumption Tax Cuts? Evidence from a Large VAT Reform in France, American Economic Journal: Economic Policy 11 (1), S. 38–63.

Benzarti, Youssef, Dorian Carloni, Jarrko Harju und Tuomas Kosonen (2017), What Goes Up May Not Come Down: Asymmetric Incidence of Value-Added Taxes, NBER Working Paper 23849 (Revised in November 2018).

Blanchard, Olivier (2019), Public Debt and Low Interest Rates, AER, 109 (4), S. 1197–1299.

Blanchard, Olivier, Giovanni Dell'Ariccia und Paolo Mauro (2010), Rethinking Macroeconomic Policy, IMF Staff Position Note, SPN/10/03, »12 February 2010«.

Blömer, Maximilian J., Clemens Fuest und Andreas Peichl (2019), Raus aus der Niedrigeinkommensfalle(!). Der ifo-Vorschlag zur Reform des Grundsicherungssystems, ifo Schnelldienst, 2019, Nr. 04, 72, S. 34–43.

Bloom, Nicholas, James Liang John Roberts und Zhichun Jenny Ying (2015), Does Working from Home Work? Evidence from a Chinese Experiment, The Quarterly Journal of Economics 130 (1), S. 165–218.

Braml, Martin, Gabriel Felbermayr und Lucia Wilbert (2018), Exportieren Länder mit Leistungsbilanzüberschüssen Arbeitslosigkeit?, ifo Schnelldienst, 2018, 71, Nr. 16, S. 20–25.

Bruno, Michael und Jeffrey D. Sachs (1985), Economics of Worlwide Stagflation, Oxford University Press.

Bundesministerium der Finanzen (2020), Tragfähigkeitsbericht 2020, Fünfter Bericht zur Tragfähigkeit der öffentlichen Finanzen, Berlin.

Caselli, Francesco, Miklós Koren, Milan Lisicky und Silvana Tenreyro (2020), Diversification through Trade, Quarterly Journal of Economics 135 (1), S. 449–502.

CEPS (2020), The European Green Deal after Corona, verfügbar unter: https://www.ceps.eu/download/publication/?id=26869&pdf=PI2020-06_European-Green-Deal-after-Corona.pdf.

Crossley, Thomas F., Hamish W. Low und Cath Sleeman (2014). Using a temporary indirect tax cut as a fiscal stimulus: Evidence from the UK, IFS Working Paper W14/16.

Danzer, Alexander M., Natalia Danzer, Christina Felfe de Ormeno, Katharina Spieß, Simon Wiederhold und Ludger Wößmann (2020), Bildung ermöglichen! Unterricht und frühkindliches Lernen trotz teilgeschlossener Schulen und Kitas, 3. Mai 2020.

Del Negro, Marco, Domenico Giannone und Andrea Tambalotti (2019), Global trends in interest rates, Journal of International Economics, 118, S. 248–262.

Deutsche Bundesbank (2014), Monatsbericht Januar 2014, Frankfurt a. M.

Dolls, Matthias, Clemens Fuest, Carla Krolage, Florian Neumeier und Daniel Stöhlker (2019), Incentivising Structural Reforms in Europe? A Blueprint for the European Commission's Reform Support Programme, EconPol Policy Brief 14/2019.

Dorn, Florian, Clemens Fuest, Fabian Häring, Björn Kauder, Luisa Lorenz und Martin Mosler (2017), Die Beseitigung des Mittelstandsbauchs – Reformoptionen zur Einkommensteuer und ihre fiskalischen Kosten, ifo Schnelldienst, 2017, 70, S. 31–38.

Dorn, Florian, Clemens Fuest, Marcell Göttert, Carla Krolage, Stefan Lautenbacher, Sebastian Link, Andreas Peichl, Magnus Reif, Stefan Sauer, Marc Stöckli, Klaus Wohlrabe, Timo Wollmershäuser (2020a), Die volkswirtschaftlichen Kosten des Corona-Shutdown für Deutschland: Eine Szenarienrechnung ifo Schnelldienst, 2020, 73, Nr. 04.

Dorn, Florian, Clemens Fuest, Marcell Göttert, Carla Krolage, Stefan Lautenbacher, Robert Lehmann, Sebastian Link, Sascha Möhrle, Andreas Peichl, Magnus Reif, Stefan Sauer, Marc Stöckli, Klaus Wohlrabe und Timo Wollmershäuser (2020b), The Economic Costs of the Coronavirus Shutdown for Selected European Countries: A Scenario Calculation, EconPol Policy Brief 25/2020.

Dorn, Florian, Sahamoddin Khailaie, Marc Stöckli, Sebastian Binder, Berit Lange, Andreas Peichl, Patrizio Vanella, Timo Wollmershäuser, Clemens Fuest und Michael Meyer-Hermann (2020c), Das gemeinsame Interesse von Gesundheit und Wirtschaft: Eine Szenarienrechnung zur Eindämmung der Corona-Pandemie, ifo Schnelldienst digital, 13. Mai 2020.

Dorn, Florian, Clemens Fuest, Florian Neumeier und Andreas Peichl (2020), Vorschlag für ein wirtschaftspolitisches Konjunkturprogramm für Bayern, Studie im Auftrag des Bayerischen Staatsministeriums für Wirtschaft, Landesentwicklung und Energie, München 2020.

EEAG (2017), EEAG Report on the European Economy 2017, Munich.
Erhard, Ludwig (1957), Wohlstand für Alle, Düsseldorf.
European Commission (2020), Identifying Europe's recovery needs, Commission Staff Working Document, SWD(2020) 98 final.
Evenett, Simon (2009), Crisis-era protectionism one year after the Washington G20 meeting: A GTA update, some new analysis, and a few words of caution, Vox EU Column, 27. November 2009, https://voxeu.org/article/crisis-era-protectionism-one-year-after-washington-g20-meeting.

Falkenhall, B., Jonas Månsson und Sofia Tano (2020), Impact of VAT reform on Swedish restaurants: A synthetic control group approach, The Scandinavian Journal of Economics 122, S. 824–850.

Felbermayr, Gabriel und Holger Görg (2020), Die Folgen von Covid-19 für die Globalisierung, Perspektiven der Wirtschaftspolitik 2020.

Feld, Lars P., Clemens Fuest, Justus Haucap, Heike Schweitzer, Volker Wieland und Berthold U. Wigger (2018), Unternehmensbesteuerung unter Wettbewerbsdruck, Kronberger Kreis Studie Nr. 65.

Ferguson et al. (2020), Impact of non-pharmaceutical interventions (NPIs) to reduce COVID-19 mortality and healthcare demand https://www.imperial.ac.uk/media/imperial-college/medicine/sph/ide/gida-fellowships/Imperial-College-COVID19-NPI-modelling-16-03-2020.pdf.

Frey, Carl-Benedict und Michael Osborne (2013), The Future of employment: How susceptible are jobs to computerisation? Oxford Martin Institute.

Fuest, Clemens (2018), Digitalisierung und Steuerpolitik, ifo Schnelldienst 2018, 71, Nr. 14, S. 21–25.

Fuest, Clemens und Friedrich Heinemann (2017a), Europa beugt sich der populistischen Erpressung, Handelsblatt, 17. 07. 2017, S. 48.

Fuest, Clemens und Friedrich Heinemann (2017b), Accountability Bonds – Reconciling Fiscal Policy Based on Market Discipline with Financial Stability, EconPol Policy Brief 03/2017.

Fuest, Clemens und Susanne Wildgruber (2017), Steuerpolitik und Wirtschaftswachstum, Wirtschaftsdienst 97, S. 4–8.

Fuest, Clemens und Daniel Gros (2019), Government debt in times of low interest rates: The case of Europe, EconPol Policy Brief 16/2019.

Fuest, Clemens und Jean Pisani-Ferry (2019), A Primer on Developing European Public Goods, EconPol Policy Report 16/2019.

Fuest, Clemens und Timo Wollmershäuser (2020), Niedrigzinsen: Ursachen und wirtschaftspolitische Implikationen, Wirtschaftsdienst, 100. Jg., S. 9–12.

Giersch, Herbert (1985), Eurosclerosis, Kieler Diskussionsbeiträge, No. 112, Institut für Weltwirtschaft (IfW), Kiel.

Glover, Andrew, Jonathan Heathcote, Dirk Krueger und José-Víctor Ríos-Rull (2020), Health versus Wealth: On the Distributional Effects of Controlling a Pandemic, CEPR Discussion Paper 14606.

Gros, Daniel (2019), Who holds Italian government debt? A Primer, CEPS Policy Insights No. 2019–11/June 2019.

Gschnaller, Sandra, Jana Lippelt und Karen Pittel (2020), Kurz zum Klima: Die Coronakrise und ihre Auswirkungen auf Umwelt, Klima und Energiepreise, ifo Schnelldienst 2020, 73, Nr. 05, S. 71–75.

Gygli, Savina, Florian Haelg, Niklas Potrafke und Jan-Egbert Sturm (2019), The KOF Globalisation Index – revisited, The Review of International Organizations 14, S. 543–574.

Harju, Jarkko, Tuomas Kosonen und Oskar Nordström Skans (2018), Firm types, price-setting strategies, and consumption-tax incidence, Journal of Public Economics 165, S. 48–72.

Imas, Alex (2016), The Realization Effect: Risk-Taking after Realized versus Paper Losses, American Economic Review 106 (8), S. 2086–2109.

Jensen, Michael C. und William H. Meckling (1976), Theory of the firm: Managerial behavior, agency costs and ownership structure, Journal of Financial Economics 3 (4), S. 305–360.

Jones, Terry C., Barbara Mühlemann, Talitha Veith, Marta Zuchowski, Jörg Hofmann, Angela Stein, Anke Edelmann, Victor Max Corman und Christian Drosten (2020), An analysis of SARS-CoV-2 viral load by patient age, https://virologie-ccm.charite.de/fileadmin/user_upload/microsites/m_cc05/virologie-ccm/dateien_upload/Weitere_Dateien/analysis-of-SARS-CoV-2-viral-load-by-patient-age-v2.pdf.

Jordà, Òscar, Moritz Schularick, und Alan M. Taylor (2013), When Credit Bites Back, Journal of Money, Credit and Banking 45, S. 3–28.

Jordà, Òscar, Sanjay R. Singh und Alan M. Taylor (2020), Longer-Run Economic Consequences of Pandemics, Federal Reserve Bank of San Francisco Working Paper 2020–09.

Lehmann, Robert und Joachim Ragnitz (2020), Wirtschaftliche Folgen der Coronakrise: Szenarienrechnung für die einzelnen Bundesländer, ifo Schnelldienst Digital, 2020, 1, Nr. 04.

Leopoldina (2020), Coronavirus-Pandemie – Die Krise nachhaltig überwinden. Dritte Ad-hoc-Stellungnahme 13. April 2020.

Li, Shanjun, Joshua Linn und Elisheba Spiller (2013), Evaluating ›Cash-for Clunkers‹: Program effects on auto sales and the environment, Journal of Environmental Economics and Management 65 (2), S. 175–193.

Mann, Thomas (1901/1994), Die Buddenbrooks, Fischer Verlag Frankfurt a. M., Auflage 751–771 Tausend.

Mian, Atif und Amir Sufi (2012), The Effects of Fiscal Stimulus: Evidence from the 2009 Cash for Clunkers Program, Quarterly Journal of Economics 127 (3), S. 1107–1142.

Ockenfels, Axel und Christoph M. Schmidt (2019), Die Mutter aller Kooperationsprobleme. Zeitschrift für Wirtschaftspolitik 68, Heft 2, S. 122–130.

Philippon, Thomas (2019), The Great Reversal: How America Gave Up on Free Markets, Cambridge (Mass.) und London.

Pueyo, Tomas (2020), Der Hammer und der Tanz, Wie die nächsten

18 Monate aussehen können, wenn Politiker uns Zeit kaufen, https://medium.com/tomas-pueyo/coronavirus-der-hammer-und-der-tanz-abf9015cb2af.

Rachel, Lukasz und Thomas D. Smith (2017), Are Low Real Interest Rates Here to Stay? International Journal of Central Banking 13, S. 1–42.

Reinhart, Carmen M. und Kenneth S. Rogoff (2010), Growth in a Time of Debt, American Economic Review 100, S. 573–578.

Reinhart, Carmen M., Vincent R. Reinhart und Kenneth S. Rogoff (2012), Public Debt Overhangs: Advanced-Economy Episodes since 1800, Journal of Economic Perspectives 26 (3), S. 69–86.

Ritschl, Albrecht und Mark Spoerer (1997), Das Bruttosozialprodukt in Deutschland nach den amtlichen Volkseinkommens- und Sozialproduktsstatistiken 1901–1995, Jahrbuch für Wirtschaftsgeschichte 38, S. 27–54.

Rodrik, Dani (2020), Globalisation after Covid-19: my plan for a rewired planet, Prospect Magazine, 4. Mai 2020, https://www.prospectmagazine.co.uk/magazine/dani-rodrik-globalisation-trade-coronavirus-who-imf-world-bank.

Sachverständigenrat zur Begutachtung der gesamtwirtschaftlichen Entwicklung (2019), Aufbruch zu einer neuen Klimapolitik, Sondergutachten.

Sachverständigenrat zur Begutachtung der gesamtwirtschaftlichen Entwicklung (2007), Das Erreichte nicht verspielen, Jahresgutachten 2007/2008.

Scheidel, Walter (2017), The Great Leveler: Violence and the History of Inequality from the Stone Age to the Twenty-First Century Princeton University Press.

Schröder, Carsten, Theresa Entringer, Jan Göbel, Markus Grabka, Daniel Graeber, Hannes Kröger, Martin Kroh, Simon Kühne, Stefan Liebig, Jürgen Schupp, Johannes Seebauer und Sabine Zinn (2020), Vor dem Covid-19-Virus sind nicht alle Erwerbstätigen gleich, DIW Wochenbericht Nr. 41 – 12. Mai 2020.

Schuknecht, Ludger und Holger Zemanek (2018), Social Dominance, CESifo Working Paper Series No. 6894.

Sinn, Hans-Werner (2008), Das grüne Paradoxon – Plädoyer für eine illusionsfreie Klimapolitik, Econ-Verlag, Berlin.
Sinn, Hans-Werner (2012), Die Target-Falle – Gefahren für unser Geld und unsere Kinder, Hanser-Verlag, München.

Tinbergen, Jan (1952), On the Theory of Economic Policy, Amsterdam.
Traeger, Christian, Grischa Perino, Karen Pittel, Till Requate und Alex Schmitt (2019), Das Flexcap – eine innovative CO_2-Bepreisung für Deutschland, ifo Schnelldienst, 2019, 72, Nr. 18, S. 38–45.

UN Environment Programme (2019), Emissions Gap Report 2019, https://www.unenvironment.org/resources/emissions-gap-report-2019.

Van der Lippe, Tanya und Zoltán Lippényi (2018), Beyond Formal Access: Organizational Context, Working From Home, and Work-Family Conflict of Men and Women in European Workplaces, Social Indicators Research, https://doi.org/10.1007/s11205-018-1993-1.

Wambach, Achim und Hans Christian Müller (2018), Digitaler Wohlstand für alle. Ein Update der sozialen Marktwirtschaft ist möglich, Campus Verlag, Frankfurt.
Weizsäcker, Carl Christian von, (2014), Public Debt and Price Stability, German Economic Review 15 (1), S. 42–61.
Wissenschaftlicher Beirat beim Bundesministerium der Finanzen (2010), Klimapolitik zwischen Emissionsvermeidung und Anpassung, Berlin.
Wissenschaftlicher Beirat beim Bundesministerium der Finanzen (2018), Zur Reform der Besteuerung von Ehegatten, Berlin.
Wissenschaftlicher Beirat beim Bundesministerium der Finanzen (2020), Der schwierige Weg zu nachhaltigen Rentenreformen, Berlin.
Worobey, Michael, Jim Cox und Douglas Gill (2019), The origins of the great pandemic, Evolution, Medicine, and Public Health 1, S. 18–25.
Wößman, Ludger (2020), Folgekosten ausbleibenden Lernens: Was wir über die Coronabedingten Schulschließungen aus der Forschung lernen können, ifo Schnelldienst, 2020, 73, Nr. 06, S. 38–44.

Xing, Jing (2012), Tax structure and growth: How robust is the empirical evidence, Economics Letters 117, S. 379–382.

ANMERKUNGEN

1 Vgl. https://www.tagesschau.de/faktenfinder/italien-coronavirus-china-101.html.
2 https://www.oecd.org/economy/g20-fmcbg-meeting-global-economy-saudi-arabia-february-2020.htm.
3 Regulärer Termin wäre der 25. März 2020 gewesen.
4 Vgl. Barro et al. (2020). Andere Schätzungen gehen von bis zu 100 Millionen Toten aus, vgl. Jorda et al. (2020).
5 Anderen Theorien zufolge liegt der Ursprung der Pandemie in New York, vgl. Worobey et al. (2019).
6 Vgl. Dorn et al. (2020a).
7 Vgl. Dorn et al. (2020b).
8 Vgl. Crossley et al. (2014).
9 Zu ähnlichen Ergebnissen für Frankreich kommen Benzarti und Carloni (2019).
10 https://www.bundesfinanzministerium.de/Content/DE/Standardartikel/Themen/Schlaglichter/Corona-Schutzschild/2020-03-13-Milliarden-Schutzschild-fuer-Deutschland.html.
11 https://www.bundesfinanzministerium.de/Content/DE/Standardartikel/Themen/Schlaglichter/Konjunkturpaket/2020-06-03-eckpunktepapier.pdf?__blob=publicationFile&v=9.
12 Eine Expertenkommission der Stiftung Marktwirtschaft hat dazu ein tragfähiges Reformkonzept entwickelt, das Vier-Säulen-Modell, das unter anderem eine Beteiligung der Kommunen am lokalen

Lohnsteueraufkommen vorsieht, vgl. https://www.stiftung-marktwirtschaft.de/fileadmin/user_upload/Kurzinformationen/Kurzinformation_Vier_Saeulen_Modell_2020_01_30_WEB.pdf.

13 Vgl. Bundesministerium der Finanzen (2020), S. II.
14 Vgl. Boris Johnson, Rede vom 12. März 2020, https://www.gov.uk/government/speeches/pm-statement-on-coronavirus-12-march-2020.
15 Ferguson et al. (2020).
16 Ferguson et al. (2020), S. 16.
17 »From this evening I must give the British people a very simple instruction – you must stay at home. Because the critical thing we must do is stop the disease spreading between households.«, https://www.gov.uk/government/speeches/pm-address-to-the-nation-on-coronavirus-23-march-2020.
18 Vgl. Pueyo (2020).
19 Abele-Brehm et al. (2020)
20 Abele-Brehm et al. (2020), S. ii-iii.
21 Vgl. Leopoldina (2020), S. 13.
22 Vgl. Jones et al. (2020).
23 https://www.morgenpost.de/vermischtes/article229244384/Christian-Drosten-warnt-Kritik-an-Corona-Kinder-Studie.html.
24 Dorn et al. (2020c)
25 Die Bedeutung der Kommunikation im Rahmen der Öffnung betonen Abele-Brehm et al. (2020), S. 26.
26 https://www.lemonde.fr/idees/article/2020/03/20/macron-dans-la-guerre-du-coronavirus_6033812_3232.html.
27 https://www.bundeskanzlerin.de/bkin-de/aktuelles/mpk-1730186
28 Siehe dazu auch Reinhart et al. (2012).
29 Dabei handelt es sich um das 2012 eingeführte »Outright Monetary Transactions«-Programm (OMT). Wegen seiner fiskalpolitischen Bedeutung ist umstritten, ob es sich dabei noch um Geldpolitik oder um monetäre Staatsfinanzierung handelt.
30 Dass der Rückgang der Zins-Wachstumsraten-Differenzen größere Spielräume für Staatsverschuldung schafft, hat Carl Chris-

tian von Weizsäcker in den letzten Jahren immer wieder betont, vgl. von Weizsäcker (2014) sowie kürzlich der ehemalige Chefökonom des IWF Olivier Blanchard (2019). Eine Analyse zu Zins-Wachstumsdifferenzen in den USA und Europa und den Folgen für die Entwicklung der Staatsfinanzen findet sich in Fuest und Gros (2019).

31 Man könnte dem entgegenhalten, dass hohe Verschuldung auch effizienzsteigernd wirken kann, wenn Manager sich bei hohen Eigenkapitalreserven weniger anstrengen, ihre Firma voranzubringen, vgl. Jensen und Meckling (1976). Prinzipiell haben Eigentümer von Unternehmen aber unabhängig von der Konjunkturlage genug Interesse, eine auch unter dem Aspekt der Anreize für das Management optimale Finanzierungsstruktur zu wählen. Dass ein von außen erzwungener Anstieg der Verschuldung die Effizienz des Managements steigert, erscheint eher zweifelhaft.
32 Vgl. Imas (2016).
33 Mann (1901/1994), S. 474.
34 Empirische Evidenz, die das für private und öffentliche Schulden bestätigt, findet sich etwa in Jordà et al. (2013).
35 Vgl. Blanchard et al. (2010). In dieser Studie geht es allerdings nicht vorrangig um die Inflationierung der Staatsschulden, sondern darum, dass höhere Inflation die Spielräume der Geldpolitik erweitert, die Realzinsen in den negativen Bereich zu senken.
36 Vgl. Bruno und Sachs (1985).
37 Zur folgenden Analyse vgl. Fuest und Wollmershäuser (2020).
38 Vgl. Rachel und Smith (2017).
39 Vgl. Van der Lippe und Lippényi (2018).
40 Vgl. Alipour et al. (2020).
41 Vgl. Bloom et al. (2015).
42 Vgl. https://www.ft.com/content/6a84c3a0-9440-11ea-abcd-371e24b679ed.
43 Vgl. Frey and Osborne (2013).
44 Das wird ausführlich diskutiert in Wambach und Müller (2018).

45 https://www.euractiv.com/section/emissions-trading-scheme/news/eu-should-scrap-emissions-trading-scheme-polish-official-says/.
46 https://www.climatechangenews.com/2020/04/09/european-green-deal-must-central-resilient-recovery-covid-19/, Übersetzung CF.
47 Vgl. CEPS (2020).
48 Vgl. Gschnaller et al. (2020).
49 Diesen Zusammenhang betont Sinn (2008).
50 Vgl. UN Environment Programme (2019).
51 Sachverständigenrat zur Begutachtung der gesamtwirtschaftlichen Entwicklung (2019).
52 Die Regel geht zurück auf den niederländischen Ökonomen Jan Tinbergen, der in seinem Buch über die Theorie der Wirtschaftspolitik das Verhältnis zwischen wirtschaftspolitischen Instrumenten und Zielen ausführlich analysiert hat, vgl. Tinbergen (1952).
53 So bereits Tinbergen (1952), S. 40.
54 Zum Problem der internationalen Koordination in der Klimapolitik siehe Ockenfels und Schmidt (2019).
55 Darauf hat der Wissenschaftliche Beirat beim Bundesministerium der Finanzen (2010) hingewiesen.
56 Vgl. Wissenschaftlicher Beirat beim Bundesministerium der Finanzen (2010).
57 Wößmann (2020), S. 1.
58 Nach Berechnungen der OECD weist Deutschland nach Belgien die zweithöchste Belastung von Arbeitseinkommen unter allen OECD-Staaten auf, vgl. http://www.oecd.org/tax/tax-policy/taxing-wages-germany.pdf.
59 Vgl. Schuknecht und Zemanek (2018).
60 Siehe dazu Becker und Fuest (2017).
61 »We need to work on a common debt instrument issued by a European institution to raise funds on the market on the same basis and to the benefits of all member states, thus ensuring stable long-term financing for the policies required to counter the damages caused by this pandemic.«, Übersetzung C. F.

62 »In the same spirit ... we could explore other tools like a specific funding for Corona related spending in the EU budget, at least for 2020 and 2021.«, Übersetzung C. F.
63 https://www.ft.com/content/3ea8d790-7fd1-11ea-8fdb-7ec06edeef84.
64 »They're in favour of Europe when it means exporting to you the goods they produce. They're for Europe when it means having your labour come over and produce the car parts we no longer make at home. But they're not for Europe when it means sharing the burden ... We are at a moment of truth, which is to decide whether the European Union is a political project or just a market project. I think it's a political project ... We need financial transfers and solidarity, if only so that Europe holds on.«, Übersetzung C. F.
65 Siehe dazu die Analyse in Braml et al. (2018).
66 Zur Analyse des Problems der ›populistischen Erpressung‹ siehe Fuest und Heinemann (2017).
67 Siehe dazu etwa Becker und Fuest (2017), S. 98 ff.
68 Vgl. https://www.capital.de/wirtschaft-politik/fiscal-first-lagarde-schockt-italien.
69 Siehe dazu ausführlich Sinn (2012).
70 Deutsche Bundesbank (2014), S. 53.
71 Deutsch-französische Initiative zur wirtschaftlichen Erholung Europas nach der Coronakrise, Undatiertes Papier, veröffentlicht am 18.5.2020.
72 Siehe dazu Fuest und Pisany-Ferry (2019).
73 Vgl. Dolls et al. (2019).
74 Gygli et al. (2019), S. 546, definieren Globalisierung wie folgt: »Die Globalisierung beschreibt den Prozess der Schaffung von Netzwerken von Verbindungen zwischen Akteuren auf intra- oder multikontinentalen Entfernungen, vermittelt durch eine Vielzahl von Strömen einschließlich Menschen, Informationen und Ideen, Kapital und Waren. Globalisierung ist ein Prozess, der nationale Grenzen erodieren lässt, nationale Volkswirtschaften, Kulturen, Technologien und Regierungsführung integriert und komplexe Be-

ziehungen der gegenseitigen Interdependenz erzeugt.« Übersetzung C. F.

75 Zuo-Feng Zhang, Epidemiologe an der Universität von Kalifornien in Los Angeles kritisiert das Krisenmanagement in Wuhan wie folgt: »Wenn sie sechs Tage eher gehandelt hätten, hätte es deutlich weniger Patienten gegeben … das Gesundheitssystem in Wuhan wäre vermutlich nicht kollabiert.«, vgl. https://apnews.com/68a9e1b91de4ffc166acd6012d82c2f9, Übersetzung C. F.

76 Siehe dazu Gygli et al. (2019).

77 Vgl. https://www.wto.org/english/news_e/pres20_e/pr855_e.htm.

78 Vgl. Bekkers et al. (2020).

79 »… avoiding external dependencies in a new geopolitical context requires radical change – and it needs to start now«, Übersetzung C. F., https://ec.europa.eu/commission/presscorner/detail/en/ip_20_416.

80 Siehe dazu Felbermayr und Görg (2020).

81 Zur Ökonomie des Populismus siehe EEAG (2017), Kapitel 2.

82 »It is no great secret that many of the special interests funding my opponent's campaign are the same people profiting from these terrible trade deals. The so-called experts advising Hillary Clinton are the same people who gave us NAFTA, China's entry into the World Trade Organization, the job-killing trade deal with South Korea, and now the Trans-Pacific Partnership.«, Übersetzung C. F., Donald Trump, Rede im New York Economic Club, 15. September 2016.

83 Siehe dazu den sehr lesenswerten Beitrag von Rodrik (2020).

84 In den achtziger Jahren prägte der Ökonom Herbert Giersch den Begriff der Eurosklerose, der die damalige chronische Wachstumsschwäche der europäischen Volkswirtschaften beschrieb, vgl. Giersch (1985).

85 Vgl. Philippon (2019). Seine Analyse bezieht sich primär auf die USA; viele der Probleme verfallenden Wettbewerbs, die er beschreibt, stellen sich aber auch in Europa.

86 Ebenda.

87 Ein Überblick über Forschungsergebnisse zu Wachstumswirkungen der Steuerpolitik findet sich in Fuest und Wildgruber (2017).
88 Das ist das Ergebnis einer stark beachteten Studie einer Gruppe von OECD-Ökonomen, vgl. Arnold et al. (2011). Eine aufkommensneutrale Senkung von Körperschaftsteuern um 1 Prozent des BIP, finanziert durch höhere Konsumsteuern oder Grundsteuern, erhöht nach den Resultaten dieser Studie das BIP pro Kopf um 0,25 bis 1 Prozent. Diese Ergebnisse sind, insbesondere, was das Ausmaß der Effekte angeht, durchaus umstritten. Eine kritische Analyse der Studie von Arnold et al. (2011) bietet Xing (2012).
89 Das behauptet beispielsweise die Juristin Ulrike Spangenberg in einem Interview in der taz, vgl. https://taz.de/!413912/.
90 Das trifft jedenfalls zu, wenn Eheleute als Erwerbsgemeinschaft betrachtet werden. Für eine kritische Diskussion und teils abweichende Einschätzung siehe Wissenschaftlicher Beirat beim Bundesministerium der Finanzen (2018).
91 Siehe dazu ausführlich Blömer et al. (2019).
92 Vgl. Feld et al. (2018).
93 Siehe dazu Fuest (2018).
94 Eine kluge Form der Umsetzung wäre das Flexcap-Konzept, siehe dazu Traeger et al. (2019).
95 Siehe dazu Wissenschaftlicher Beirat beim Bundesministerium der Finanzen (2020). Dort wird eine stärker regelgebundene Trennung von Bundeshaushalt und Rentenversicherung vorgeschlagen, um die Ausdehnung von Rentenleistungen auf Kosten des allgemeinen Steueraufkommens zu begrenzen.
96 Siehe dazu Bénassy et al. (2019) sowie Fuest und Heinemann (2017).
97 Siehe dazu Fuest und Pisani-Ferry (2019).

Leseprobe aus
Masha Gessen »Autogratie überwinden«

2. Warten auf den Reichstagsbrand

Unmittelbar nach der Präsidentschaftswahl im November 2016 schien sich die besiegte Mehrheit der Amerikanerinnen und Amerikaner, die Hillary Clinton gewählt hatten, in zwei Lager zu spalten, die sich nur durch den Grad ihrer Panik unterschieden. Als Repräsentant des einen, weniger panischen Lagers konnte der bisherige Präsident Barack Obama gelten, der die Amerikaner in den Tagen nach der Wahl mit dem Hinweis, dass das Leben weitergehe, zu beruhigen versuchte. Am 9. November hielt er eine kurze, würdevolle Ansprache, in der er drei Punkte hervorhob – der denkwürdigste war, dass die Sonne auch an diesem Morgen aufgegangen sei.[1]

> Bevor gestern die Stimmen ausgezählt waren, nahm ich ein Video auf, das manche von Ihnen vielleicht schon gesehen haben. Darin sagte ich dem amerikanischen Volk, egal, welcher Seite ihr eure Stimme gegeben habt, egal, ob euer Kandidat gewonnen oder verloren hat – auch morgen wird die Sonne wieder aufgehen. Und das ist endlich mal eine Vorhersage, die tatsächlich eingetroffen ist. Die Sonne ist aufgegangen.

Obama gab zu, dass zwischen ihm und Trump »wesentliche Meinungsunterschiede« bestünden, dass er aber nach einem Telefonat mit dem gewählten Präsidenten in den frühen Morgenstunden die Gewissheit habe, dass Demokraten und Republikaner, und auch er und Trump, gemeinsame Ziele verfolgten.

> Wir alle wollen das Beste für unser Land. Das entnahm ich Mr Trumps Aussagen gestern Abend. Das war es, was ich auch

im direkten Gespräch mit ihm hörte. Und das hat mich ermutigt. Das ist es, was dieses Land braucht – ein Gefühl der Einheit und der Zugehörigkeit, die Achtung vor unseren Institutionen, vor unserer Lebensart, vor dem Rechtsstaat, und die gegenseitige Achtung der Menschen.

Obama beendete die Ansprache in optimistischem Ton.

Das Wichtigste ist, dass wir vorangehen, dass wir Vertrauen in unsere Mitbürgerinnen und Mitbürger haben, denn das ist die entscheidende Voraussetzung für eine lebendige und funktionierende Demokratie. Das hat dieses Land über zweihundert Jahre vorangebracht. So haben wir unsere Grenzen erweitert und Freiheit in alle Welt gebracht. So haben wir die Rechte unserer Staatsgründung auf alle Bürgerinnen und Bürger ausgedehnt. Und nur so konnten wir so weit kommen. Deshalb bin ich zuversichtlich, dass diese unglaubliche Reise, auf der wir als Amerikaner unterwegs sind, weitergehen wird.

Jeder Präsident ist ein großer Geschichtenerzähler. Die Obama-Story, die auf den Geschichten seiner Vorgänger aufbauen konnte, handelte von einer amerikanischen Gesellschaft, die sich auf einem unaufhaltsamen Marsch zu einer besseren, freieren, faireren Welt befand. Sie mochte mitunter ins Stolpern geraten, aber sie richtete sich immer wieder auf. Das war die Bedeutung, die Obama seinem Lieblingszitat von Martin Luther King Jr. verlieh: »Der Bogen des moralischen Universums ist weit, aber er neigt sich zur Gerechtigkeit.« Und es ist auch die Prämisse, auf der der Glaube an den amerikanischen Exzeptionalismus beruht oder an das, was der Soziologe Robert N. Bellah und der Rechtsgelehrte Sanford Levison als »amerikanische Zivilreligion« bezeichneten: dass die US-Verfassung eine nahezu perfekte Blaupause für die Politik darstelle, auf ewig.[2]
Als sich Trump 2016 an die Spitze der Kandidaten für die re-

publikanische Nominierung setzte, trösteten sich viele Amerikaner mit der Gewissheit, dass sich die amerikanischen Institutionen stärker als irgendein Kandidat erweisen würden, und sogar stärker als dieser oder jener Präsident.

Aber nach der Wahl klang diese vermeintliche Gewissheit nur noch hohl. Am selben Tag, an dem Obama den planungsgemäßen Aufgang der Sonne feierte, veröffentliche ich im *New York Review of Books* einen Artikel, in dem ich die Leserschaft warnte, »die Institutionen werden euch nicht retten«. Ich stützte mich dabei auf meine Erfahrungen als Journalist*in in Russland, Ungarn und Israel – drei Länder, die sich völlig von den Vereinigten Staaten unterschieden und natürlich auch untereinander verschieden waren. Ihre Institutionen waren jedoch auf bemerkenswert ähnliche Weise zusammengebrochen. Damals konnte ich noch nicht ahnen, dass amerikanische Institutionen in vergleichbarer Weise versagen würden, aber ich wusste genug, um behaupten zu können, dass absolutes Vertrauen in Institutionen nicht angebracht sein würde. Viele Menschen teilten diese Intuition. Sie gehörten zum stärker zur Panik neigenden Lager. Eine gemeinsame Erwartungshaltung machte sich unter ihnen breit: die Erwartung eines neuen Reichstagsbrands.

Der historische Brand im deutschen Reichstag ereignete sich in der Nacht vom 27. auf den 28. Februar 1933. Vier Wochen zuvor war Adolf Hitler zum Reichskanzler ernannt worden und hatte sich sofort darangemacht, die Pressefreiheit einzuschränken und die Polizeigewalt auszuweiten. Aber es war dieser Brand, der in der Erinnerung als das Ereignis haften geblieben ist, nach dem nichts mehr so war wie zuvor, weder in Deutschland noch in der Welt. Am Tag nach dem Brand erließ die Regierung eine Verordnung, die die Polizei ermächtigte, als vorbeugende Maßnahme Menschen ohne Anklage in die sogenannte »Schutzhaft« zu nehmen. Hitlers paramilitärische Gruppen, die SA und die SS, griffen Aktivisten als »staatsfeindliche Elemente« auf und verbrachten sie in Lager. Weniger als einen Monat später verabschiedete das Parlament das

»Ermächtigungsgesetz«, durch das Hitler fortan durch Verordnungen regieren konnte und auch die gesetzgebende Gewalt faktisch auf die Regierung überging. Gleichzeitig wurde der Notstand verhängt, der bis zum Ende der NS-Diktatur bestehen blieb.

Der Reichstagsbrand wurde genutzt, um einen »Ausnahmezustand« zu schaffen, wie es Carl Schmitt, Hitlers bevorzugter Rechtsgelehrter, ausdrückte. Nach Schmitts Auffassung entsteht ein Ausnahmezustand, wenn eine Notlage, ein einzigartiges Ereignis, die etablierte Ordnung erschüttert. Dann muss der Souverän auftreten und neue, außerrechtliche Regeln einführen. Der Ausnahmezustand ermöglicht einen Quantensprung: Hat sich der Staat erst einmal genug Macht verschafft, um ihn verhängen zu können, kann er sich nun durch diesen Akt noch weit umfassendere, unkontrollierte Machtbefugnisse anmaßen. Das ist es, was diese Veränderung unumkehrbar und den Ausnahmezustand zum Dauerzustand macht.

Jedes große, umwälzende Ereignis der letzten 80 Jahre wurde mit dem Reichstagsbrand verglichen. Am 1. Dezember 1934 wurde der Erste Sekretär der Leningrader Parteiorganisation, Sergei Kirow, von einem Einzeltäter durch Kopfschuss ermordet. Das Attentat gilt als Vorwand für die Verhängung des Ausnahmezustands in der Sowjetunion. Schauprozesse und Massenverhaftungen folgten, wodurch sich der Gulag mit Gefangenen füllte, die als Verräter, Spione und terroristische Verschwörer beschuldigt wurden. Um die schiere Masse der Anklagen bewältigen zu können, schuf der Kreml die sogenannten Troikas – dreiköpfige Ausschüsse, die Urteile verkündeten, ohne die Fälle zu untersuchen oder eine Verteidigung anzuhören.

In jüngerer Zeit nahm Wladimir Putin eine Serie von katastrophalen Ereignissen zum Anlass, unumkehrbare Ausnahmeregelungen zu verhängen. 1999 kam es zu einer Reihe von Bombenanschlägen auf Wohnhäuser in Moskau und weiteren Städten, bei denen Hunderte Menschen umkamen. Das ermöglichte es Putin zu verkünden, dass er alle, die für »Terroristen« zu halten seien, summarisch hinrichten lassen könne. Und die Ereignisse wurden auch zum Vorwand für einen neuen Krieg in Tschetschenien. Im Jahr 2002 diente die dreitägige Belagerung eines von tschetschenischen Terroristen besetzten Theaters in Moskau dazu, das Prinzip der summarischen Exekution real vorzuführen: Russische Spezialeinheiten pumpten eine unbekannte gasförmige Chemikalie in das Ventilationssystem, stürmten das Gebäude und erschossen die bewusstlosen Geiselnehmer. Der Kreml nutzte die Theaterbesetzung auch als Vorwand, um die bereits gefügig gemachten Medien davon abzuhalten, über Antiterror-Operationen zu berichten. Zwei Jahre später starben über 300 Menschen, größtenteils Kinder, nach einem Angriff russischer Spezialtruppen auf eine Schule in Beslan in der zur Russischen Föderation gehörenden Republik Nordossetien. Putin nutzte dieses Ereignis als Begründung, die Wahl eines Bezirksgouverneurs abzusagen, womit er die föderale Struktur des Landes praktisch aufhob.

Die Geisteshaltung, die es ermöglicht, Tragödien in repressive Maßnahmen umzumünzen, ist auch in den Vereinigten Staaten nicht unbekannt. Im Jahre 1798 verabschiedete der Kongress die Alien and Sedition Acts, die unter anderem die Privilegien des Präsidenten gegenüber Ausländern erweiterten und die Veröffentlichung »falscher, skandalträchtiger oder boshafter Schriften« gegen Amtsträger unter Strafe stellten. Der Vorgang verursachte eine politische Krise, in der sich die Federalists und die oppositionellen Republikaner gegenseitig als Verräter beschimpften, sich mangelnde Wachsamkeit vorwarfen oder einander als jakobinische Marionetten anprangerten. Die Gerichte verloren keine Zeit und schlossen die der Opposition nahestehenden Zeitungen. Ein halbes Jahrhundert später setzte Präsident Abraham Lincoln das Habeas-Corpus-Recht aus, sodass nun eine Gefangennahme auch ohne richterliche Haftprüfung erfolgen konnte. Lincoln wollte damit erreichen, im Sezessionskrieg Rebellen und Südstaatensoldaten auch ohne Nachweis konkreter Gewaltakte auf unbestimmte Zeit festsetzen zu können: Personen, die er als Gefahr für die Union ansah, welche aber »die nach gewöhnlichen Regeln urteilenden Gerichte«, wie er sagte, »wieder freilassen« würden. Erst 1866 hob der Oberste Gerichtshof diese Praxis als verfassungswidrig auf.

Der nächste große Krieg war der Erste Weltkrieg. Nun konnte man für Reden, die als kritisch oder schädlich für die amerikanischen Kriegsanstrengungen gehalten wurden, mit Gefängnisstrafen von bis zu zehn Jahren bestraft werden. Der Historiker Geoffrey Stone bezeichnete Woodrow Wilsons Sedition Act von 1918 als »die repressivste Gesetzgebung in der Geschichte der Vereinigten Staaten«.[3] Tausende wurden verhaftet – viele ohne konkreten Haftanlass – und 249 anarchistische und kommunistische Aktivisten wurden in die Sowjetunion abgeschoben. Erst später trugen die Obersten Bundesrichter Oliver Wendell Holmes, Jr. und Louis Brandeis mit einer Reihe von Minderheitsvoten dazu bei, dass die Schutzmechanismen der freien Meinungsäußerung letztlich geklärt und wiederhergestellt wurden.

Während der Weltwirtschaftskrise wirkten die Gerichte, die Legislative und die Vollstreckungsgewalten – mit der stillschweigenden Billigung der Bundesregierung – bei der Ausbürgerung und Deportation Hunderttausender mexikanischer Amerikaner mit, obwohl sie nach dem Geburtsortsprinzip mehrheitlich Staatsbürger waren.

Auch während des Zweiten Weltkriegs ereignete sich ein präsidentieller Angriff auf die Verfassung: die Internierung von mehr als hunderttausend Amerikanern japanischer Abstammung. Es folgte die McCarthy-Ära, in der sich die Regierung daranmachte, den inneren Feind auszuspionieren und zahlreiche Verratsvorwürfe erhob, ob sie nun von Beweisen gestützt waren oder nicht, und damit ein Leben nach dem anderen zerstörte. Die nächste Generation der Amerikaner musste die Heimlichtuerei, den Verrat und die Paranoia während des Vietnamkriegs erdulden, die ihren Höhepunkt in einem Präsidenten fanden, der seine politischen Gegner anklagen und abhören ließ.

Im 21. Jahrhundert stattete der Kongress die Nachrichtendienste und die nationalen Vollzugsbehörden mit weitreichenden Observationsvollmachten aus. George W. Bushs Administration belog die Welt, um einen Krieg gegen den Irak lostreten zu können, und entwickelte kunstvolle juristische Mechanismen, um Folter zu ermöglichen. Obamas Administration fuhr fort, mehr Machtbefugnisse in der Exekutive zu konzentrieren, verabschiedete Präsidentenverfügungen und weitete die Grenzen der durch Bundesbehörden getroffenen politischen Entscheidungen immer weiter aus. Gleichzeitig wurde »Whistleblowing« unterdrückt und die Medien auf Distanz gehalten.

Mit anderen Worten: Jede Generation von Amerikanern konnte beobachten, wie ihre Regierung außerordentliche Machtbefugnisse für repressive und ungerechte Zwecke beanspruchte. Diese zeitweiligen Ausnahmezustände beruhen auf einem grundlegenden strukturellen Ausnahmezustand, von dem weiße Männer ihre Macht über alle anderen ableiten. So gesehen ist Trump keine Ausnahmeerscheinung, sondern der logische nächste Schritt. Er konnte auf eine 400-jährige Geschichte weißer Vorherrschaft bauen, und auf eine 15-jährige Mobilisierung der amerikanischen Gesellschaft gegen Muslime, Immigranten und »die Anderen«. Ein künftiger Historiker des 21. Jahrhunderts wird vielleicht den 11. September 2001 als den Reichstagsbrand der Vereinigten Staaten bezeichnen.

Allerdings war der historische Reichstagsbrand nicht das, was wir uns darunter vorstellen – ein einzigartiges Ereignis, das den Lauf der Geschichte ein für alle Mal veränderte. Der Reichstag brannte fünf Jahre vor dem Anschluss Österreichs an das Deutsche Reich und acht Jahre vor dem Ausbruch des Zweiten Weltkriegs. In den dazwischenliegenden Jahren reihten sich unzählige kleine und große Ereignisse aneinander, und jedes war ein weiterer Schritt, der die dunkelste Zukunft möglich werden ließ. Es mag verführerisch erscheinen sich vorzustellen, dass Trump mit einer theatralischen Geste einen Zustand erschafft, von dem an keine Umkehr mehr möglich wäre. Denn daraufhin würden wir völlig zu Recht jede Hoffnung aufgeben müssen oder, alternativ, aus Verzweiflung zu Helden werden. In Wahrheit ist aber auch Trumps autokratischer Versuch kein großes, singuläres Ereignis, sondern verläuft eher schleichend in einer Serie von Maßnahmen und Aktivitäten, die das Wesen des amerikanischen Regierungssystems und die Politik Schritt für Schritt verändern.

Magyar beschreibt, wie die aufstrebenden post-kommunistischen Führer ihre Autokratien errichten: indem sie die Gewaltenteilung untergraben, dabei vor allem die Justiz einhegen und die Strafverfolgungsbefugnis für sich reklamieren. Natürlich lässt sich dieses Modell nicht einfach über die Realität der Vereinigten Staaten stülpen, nicht zuletzt deshalb, weil die formale Gewaltenteilung zwischen den verschiedenen Bereichen des Regierungssystems schon seit geraumer Zeit teilweise geschwächt ist. Das Justizministerium zum Beispiel, eigentlich die Institution mit der ultimativen Strafverfolgungsbefugnis, ist Teil der Exekutive, und seine funktionale Unabhängigkeit wird durch Tradition determiniert. Ein Monopol auf die politische Macht, das Magyar als einen wichtigen Risikofaktor identifiziert, ist in den Vereinigten Staaten nicht ungewöhnlich. Trump konnte dieses Monopol in seinen beiden ersten Amtsjahren genießen, als beide Häuser des Kongresses von den Republikanern beherrscht wurden, aber auch einige seiner Vorgänger hatten günstige Mehrheitsverhältnisse im Kongress zu nutzen gewusst. Es ist klar, dass Trumps Präsidentschaft anders ist als vorhergehende Administrationen.

Die Amerikaner reden viel häufiger über Institutionen als über einen anderen Faktor, den Obama in seiner beruhigenden Rede nach Trumps Wahl erwähnte: die Mutmaßung, dass alle von guten Absichten geleitet würden. Es stimmt, dass trotz weiterhin bestehender

Ungerechtigkeiten die Rechte und der Schutz der Staatsbürgerschaft einer wachsenden Anzahl von Amerikanern gewährt wurden, und zwar von unterschiedlichen Arten von Amerikanern. Betrachtet man die amerikanische Geschichte über einen hinreichend langen Zeitraum und mit genügend Wohlwollen, lässt sie sich als kontinuierlichen Fortschritt zu mehr Gerechtigkeit interpretieren. Die ausgeklügelte Struktur der Institutionen ist einer der Gründe dafür. Der andere Grund ist, dass die amerikanischen Bürger und die Staatsbediensteten meistens nach Treu und Glauben handeln. Natürlich wird auch gelogen und betrogen, und manche versuchen, das System für eigene Ziele zurechtzubiegen, aber im Großen und Ganzen handeln die Bürgerinnen und Bürger in Übereinstimmung mit festgefügten Überzeugungen und einem kohärenten Wertesystem. Wenn sie ihre Macht missbrauchen, beschränken sie sich gewöhnlich auf bestimmte, oft diskrete, oft auch ideologisch definierte Bereiche. Und das bedeutet: Selbst wenn das System der Gewaltenteilung versagt, kann eine nachfolgende Administration den Schaden wieder beheben. (Allerdings ist hier anzumerken, dass es Obama nicht gelang, das Gefangenenlager in Guantánamo zu schließen.) Kein mächtiger politischer Akteur hat sich bisher darangemacht, das amerikanische politische System selbst zu zerstören – bis Trump. Womöglich ist er der erste Parteikandidat, der nicht antrat, um Präsident zu werden, sondern Autokrat. Und er gewann.

1 *an diesem Morgen aufgegangen sei* – Sarah Larimer, »Here Are Obama's Remarks Following Trump's Win«, in: The Washington Post, 9.11.2016. https://www.washingtonpost.com/politics/2016/live-updates/general-election/real-time-updates-on-the-2016-election-voting-and-race-results/here-are-obamas-remarks-following-trumps-win/.
2 *Blaupause für die Politik darstelle, auf ewig* – Sanford Levinson, Constitutional Faith, Princeton 1988.
3 *Gesetzgebung in der Geschichte der Vereinigten Staaten* – Geoffrey R. Stone, Perilous Times: Free Speech in Wartime from the Sedition Act of 1798 to the War on Terrorism, New York 2004, S. 185.